BAD DATA
バッドデータ

統計データの落とし穴

～その数字は真実を語るのか？～

ピーター・シュライバー＝著
土屋隆裕＝監訳　佐藤 聡＝訳

NEWTON PRESS

BAD DATA
by Peter Schryvers

Japanese translation published by arrangement with Peter Schryvers
c/o The Science Factory Limited through The English Agency (Japan) Ltd.

統計《データ》の落とし穴

～その数字は真実を語るのか？～

数えられるものすべてが大事なわけではなく，

大事なものすべてが数えられるわけではない

—— ウィリアム・ブルース・キャメロン

はじめに

人は万物を測る

——ハーバート・アーサー・クライン

この惑星には，自身が遭遇した生態系のほぼすべてで大勢力を誇る種が存在する。乾燥した砂漠から緑豊かな雨林まで，高山から低地まで，そしてそれらの間の至るところをその種は埋め尽くし，征服した。その姿が見当たらない場所はほとんどない。植物を育てて収穫し，ほかの動物を飼いならして自分たちに奉仕させ，目的をもった複雑な構造物と住居をつくり，分業制を敷き，異なる階級から成る複雑な社会を構築する能力を身につけ，さらには戦争に出向いて同類を奴隷にさえする。

ここで話しているのは，もちろん，アリのことだ。

アリを，単に成功した種だというのは控えめにすぎるだろう。地球上のほぼすべての生態系と気候帯を住処にしただけでなく，その数もきわめて多い。ほとんどの生態系で，そこにいるすべての動物を数えるとアリが最も多いだろう。一部の生息地では，アリは単に動物で個体数が最も多いだけでなく，総体重でもほかの動物を上回っている。

アリの成功は，ほかの多くの昆虫とは一線を画すものに起因している。アリは社会的なのだ。アリは力を合わせて働く。精巧な分業，複雑な意思疎通手段と適応によって，アリは，人類を除くほかの種ではほとんど見られない協力方法を手に入れた。

アリがうまく協力できるのは意思疎通するおかげだ。アリは，巧妙な連絡網を用いて餌の場所や潜在的な敵を判別し，日常的に巣の保守と世話を行い，ほかのさまざまな仕事をこなす。連絡網が伝える指示は，仕事に資源を割り当てるために使われ，集団の継続的な存続を保証する。アリは1匹として（女王アリでさえ）自分が属しているシステムを理解していない。アリは自分に与えられた指示に盲目的に従っているだけなのだ。しかしアリの集団行動には目的と戦略が存在する。それが不思議なパラドックスを生み出す。個々のアリは愚かだが，集団としては賢いのだ。アリがある単純作業を行う様子にこの仕組みの一端を垣間見ることができる。それは餌の探索だ。

オーストラリアには***オニコミルメックス***というアリがいて，北東部の雨林でムカデなどの大型節足動物の狩りを専門にしている。***オニコミルメックス***が餌を探す場合，後肢を後ろに伸ばし，腹部を地面に着け，数十cmごとにフェロモンを分泌する。このフェロモンが標識となってほかのアリが後に従う。

オニコミルメックスの分泌物は，アリ学者（ミルメコロジスト）の言葉では招集フェロモンと呼ばれている。招集フェロモンはほかのアリに餌の場所，新しい巣の位置，攻撃が必要な潜在的脅威まで追従するよう指示を与える。

この仕組みが集団の規模で機能すると，その結果は驚くべきものとなる。多くの偵察アリが毎朝餌を探しに出かける。偵察アリは餌を見つけると，帰り道に招集フェロモンを分泌して経路の標識にしながら巣に戻る。巣に戻った偵察アリは，ほかのアリを「招集」して餌の場所まで連れていく。餌は，落ちた果実の一片や葉がたくさん茂った木の枝，あるいは集団での狩りを専門とする軍隊アリであれば，おそらくムカデだろう。この単純な化学的検出機構は，効率など考えもしないアリに驚くほどの効率をもたらす。無意識の効率は，世界中でアリの集団が繁栄するのに十分な頻度で機能する。しかしこの効率は，一歩間違えると破滅をもたらす。

軍隊アリは，見つかった餌の収穫に向かうとき，巣を出たら大きな集団で行動する。その際，集団がお互いに連なっていることが不可欠となる。前を進むアリが残したフェロモンの経路をたどる場合もあれば，自分の触覚を使って物理的に前のアリを見つけてついていく場合もある。その場合のフェロモンは，餌への道を示すものではなく，単に「私についてこい」という指示となる。

稀に，アリが意図せずに元の経路に戻ってしまう場合がある。先頭のアリが最後尾のアリに従ってしまうのだ。どのアリも経路に腹をつけるため，フェロモンは刻々と強くなり，経路は強化され続ける。アリは大きな円を描いて経路を回り，何時間も行進し続ける。この旅は，攻撃すべきムカデや収穫すべき腐った果物によって中断されることはない。行進は円を回り続け，最終的に破滅的な結果に行き着く――アリは疲れ果てて1匹残らず死んでしまうのだ。この現象は自然界で何度も観察されており，実験室でも再現されている。アリ学者はそれを「アリのひき臼」と呼ぶが，筆者は「アリの死のスパイラル」と呼びたい。

死んだアリの輪を自然界で偶然見つけたアリ学者もいる。その輪は，与えられた指示への盲目的な執着がもたらした破滅のおぞましい記念碑である。アリの集団を繁栄させている適応能力自体が，悲劇的な結果をもたらすのだ。アリにとって死のスパイラルは，不幸だが避けられないもので，地球上で最も成功した昆虫であることの代償なのである。

私たちもアリと同じように，意思疎通および観察と行動を通して世界を理解する。私たちはほとんどすべての活動——仕事の業績，医療の質，スポーツの競争力，市場優位性，製品の有効性，経済の強さ，教育の質，道路の渋滞，事業利益，売上高，事業の成長性——を測定する。

子どもたちは学校でちゃんと学んでいるだろうか？　試験をしよう。私たちは生産的に働いているだろうか？　働いた時間を集計しよう。プロのスポーツ選手は報酬に見合った働きをしているだろうか？　選手のすべての行動を記録して統計にしよう。事業は成功しているだろうか？　利益，売上，成長性，その他の数字を納得がいくまで詳細に分析しよう。

そうした測定値，評価，業績指標が，私たちの評価指標である。評価指標は，私たちが自分の生活だけでなく，ほかの世界も定量的に理解するために使う道具だ。私たちは学校で，職場で，議会で，家庭で評価指標を使う。仕事の生産性を測るのに使い，子どもが学校でどれだけよく学んだかを測るのに使う。評価指標は経済の規模，医療の有効性，渋滞が都市に与える影響を測るのに役立つ。

評価指標は，私たちが何に価値を置き，何を優先するかを判断するのに役立つ。評価指標によって私たちは世界を理解する。私たちはそうした評価指標を構成するデータを選択，収集，分析するために膨大な時間と資源を費やす。私たちが測定しないものはほとんどない。

ここで明確に区別すべきことがある。本書では評価指標について多くの議論を行う。測定値についても言及する。さて，評価指標と測定値の違いは何だろうか？　測定値は，簡単にいえば単に定量化しただけのものである。チーターの走る速さは測定値だ。エンパイア・ステート・ビルディングの高さも測定値である。アメリカで毎年消費されるチーズピザの枚数も測定値である。単純だ。

評価指標は，価値が割り当てられた指標だという点で測定値と異なる。評価指標は状況が改善しているか悪化しているかを示すために使われる。評価指標には目的がある。試験ではＤを取るよりＡを取るほうがいい。企業の利益を増やすのはよいことだ。評価指標は目的を念頭に置いた指標であり，単なる測定値ではない。ただし，目的もなく何かを測ることは稀《まれ》だ。ヤンミ・ムンが言うように，「何かを測ることを選んだ瞬間，私たちは実質的にそれを求める選択をしたことになる。評価指標は，いわば方向指示器なのである」

私たちはデータに溺れている。デジタル革命によって世界中にデータの大波が押し寄せ，インターネットに接続している者なら誰でも，あらゆる種類の情報を苦労せずに入手できるようになった。私たちは，もはや実体をもつ記録や台帳の煩雑さに縛られることなく，どう扱えばよいかわからないほどのデータを手に入れている。コンピューターは私たちの計算能力を飛躍的に高めただけでなく，情報を収集，保存，共有する能力も向上させた。インターネットはそうした情報の量を増やし，情報交換のしやすさを根本的に変えた。この新たな情報は，政府，企業，組織，個人によって収集，利用され，政策を伝え，より優れた製品やマーケティング戦略をつくり，生産性を高め，社会問題に対処し，個人の興味を満たす。

このデータの爆発は，評価指標の大幅な増加をもたらした。より多くの情報が入手できるようになるにつれ，記録すべき指標，達成すべき目標，実施すべき評価が増えた。データ革命は，私たちの世界に間違いなく大きな利益をもたらした。より適切なデータはより的確な意思決定につながる。質，量ともに充実した情報は，医療システムがより多くの命を救い，企業がより優れた製品とサービスを世に送り出し，人々が健康，豊かさ，幸せについてよりよい選択をできるようにする。

データの進化は，19世紀以来明確になってきたある傾向——業績管理への依存——に拍車をかけた。業績管理の考え方は単純だ。第一に，どんな仕組みや過程でも，それを改善するためには，その仕組みや過程を管理と測定が可能な要素に分解する必要がある。第二に，そこで得られた測定値に基準を設ける。第三に，その仕組みに携わる人が基準を満たすよう，報奨を設けるのである。分析できるデータが増えるにつれて，この戦略の魅力は増すばかりだ。データ分析，計算，情報保存における技術の進化がこの傾向を助長した。会社，組織，政府が利用できる情報が増すにつれて，より多くの指

従来の統計学やデータ科学の
ほとんどが見落としていた
「私たちが測定しているデータは
本当に重要なのか？」について
豊富な実例を挙げて検証する！

CONTENTS

標が最適化され，より多くの業務，活動，目標を記録できるようになった。

小売業を改善したければ，サプライチェーン管理，販売，経理などの要素に分解する。サプライチェーンの担当者には，納期，在庫，輸送時間などの基準を示す。営業担当者には販売金額の長期的目標と短期的目標を示す。マーケティング，研究開発，経理，その他事業のすべての要素にも同じことを行う。公立学校から多国籍企業，医療システム，スポーツチーム，ソーシャルメディア戦略，中小企業，都市，サプライチェーン，環境に至るまで，ほぼすべての組織が業績管理の対象となっている。データと評価指標の使用は，私たちの生活の至るところに浸透しているのである。

しかし，デジタル革命は情報に対する過度の依存を生み出した。私たちは，世界の測定可能な部分を照らす灯りが明るくなるほど，測定できない部分はもはや存在しないと考えるようになる。新しい情報を入手することで，知らないこと，知るのが難しいことをことごとく忘れてしまう。灯りのなかで見えるものを重視するあまり，成功への鍵が暗闇のなかで見つかる可能性があることを忘れてしまうのだ。企業は，サプライチェーン，生産工程，流通経路に関する重要な新情報を追い求めるだけでなく，市場性，革新性，従業員の意欲，市場における未知の予測不可能な変化など入手困難な情報にも注目すべきだ。

豊富な情報には欠点がある。アリが，本来なら餌に導くフェロモンのせいで道に迷う可能性があるように，私たちも，役立つと思っている評価指標のせいで道に迷うかもしれない。消費する情報の信憑《しんぴょう》性と完全性について批判的な態度をとる必要があるだけでなく（この話題に関しては読むべき優れた書籍がある），データが何を意味し，なぜ重要で，私たちの行動にどう影響するのかを理解する必要がある。

データ科学を詳述した書籍，論文，情報源には事欠かない。統計的有意性，データ分析，リスク評価，情報分析に関して知りたければ，すべてを教えてくれる何千という情報源を当たるまでもなく，統計，分析，保険数理をAmazonやGoogleで検索するだけでよい。だが，本書ではそうしたことは扱わない。本書は根本的に異なる問いを提示する。本書が答えたい問い，そしてデータ科学の書籍が扱っていないこととは，さまざまなデータをどのように分析，評価するかということではない。本書で答えたいのは，私たちの

測るものが私たちの行動と行動のしかたにどう影響し，私たちが何かを測る方法が，私たちの考え方や行動，価値観，さらには達成するものをどのように変えるのか，ということである。

本書で扱うのは正しい評価指標の使い方である。評価指標は，私たちの生活を改善するために，生活のあらゆる場面で使える指標だ。しかしさらに重要なこととして，本書では間違った評価指標を使うときの落とし穴と，評価指標を正しく理解しないことで生じる弊害を扱う。評価指標には負の側面がある。評価指標を誤用，誤解，誤表示することは，逆効果をもたらす努力，無駄な活動，時には完全な破壊行動を引き起こす可能性がある。世界を理解，評価，分析するのに用いるのと同じ道具が，判断を曇らせ，焦点を誤らせ，真実を見えなくさせるおそれがあるのだ。

ディビッド・マンハイムは，評価指標を用いる主な理由は三つあると述べている。第一の理由は，真実を理解することである。直感は役に立つ場合もあるが，間違っていることも多い。測定をすれば何が起きているかを正確に判断できる。自分は仕事ができるという営業担当者には，顧客と相性がよく，製品をよく理解しているといった，もっともな理由があるのかもしれない。しかし実際の販売データを見ない限り，その営業担当者が実際にどれほど優秀なのかはわからない。

同じことは，私たちが測るほとんどのことにいえる。中国は経済規模でドイツより大きいのか？　フィラデルフィアの犯罪率はどの程度か？　病院で1年間に治療する患者の数は？　私たちはそれらに対してはっきりとした実感を持っていない。しかし，それらを測定すれば，直感に頼るよりも真実に近づくことができる。評価指標は確実性を与えてくれるのだ。何かを測れば，直感を事実に置き換えることができる。たとえわずかな情報でも，私たちを真実に近づけ，不確実性から遠ざけてくれる。

第二に，評価指標は複雑な仕組みを単純化するのに役立つ。CEOは会社の各部門，各管理職，各従業員が行っていることを隅々まで知ることはできないし，正直いって知りたいとも思わない。政府関係者はすべての市民に提供する個々のサービスを監視することはできない。病院は雇っているすべての看護師，医師，専門家，事務員の一挙手一投足を監視することはできない。都市はすべての通勤者，企業，ゴミ収集車の行動を把握することはできない。

評価指標はそうした複雑な仕組みを，読み取りやすく意味のある形にまとめるのに役立つ。評価指標は簡潔さを与えてくれるのだ。

第三に，評価指標は信頼の問題に対処する。従業員，経営者，官僚，運動選手に，自分が同僚より優れていると思うかと問えば，多くの者が肯定するだろう。だが，どうすればそうだとわかるのだろうか？　自分は一生懸命働いており会社に貢献しているという従業員がいた場合，どうすればそうであることがわかるだろう。その分野で最高の売上や利益を上げているという会社を，言葉だけで信じてもよいものだろうか？　評価指標は，そうした信頼の問題に対処するのに役立つ。評価指標は，誰の言葉にも左右されず，あらゆる主張を検証するために使える独立した基準をつくり出す。評価指標は検証機能を提供するのである。

確実性と信頼の問題に部分的に関連するが，筆者は第四の理由として，評価指標が私たちに客観性をもたらすことを追加したい。多くの仕組みでは，評価されるもの，重要とされるものに対して，さまざまな視点がある。どの巡査が優秀か？　その種目でどの選手が優秀か？　どの管理職が業績のよいチームを率いているか？　答えは問いかける相手や，相手が業績のどの側面に価値を置いているかで変わる。どちらがいいかを個人の視点だけに頼ると，そうした種類の疑問を解決することはできない。

評価指標は，業績の比較や評価に使用できる客観的で，公平で，一貫性のある基準を提供する。評価指標を用いることで，何がなぜ大事かという，厄介で時に物議をかもす感情的な議論を避けることができる。評価指標はそうした対話を回避し，誰にでも等しく適用される明確で合意された基準を提供する。評価指標は客観性を与えてくれるのである。

ほとんどの評価指標は，最終的に同じ目的——私たちが行うことの改善——に使われる。学校では学習を改善するために試験を使う。生産性や会社の利益を向上させるために仕事で行っていることを測る。より適切な投資をするために会社の業績を測る。地球を守るためにどの製品が最も環境に優しいかを測る。理想的な世界であれば，私たちは最適の評価指標を選び，それが指し示す成功への道をたどるのである。

だが，フェロモンの経路と同じように，そうした評価指標が私たちを迷わせる場合がある。評価指標のそれぞれの目的には負の側面があるのだ。そう

した個々の目的が，判断を誤らせ，誤解を招き，実際に起きていることとは違うことを伝えてしまう。その結果，当初意図していた目的が損なわれる可能性があることを，本書から読み取れるだろう。評価指標を用いることで，非生産的な行動が引き起こされる場合がある。評価指標は最終的に重要でないものに焦点を当てる場合がある。間違った評価指標を選ぶことで，効果を生まない活動に膨大な時間と資源を費やすことになる。評価指標は世界の見方を歪めるおそれがある。実際に達成しようとしていたことを忘れ，測定値がどれだけよい値になっているかを重視しすぎると，死のスパイラルに巻き込まれたアリのように，評価指標の奴隷になることさえあるのだ。

しかし，私たちはアリではない。評価指標が示す経路を盲目的にたどる必要はない。地面から顔を上げ，どこへ向かっているかを再検討する能力を私たちはもっている。立ち止まって，本当に目的に近づいているのか，単にぐるぐる回っているのかを判断できる。どの評価指標に従うか，あるいは何らかの評価指標に従うべきかどうかを選択できるのだ。

筆者の専門は都市計画で，都市がどのように機能するかの研究と実践は，あらゆる種類の評価指標に満ちている。自分が受けた教育とその後の経歴を通じて，筆者は都市計画の世界で——例外的な好事例はあるものの——評価指標を誤解，誤用した数々の不適切な例を経験してきた。たとえば，渋滞を測る方法や，住居の手ごろな価格を判断する方法は，後の章で見るように深刻な欠陥を含む指標である。しかし，そうした評価指標の欠点をいったん認識すると，都市計画だけが欠陥のある評価指標を用いているのではないことに気がついた。たとえば，教育，医療，企業，経済，環境，スポーツといったほかの分野においても，欠陥を含む評価指標が目につくようになった。

ほかの評価指標を調べたり，ほかの分野の専門家と話したりするうちに，人々が気づいている欠陥には類似性があることがわかってきた。都市計画の評価指標を理解するうえでの誤りは，製品がどれだけ環境に優しいかを示す評価指標に関する誤りに似ていた。診療所の評価方法に関して医師が気づいた誤りは，ビジネスの世界で起きた誤りに似ていた（誤りではないが，バスケットボール選手をより適切に評価する方法とコカ・コーラがペットボトルを使い始めた意思決定にも関連性があった）。そうした誤りは，分野を超えて繰り返し見いだされた。本書は，評価指標に見られる最も一般的な誤りを

分類，説明，解決するための筆者の試みである。

私たちはさまざまな形で評価指標の使い方を誤る。たとえば，人々が評価指標にどのように反応するかを誤解する。得られるものではなく投入するものに焦点を当てる。長期的なものより短期的なものを優先する。分母を誤用する。全体の一部だけを取り上げる。測定値を検証しない。測れるものだけを重視する。あるいは，大事なものがすべて測れるわけではないことに気づかない。評価指標はそうやって私たちを道に迷わせるのである。

幸いなことに，私たちはそうした過ちから学ぶことができる。私たちの道案内が完全無欠ではないことを学び，旅の途中でよりよい地図を選択する方法，もしくは不完全だとわかっている地図への依存を減らす方法を学ぶ。評価指標がなぜ，どのように私たちを誤らせるかを学ぶことで，評価指標の罠《わな》にかからないようにできる。生活のなかで用いる測定値を，ほかの人々の事例に基づいて改善する方法を学ぶことができる。そして，絶え間なく自分自身を測り続けることを止め，測れなくてもかけがえのないものを大切にすることを学ぶのだ。本書の各章では，そうした誤りを一つずつ検証する。それぞれの誤りの事例に接し，誤りを見つけて対処するための教訓を引き出す。

本書は第１章「特別試験対策」から始まる。この章では学校の共通試験に焦点を当て，評価指標に対する行きすぎた崇拝が，非生産的で，不必要で，時にきわめて有害な慣習を生み出すことを示す。この章では，生徒の能力を示す一つの評価指標が過剰に注目されることで，教育の質が落ち，教材が広く浅いものとなり，生徒は真の理解よりも丸暗記で評価され，深く考える生徒がないがしろにされ，教師が不正に駆り立てられる様子を示す。この章でさらに重要なのは，この現象が教室にとどまらないことを示している点だ。どの評価指標も，それだけを徹底的に追求すると，ビジネス，医療，経済，スポーツ，その他私たちが努力を傾けるすべての場面で，意に反する結果をもたらす可能性がある。試験対策で見られる問題点は学校に限ったものではない。この章では，あらゆる評価指標が私たちの行動を過激で，時に矛盾した形に変える力をもっていることを示す。

第２章「努力と成果」では，インプット，アウトプット，アウトカムを間違えて測ると，努力をしても実を結ばない場合があることを説明する。この章では，仕事につぎ込む労力と，その労力が生み出すものと，最終的に達成

されるものの違いについて，数人の女性がそれぞれ独自の方法で発見した物語を扱う。オーフリクト医師は，医療制度が，患者の健康増進に取り組むことよりも，診察する患者の数を増やすことを医師に奨励しているように感じた。ヘザー・ホワイトは非営利団体が，活動によって得られるインパクトよりも,努力を強調することに腐心していることを見いだした。カリ・レスラーとジョディ・トンプソンはベストバイで働いていて，ビジネスの世界では労働者を，実際に達成したことではなく，何時間働いたかで測定していることに気づいた。本章ではそうした物語を通じて，努力に焦点を当てた評価指標が的外れなものであり，成果を上げるという本来の目的を阻む様子を示す。

第3章「不確実な未来」では，評価指標が短期的な活動と長期的な活動の優先順位を歪める可能性を検証する。企業の役員報酬と学界の研究業績に関する二つの事例を通じて，評価指標が短期的な成果を過大評価し，長期的な価値を犠牲にする様子を示す。定量化できるものは確実だという考えに基づく評価指標は，不確実な未来を扱うことが不得意で，短期的な成果を過大評価する。

第4章「分母と分子」では，私たちが分母（～あたり）を無視したり，誤用したり，使いすぎたりする傾向を示す。この章では，ニューヨークの歩行者の死亡件数がアメリカのどの都市よりも多いにもかかわらず，正しい分母を用いることで，歩行者にとって最も安全な場所であることを示す。分母の使い方を誤ることで，致命的な病気が深刻ではないように見え，分母を操作することで，世界で最もエネルギー消費量の多い国が最も少ない国のように見える方法も示す。

複雑な全体の一部分だけを測定することの危険性は，第5章「木を見て森を見ず」で論じる。そうした測定が，職場から離れた場所に住むほうが安上がり（実は違う）だとか，遠くから運ばれる食材のほうが近くで育てられる食材よりエネルギーを多く消費する（実は違う）といった誤解を招く様子を示す。また，この章では，ペットボトルのほうがガラス瓶より環境に優しく，エネルギー効率の高い電球が二酸化炭素の排出を増やすおそれがあり，高得点を上げる選手がチームの最優秀選手だとは限らないのはなぜなのか，ということも示す。

第6章「リンゴとオレンジ」では，異なるものを単一の測定値にまとめる

ことで私たちが欺かれる様子を論じる。たとえば戦争では，量で劣っていることが不利だとは限らない。病気を死者数で評価すると全体像を見失う（そしてがんの罹患率の増加はよいことである）。地図に情報を組み込むと実際に起きている現象を誤解する。

次の第7章「数えられるものすべてが大事なわけではない」では，測定に対する執着が深刻な結果をもたらした例を見る。多くの組織で，測定はそれ自体が目的となり，組織の本来の目的が数字ゲームのなかで失われる。この章では多くの指導者が最終的に数字に固執した様子を示す。数字に固執したのは，細部に注意を払うためではなく，定量化できない混乱した世界に対処できないか，したくなかったからだった。ここでは，組織が数字ゲームに没頭することで悲惨な結果をもたらした二つの事例――1990年代から2000年代にかけてのニューヨーク市警察と，ベトナム戦争におけるアメリカ軍――を取り上げる。

次の第8章「大事なものすべてが数えられるわけではない」では，評価指標がもつ本質的な力を批判的に検討することで問題の核心に迫る。この章ではまず，評価指標が変化を促し，人々を動機づけるという考え方を検証する。テイラーリズム，業績管理，科学的管理法，重要業績評価指標（KPI），そして現在多くの組織で流行っている考え方の基になっている理論は，「人々を測定して報奨を与えれば結果が得られる」という前提に立って構築されている。この章では企業の実例および動機づけ理論と組織心理学の研究事例を用いて，評価指標と報奨が不適切に使われた場合に，実際には人々の意欲を削ぎ，逆効果となるアウトカムをもたらす可能性があることを検証する。

この章では続いて，今日最も広く使われ，最も批判されている評価指標の一つである国内総生産（GDP）を検証する。GDPに対する批判を検証することで，評価指標の欠陥が，指標自体ではなく人々の使い方に起因していることを示す。多くの評価指標がGDP同様，当初意図されたようには使われていない。さらに重要なこととして，GDPの開発者から学ぶべき教訓がある。私たちが扱うすべての評価指標に当てはまる「何かを測ることができるからといって，それが重要だとは限らない」という教訓だ。

最後から2番目の第9章「評価指標と選択」では，評価指標を用いる理由を再検討する。この章では，私たちが評価指標を使う動機となる複雑性，客

観性，確実性，信頼と，そうした要素がそれぞれの形で，評価指標が本来奉仕するはずだった目的自体を損なう様子を検討する。単純性，客観性，確実性，信頼に対する願望が，評価指標を有用な道具から忌まわしいキメラに変身させる可能性があることを検証する。また，この章の後半では，読者が評価指標を用いる際に役立つ14の教訓を示す。

最後の第10章「終わりではなく始まり」では，カーン・アカデミーという組織を取り上げ，評価指標を見直すことで効果的に方向転換した様子を見る。サルマン・カーンが，「学校で生徒を試験するのはなぜか」という素朴な疑問を考え直すことで，教育に対するまったく新しい手法を開発することができた様子を語る。この章ではカーン・アカデミーの教訓を活かして，生活のなかで評価指標を使う理由と方法について幅広い教訓を引き出すとともに，評価指標が私たちの主人でないことを再確認する。

本書は統計，分析，数学に関する本ではない（おそらく多くの人がほっとするだろう）。統計的妥当性に関する本でも，代表値の評価に関する本でもない。回帰分析，確率などの統計手法で使われる数学を掘り下げる本でもない。そうした話題については以下のような優れた書籍がある。予測と確率の背後にある科学を探求したネイト・シルバーの『シグナル＆ノイズ　天才データアナリストの「予測学」』，一般的な統計の概要を説明したチャールズ・ウィーランの『裸の経済学―経済はこんなに面白い』，特に確率に対する理解の背後にある心理学を追求したダニエル・カーネマンの『ファスト＆スロー　あなたの意思はどのように決まるか？』（上下），統計やその他の手法を使って人々をだます方法を説明したダニエル・レヴィティンの『武器化する嘘――情報に仕掛けられた罠』。

本書では単純な掛け算と割り算を除いて数学はまったく出てこない。私たちが測るものがどの程度正確なのかも論じない。データの収集方法，統計的妥当性，データの偏りについても論じない。

そうしたものが重要ではないというわけではない。それどころかきわめて重要だ。しかし本書ではむしろ，従来の統計学やデータ科学のほとんどがなおざりにしているものを検証する。従来の統計学では，分析に用いられるデータが正確か，真かということを重視する。本書で重視するのはまったく別の問いだ。そのデータは分析する価値があるのか？　測定に値するものなの

か？　指標自体は完全に真で正確であったとしても，その指標が，測ろうとしているものの全体像を的確に捉えているとは限らない。努力と結果を，強度と大きさを混同していないという保証もない。正確な測定値は，適切な測定値とは別のものだ。そのことが忘れられている場合があまりに多い。

本書では，「私たちは適切なものを測っているだろうか？」という単純な問いに対する答えを探求する。ウィリアム・ブルース・キャメロン風に言えば，「私たちが測っているものは本当に重要なのか？」という問いである。

監訳者まえがき

あらゆる分野でデータの活用が喧伝《けんでん》される時代である。データは21世紀の石油であり，次代の社会の繁栄や豊かさはデータの力によってもたらされると言う人もいる。大量データや客観的根拠に基づいて経営計画や政策を立案し，業務の成果を可視化・評価し，判断さえも自動化することで，生産性は高まり，より効率的な社会が到来するというのである。

数値には明確な大小関係があり，それは万人に共通である。この性質こそが，数値データの圧倒的な力の源である。ものごとや人々は数値によって明確に順序づけられ，比較・分類される。数値化という光で照らすことで，薄暗さの中で曖昧《あいまい》だったものごとの間の関係が明瞭になり，真実が見えたと思い込む。さらに数値がもつ順序性は，数値を価値の表現手段にしてしまう。そしてその結果には誰も異論を挟めない。

しかし何事であれ，あらゆる価値を数値で表現できると考えるのは傲慢《ごうまん》である。ものごとの真に意義ある側面は，その軽重で順序づけられるものではない。眩《まばゆ》い光によって，そうした貴重な価値は逆に暗い陰に隠れてしまい，存在が見えなくなる。そして真実らしく見えるわずかな価値の断片だけを追求することで，豊かさを生むどころか多様性は損なわれ，豊穣な価値は破壊され，息苦しい世になっていく。データ重視で，社会は繁栄するどころか貧しくなり，荒廃していくのだ。

石油は社会の発展に寄与したが，一方で深刻な環境破壊も引き起こした。21世紀の石油も，使い方を誤れば重篤な価値破壊を招きかねない。環境破壊の様相は数値で共有できるが，データ活用がもたらす価値の破壊は陰で進行し，陰である以上，数値では示せない。見《けん》の目だけでなく，観《かん》の目が不可欠である。データ重視の社会で真に必要な力とは，データ活用の知識・技術ではない。データ依存がもたらす弊害を知り，データ中毒にならない力，データの強大な力に翻弄されないようデータと適切に距離を保つ力が必要なのである。

本書は，データや評価指標の重視が何をもたらすのか，豊富な実例を挙げながら説き明かしてくれる。これからの社会を生きるすべての人にお届けし

たい書である。最後になってしまったが，監訳の機会をくださった株式会社ニュートンプレスの皆様，的確な翻訳文を紡いでくださった佐藤聡様，編集を担ってくださった水科哲哉様に感謝申し上げたい。

2021年5月

横浜市立大学データサイエンス学部教授　土屋隆裕

第１章　特別試験対策

グッドハートの法則と評価指標に関するパラドックス

2015年4月27日，ジェニーン・ウォレル＝ブリーデンはニューヨーク地下鉄の駅で電車を待っていた。ウォレル＝ブリーデンは小学校の校長で,「みんなのための疲れ知らずの闘士」と評されており，彼女が教えたどの学校でも（児童の多くが貧しい場合がほとんどだった），「優れた教育文化」を打ち立てたことで賞賛されていた。ニューヨーク市会議員マーク・レバインが「圧倒的な成功」と呼んだ，ハーレムのティーチャーズ・カレッジ・コミュニティ・スクール（TCCS）を創設した校長でもあった。この学校は地域の誇りであり，近隣の人々は誰でも自分の子どもをTCCSに入れたがった。2015年には，わずか50名の入学枠を目指して464通もの願書が届いた。

その2週間前，TCCSの小学3年生はある試験を終えていた。ウォレル＝ブリーデンは試験当日の朝，児童たちに朝食を振る舞い，児童の気持ちを奮い立たせるための激励会を開いた。学校で試験前に激励会を開くのは異例のことである。しかしこの激励会には複雑な事情が絡んでいたのだ。

2013年，ニューヨーク州はほかの42州とともに共通基礎プログラムを受け入れた。これはオバマ政権が「頂点への競争（RTTP）」政策を推進する一環として開発した教育の標準プログラムで，全米に展開される予定だった。このプログラムでは，英語と数学について生徒が各学年で学ぶべき基準を設定し，基準に照らして生徒を評価する試験を開発した。併せて教育助成金制度を導入したが，助成を受ける資格を判断するうえで試験結果が重要な役割を果たすことになる。初年度の評価は2014年9月から2015年8月の学年度で行われ，小学3年生はこの試験を受ける最年少の学年だった。

試験自体はSBACとPARCCという二つのコンソーシアムが開発し，新しい試験をつくるために3億6000万ドルが投じられた。この試験は教師と校長を評価し，RTTP助成金の受給資格を決めるうえで大きな影響力をもっていた。そのため生徒が試験でどのような成績を上げるかは，生徒のみならず，その両親や教師にとっても重大事であった。多額の助成金が目の前にある。大きなチャンスだ。

2015年4月27日，135丁目とセント・ニコラス・アベニューの近くでウォレル＝ブリーデンが地下鉄Bトレインのホームに立つ数時間前，同僚の一人が匿名で彼女をニューヨーク市教育局に告発した。告発者は，彼女が共通基礎試験で小学3年生の児童数人の点数を改竄《かいざん》したと主張していた。

Bトレインが近づくと，教育者であり，指導者であり，妻であり，何百名もの児童に勇気を与えたジェニーン・ウォレル＝ブリーデンは線路に飛び込んだ。彼女はすぐさまハーレム・ホスピタルセンターに搬送されたが，1週間後，息を引き取った。

毎年，世界中の高校の最上級生が卒業試験の準備に取り組む。高校生にとってこの試験は重要である……きわめて重要である。多くの国で，卒業試験は最終学年の成績の少なくとも半分を決めるのだ。この成績はどの大学に入学できるかを決めるのに使われる。そして，受けられる教育の質や学生時代に築く人間関係，最終的には将来のキャリアパスに影響を及ぼすのだ。この成績はまた，数千ドルの奨学金の受給資格も決定する。それは，授業料を支払うためにアルバイトが必要かどうか，勉学や部活動の貴重な時間が奪われるかどうか，そして将来の雇用主が下す評価にも響く。試験には複雑な事情が絡んでいるという表現は控えめすぎるだろう。

数学の卒業試験を考えてみよう。数学問題を解く3時間のマラソンだ。ほとんどの生徒は，多かれ少なかれ不安を抱いているほかの数百名の生徒と一緒に高校の体育館で答案を書く。試験自体は生徒が1年をかけて学んだ内容について問う設問から構成され，その多くが多肢選択式になっている。社会，英語，科学といったほかの試験でも同じことが当てはまる。

この試験が重要なのは生徒に限ったことではない。教師，校長，教育委員会もまた，試験で生徒がどれほどよい成績を上げるかによって大きな影響を受ける。試験は大学入試に使われるので，親は子どもが試験でよい点を取ってよい学校に行けるようにと教師にプレッシャーをかける。

校長にもまた試験のプレッシャーがかかる。多くの学区では学校の試験の点数が地元紙に掲載される。親は子のために「より成績のよい学校」を選ぶ

ため，自分の学校がどれだけよい成績を上げるかによって，その後の入学希望者数と学校の評判は影響を受けるからだ。また，その学校が共通基礎プログラムとそれに伴う助成金制度を採用している場合，学校が受け取る助成金の額は試験の点数によって決定される。同様の制度を採用しているほかの国でも同じだろう。教育委員会もやはりプレッシャーを受ける。地区内の学校の成績が生徒や寄付金を集めるのに影響するからだ。プレッシャーはさらに上層部にも及ぶ。州議会議員，教育局長，知事から州議会議長に至るまで，教育改善を求めるプレッシャーにさらされる。この場合の教育改善とは,「試験の点数が低いなら高くしろ」という安易な要求を意味することが多い。

こうした状況は高校を卒業した人なら誰でもおなじみだろうし，本書を読んでいる人のほとんどが経験していることだろう。悲しいことに，かなり低学年の児童・生徒にとってもこれは当たり前になりつつある。共通基礎プログラムを採用している州では，共通試験が小学3年生以上のカリキュラムの一部となっているからだ。

だが，そんなことよりも大きな問題がある。

問題は，私たちが生徒に勉強を頑張るよう強いてはいけないということでも，教師，校長，教育委員会が子どもの指導に関わりすぎてはいけないということでも，私たちが生徒や教師や学校の成績を知りたがってはいけないということでもない。多肢選択式の設問がとりわけ多く，時間制限があり，非常に重要な位置を占める共通試験が，生徒の理解や能力を測定するには不十分である点が問題なのだ。おまけに共通試験は学習を阻害している。

まず設問自体，特に設問が多肢選択式である点から始めよう。多肢選択式の設問が多用されるのは，効率的に試験を実施できるからだ。利点はいくつかある。客観的，採点が簡単，生徒は簡単に答えを記入できる，教師は正解かどうかを決めるうえで，高校の最上級生のミミズがのたくったような文字を判読する必要がない，といったものだ。問題は，こうした利点がすべて試験の採点を楽にするためのものであって，この試験方法が学習の習熟度を適切に反映するかどうかとはまったく無関係な点である。ブルース・C・バワーズは次のように述べている。

共通試験の目的は，大勢の生徒をできるだけ効率的に振り分けることだ。

この明確な目的が短答式や多肢選択式の設問につながるのは，ごく自然なことである。試験がこのように構成されていると，書く，話す，演ずる，絵を描く，ものを組み立てる，ものを修理するといった，学校で教えられる，あるいは教えるべき技能が，自ずと副次的な位置に追いやられるのである。

バワーズが指摘したのは，多肢選択式設問では，丸暗記では対処できないレベルの設問と，それに伴う思考が切り捨てられているということだ。単に正しい答えを選ぶだけでは評価できないことが多いのである。また，生徒は多肢選択式試験によって，頭がよいというのは単に多くの事実を知り，それをすぐに思い出せることだと考えるようになる。たいていの場合，多肢選択式設問は生徒の短期記憶の能力を測定するものにすぎないのだ。

多肢選択式設問は優れた試験の重要な要素，すなわち生徒に自ら答えを考えさせるという要素も欠いている。自由記述式のような設問であれば，生徒に徹底的な思考を求めるだけでなく，生徒の手抜きも防げるのだが。試験で次のような設問が出たとしよう。

アメリカの第27代大統領は誰か？
a)ジョージ・ワシントン
b)エイブラハム・リンカーン
c)ウィリアム・ハワード・タフト
d)ウィンストン・チャーチル

答えはもちろんウィリアム・ハワード・タフトだ。ジョージ・ワシントンは初代大統領だし，リンカーンは第16代で，チャーチルに至ってはアメリカ大統領ですらない。この設問に答えるのに，ウィリアム・ハワード・タフトについて何も知っている必要はないのである。第27代大統領であることも，大統領だったことすら知る必要はない。ほかの答えを外すことができれば正しい答えにたどりつく。この設問の選択肢a，b，dがそれぞれスクービー・ドゥー，ロボコップ，コナン・ザ・バーバリアンであっても一向に構わないのだ。

多肢選択式設問のもう一つの欠点は，一部の生徒がある種の苦手意識をもつ点である。設問の内容がわからないわけではない。試験に不安を抱いているわけでもない。実際，多肢選択式設問で苦労している生徒の多くは，教師から最も優秀な存在だとみなされている。こうした生徒が多肢選択式設問で苦労するのは，本人が優秀すぎるからだ。

理解力が高い生徒は，設問に含まれる多面性とニュアンスに気をとられ，出題者の想定よりもずっと時間をかけて考えてしまう。多くの設問が手つかずとなって，試験終了間際に大あわてする。答えを選択してもすぐ疑念にかられる。才能のある生徒は，多肢選択式設問に取り組む際，「こんなに簡単なはずがない，きっとひっかけ問題だ」と考えがちだ。こうして多くの才能ある生徒が，教室では見せる実力も，教材への理解力も示せずに終わるのだ。

こうした生徒が示しているのは自覚や自信の欠如ではない。解答に時間がかかるのは設問がわからないからではない。こうした生徒の多くは，クラスのほかの生徒より，題材を微妙な細部まで理解している。より高いレベルで考えている。対象を深く理解し，現象は複雑で，さまざまな要因を含んでいることを知っている。上司，指導者，政治家，いや，思考する人すべてに期待されるようなレベルで考えているのだ。だからこそ複雑な問題を単純化した多肢選択式設問に試験で直面すると迷いが生じるのである。

世界に対する私たちの信念や価値観は，私たちの行動と私たちを取巻く世界との関わり方に表れる。逆にそれらは私たちの(　)を最もよく表している。(　)に入るのは次のうちのどれか？

a)思想

b)文化

c)社会

d)個人主義

この問題は12年生(高校３年生)の社会の模擬卒業試験からの抜粋だが，優秀な生徒には難しい問題だ。実際，この問題に注意深く取り組む人なら誰でも当惑するだろう。筆者は政治学の学士号をもち，副専攻は歴史学だったが，この設問に自信をもって答えることは不可能だった。正解はa)思想だ。

この設問は信じられないほど複雑な現象を扱っている。文化，思想，個人的信条，社会的規範が私たちの行動や私たちを取り巻く世界との関わり方に影響する度合いに言及しているのだ。それを単純な一文に押し込めている。腹立たしいほどの単純化だ。政治哲学者ならこの設問に対して，数十年とは言わずとも数年は議論できるだろう。この設問の正解が「思想」なのは，単に教科書のどこかに「思想とは，私たちの行動と私たちを取り巻く世界との相互作用に影響を与える信念と価値観のことである」と書かれていたからだろう。生徒はそれを記憶することだけを求められていたのだ。

これは思想についての生徒の理解度を問う設問ではない。生徒が教科書の特定の記述を読み，記憶しているかどうかを問う設問である。教科書の特定の語句を記憶することが評価の大半を占めるのであれば，多くの子どもが教育システムに幻滅し混乱するのも無理はない。

これが，多肢選択式設問では理解力をうまく測れないというもう一つの理由である。知識が豊富で教養ある生徒ほど，答えるのに苦労し時間もかかる。時間が限られた試験環境で，こうした優秀な生徒の成績が安易に答えを選ぶ生徒より悪いのは，このような理由によるのかもしれない。

こうした設問は，あらゆる教科のあらゆる題材で見受けられる。多肢選択式の設問には，明確な選択肢を示すために題材を簡略化するという性質がもともと備わっている。設問を作成する過程で，あらゆるニュアンス，複雑さ，創造性，多様性がテーマから失われる。個人差や文脈を踏まえて議論すべきテーマが，画一化された解答にまとめられてしまうのだ。次はSATの作文・語学のオンライン模擬試験の例で，SATを作成しているカレッジボードによるものである。

古生物学者は最新技術を駆使して古代の理解を進めている。たとえば，コンピューター断層撮影法（CT）や3Dプリンターを利用して，先史時代の化石の精密な模型を作製できるのである。

この文章の執筆者はここで次の文を追加することを検討した。

化石は古生物学者に，それが見つかった岩の年代の便利な推定方法を与

えてくれる。

執筆者はこの文章をこの位置に追加すべきだろうか？

a) この文はこの段落を補強する重要な細部だから追加すべきである。
b) 前の文と論理的につながっているから追加すべきである。
c) この段落の中心的な内容とは直接関係しないから追加すべきではない。
d) この段落の主要な論点を弱めるから追加すべきではない。

この設問の問題点は，きわめて複雑で主観的で実際上個人的なプロセスである，文章を書き編集するという行為が，画一的な作業に置き換えられている点である。この文章がどのような読者に向けて書かれたのか（受験生はこうした情報を与えられていない），あるいは執筆者の個人的なスタイルや論調，掲載される出版物，執筆中の社会情勢によって答えは異なってくる可能性がある。生徒には，読者が化石とは何かを知っているかどうかすらわからないのだ。読者によっては追加の文が役に立つかもしれないではないか。

作家，編集者，マーケティング担当者，代理人，出版社といったプロのもの書きは，文章，言葉の選択，段落の構成，論調がどうあるべきかについてさまざまな意見をもっているだろう。しかし，書くことに関して唯一の「正しい」方法があると言い張る人が一人もいないことは保証できる。作家，編集者を始め，書くプロセスに関与している人なら皆，書くことについての議論を行きつ戻りつ延々と繰り返す。誰も正解をもっていないのだ。しかしSATの模擬試験の設問では，正解は一つしかないとしている。c だ。次はカナダの化学の模擬最終試験から抜粋した三つの設問である。

「Ga」という記号は何の元素を表しているか？
バナジウムの元素記号は何か？
「Cm」という記号は何の元素を表しているか？

それぞれの設問には明確な答えがあるが，この設問に対する反応は次のど

ちらかだろう。「どうでもいい」か，化学者なら「忘れたら机の上の周期表を見ればいい」というものだ。これが共通試験のもう一つの欠点である。採点が簡単というだけの理由で，何の役にも立たない設問が含まれることが多い。暗記のための暗記だ。

こうした設問で理解力や仕事に対する準備具合を評価することはできない。上司に「おい，バナジウムの記号は何だ？」と聞かれて，答えを知らないとクビになるとすれば，これほどばかげたことはないだろう。こうした設問は一つとして有用な知識を評価していない。元素の周期表を覚えるよう求めているだけだ。この設問に，覚えているかどうかを確かめる以外のどのような価値があるのだろうか。

また，共通試験では一般に女性が不利になる傾向がある。SATのような試験では多肢選択式の設問が増えがちだが，女性は男性ほど多肢選択が得意ではない。アイルランドでは，同じようなテーマに対して多肢選択式と自由記述式で試験を行い，結果を比較した。男性は多肢選択式で，女性は自由記述式でよい結果を残した。なぜだろう？

第一に，多肢選択式の設問に答える過程で，女性が真面目に取り組むのに対して，男性は手抜きや裏技に頼る傾向にある。第二に，女性は試験を不安がる傾向が強く，自分自身を疑って不安が増す多肢選択式より，設問に対する総合的な理解を表現できる自由記述式のほうが落ち着くからである。こうした試験問題によって学業の評価が歪められ，賢く才能ある女性の学校での成功が妨げられ，教育システムに対する不満がたまっていく。また，多肢選択式設問に頼りすぎていることに加え，学校で行われるほぼすべての共通試験には時間制限がある。試験で最も不安がかき立てられるのは，終了時間まで秒読みの段階に入ったときだろう。ある設問に取り組んでいる間はほかの設問を解くことができない。時計の針が進むにつれて不安が高まる。

こうなると，正しく答えるのではなく，速く答えることが優先される。時間制限のある試験では，知識と学習が暗記と即答に置き換えられてしまう。コンピューターはもとより電話からでさえもインターネットにつながり，どこにいても事実上あらゆる情報が手に入る世界で，暗記が役立つかどうかは疑問だ。さらにいえば，ウェブサイトの豊富な情報にアクセスできないとしても，実際の現場で事実，公式，手順をただちに思い出す必要はほとんどな

い。外科医やアスリートを除いて，問題に即座に対応することが必要な職業がどれほどあるだろうか？　実行計画を策定するに当たって，方針も戦略も立てさせてもらえない会社などあるだろうか？　アルフィー・コーンが問うたように，同僚に助けを求めることはどの程度禁止されているのか？　仕事に関する情報へのアクセスを従業員に禁じている仕事がどれほどあるというのか？　職場からマニュアルを排除した会社では，まともな仕事などできないはずだ。

共通試験は，多肢選択式であるがゆえに，高度な思考を問う設問を設計するのは難しい。創造的な思考と問題解決を図る能力に関して，生徒を選別する多肢選択式の設問を設計するのはきわめて困難なのだ。それでも多肢選択式の設問を設計しようとすると何が起きるだろう？　生徒は些末で雑多な事実を記憶しているかを問われるようになるのである。生徒は，ネビル・チェンバレンがチャーチルに首相の座を奪われた理由ではなく，チェンバレンの正しい綴りを覚えたかどうかを問われる。複雑な概念が，単純な定義と分類に矮小化されてしまう。高度な学習は，理由はともかく一部の生徒が間違える設問を出題したいという欲求の犠牲となる。アルフィー・コーンが指摘するように「明晰な思考が表れた論述かどうかを判断するより，セミコロンが正しく使われているかどうかを判断するほうが簡単」なのである。

多肢選択式で時間制限のある試験が求めるのは客観性と単純さである。しかし学習，少なくとも重要な学習が，客観的で単純であることは稀である。学習に，客観的な要素または単純な要素，あるいはその両方を含むものがあるのは確かだが，そうした要素は理解するという学習の本質を構成するものではない。数学の公式を記憶しても，それを理解したことにはならないのだ。生徒を選別するために試験の公平性は損なわれ，偏った，混乱した，あるいは単に無意味な設問が作成される。

試験方法に関するこうしたさまざまな欠陥は次のような問いをもたらす。こうした試験のどこがよいのか？　時間制限のある多肢選択式の統一基準試験が，生徒が創造的に考え，課題を正確に分析し，学習内容を深いレベルで理解する能力を評価するのに役立たないのであれば，何に使えるのだろう？実はこうした試験は試験とは名ばかりで，教材に関する生徒の知識を評価するように設計されたものではない。では何のためかといえば，真の目的は生

徒の選別と順位づけである。SAT，GRE，GMAT，MCAT，LSATといった共通試験の第一の目的は，誰がどの大学に受かるかを判断するために生徒を順位づけすることなのだ。共通試験は，ほぼすべて高等教育機関のための基準なのである。大学は毎年限られた数の学生しか受け入れられないので，生徒の選別をなるべく簡単に行う方法が必要となる。そのための最も費用対効果が高い（つまり安上がりな）方法が試験の活用なのだ。試験は，生徒の能力や可能性を正しく評価する道具ではなく，「子どもにレッテルを貼り，無理やり分類し，将来を限定する」道具なのである。

すべての生徒がその科目をよく理解していたとしても，生徒全員が100点満点を取るような試験はよい大学入学試験とはいえない（何人が大学に行けるようになるべきか，高等教育を受ける人々の能力を一律に制限すべきか，そうした人々にどの程度資金援助すべきか，それが社会にどう影響するのか，といったことはまた別の問題である）。全員が満点を取るような試験は難易度が足りず，できの悪い生徒をふるい分ける判別能力も不足している。しかし，すべての生徒がすべての試験で満点を取ることを期待してはいけないのだろうか？　それこそが教育の目的であり，その科目を学ぶということではないのだろうか？　何かを70％だけ知っていても十分とはみなされない。そこで試験は難しめにつくられる。少なくとも試験の作成者はそう言う。こうして試験は多くの暗記問題と，故意に曖昧にした設問を含む恣《し》意《い》的なものになることが多い。

入学資格を決める共通試験の目的は，理屈のうえではどの生徒が大学で優秀な成績を収めそうかを見極めることである。大学が入学させたいのは，クラス最高の成績を収めて将来のキャリアでより成功しそうな生徒だ。これは，高等教育に投じる資源を最大の効果をもたらす生徒，つまりこの試験社会で試験に最善を尽くす生徒に与えるべきという考え方だ。これこそが共通試験を推進するテスト業者，学校の管理職，政治家によって何度も繰り返されてきたメッセージである。

ここで，衝撃を受けそうな事実がある。共通試験の成績と大学における成功の間には，ほかの要素の影響を除去するとほとんど相関がないのだ。MCAT（医大入試）のような試験は，学生が臨床研修ローテーション，インターンシップ，研修医といった医科大学の実際面でどれほど優秀に振る舞う

かを予測することはほとんどできない。SATも同様だ。ベイツ大学では募集要綱からSATの要件を完全に外すことに決めた。大学での能力を予測する機能に乏しいからである。ただしSATの点数は提出してもらい，生徒が希望する場合は入試で参照し，そうでない生徒の点数は研究用途に限って用いた（入試の評価には使わなかった）。研究者は，SATの結果を参照することを希望した学生（概して高得点）と希望しなかった学生（概して低得点）の間で大学における成績を比較した。SATの点数は後者のほうが前者より平均で160点低かったにもかかわらず，大学の成績については両者の間で統計的な有意差は見られなかった。

共通試験でよい成績を残した学生が卒業後によい成果を上げるわけでもない。試験の点数と職場での成功の間にはほとんど相関がないのだ。これは，複雑な問題解決と緻密な分析よりも，暗記力ととっさの判断が試験で重要視されるという事実を考えれば驚くには当たらない。また試験は，意欲，社会的技能，職業倫理といった職場ではるかに重要視されることの多い資質を評価することもない。ほとんどの職場で，最も有能な社員とは多くの事実を真っ先に思い出せる人ではなく，最善の決断を下せる人なのだ。特定の事実を限られた時間内に思い出す技能は，人々が容易に情報にアクセスできる場合，ほとんど役に立たないのである。

SAT，LSAT，MCAT，GREといった共通試験で好成績を上げた者が学部や大学院，ロースクールや医大においてほかの学生と似たり寄ったりの成績だった場合，共通試験の何が優れているといえるのだろう？　共通試験の高得点はいったい何を予測したのだろう？　ピーター・サックスはこう言った。「共通試験の高得点は，共通試験で高得点を上げる能力をうまく予測できる」

大学入試や奨学金の認定，将来の仕事のために生徒を選別できる「客観的」な基準をつくるなかで，学習の本来の目的は失われてしまった。学校は試験準備センターと化し，試験の解答方法を教えることに意図的に注力し，学んでいる内容を本当に理解させることはない。共通試験は生徒に間違ったメッセージを送る。多肢選択式で時間制限のある試験は，教育とは事実と数字を記憶する過酷な作業だということを生徒に伝える。評価するうえで最も重要な基準は，試験前に雑多な情報を誰がどれだけ必死に詰め込むことができる

かだというメッセージを送るのだ。新しい発想を学び，問題解決の方法を見いだし，この世界がどのように機能し，互いに調和するかを理解するなかで得られる驚き，畏怖，好奇心はすべて削ぎ落とされてしまう。数学，科学，社会，語学を学ぶ場には，興味や関心，好奇心，学びたいという願望を満たす活動が含まれているはずだ。ところがその代わりにあるのは，暗記という過酷な作業である。ほとんどの生徒が学校を嫌うのも不思議ではない。

試験は学びを評価するうえで不十分なだけではない。雑多な情報に焦点を当て，表面的になっているだけでもない。試験でよい点を取ることに対するプレッシャーが高まると授業が変質するのだ。教師は，生徒が共通試験でよい成績を上げるようにというプレッシャーに負けて，授業の焦点を，学ぶことから，試験でどのようにうまく解答するかに移し始める。つまり「試験対策」を始めるのだ。

第一に，教師は試験に出ないであろう対象を外し始める。試験に出ると思う（漏洩《ろうえい》している場合もある）対象の訓練により多くの時間を費やし，授業での討論の時間を減らす。その教科についてもっと学びたいと願うとりわけ熱心な生徒が，試験に出ない対象について質問しても，試験に関係ないことで時間を無駄にしたくない教師は生徒に取り合わない。質問に答えることが，理解したいという生徒の意欲を高めることになるとしてもだ。試験は，授業を探求と驚嘆の場から作業場に変え，教師を学びの世話役から鬼軍曹に変える。影響を受けるのは授業だけではない。学びを豊かで満足のいくものにする学校のその他の要素，つまりスポーツや演劇，クラブ活動といったものはすべて，試験の点数を上げるという冷徹な目的のために犠牲となる可能性がある。試験の点が上がるまでクラブ活動を禁止されている生徒が何人いることか？

第二に，当てもののような試験は学びを底の浅いものにする。試験に重点を置くことで，授業の中心が概念を理解することから事実と数字を暗記することに変わる。直感に反するように思うかもしれないが，思考が浅くなればなるほど，生徒は試験をうまくこなせるのだ。答えを丸写しし，当て推量が多く，試験の難しい部分を飛ばす生徒は，わからない場所を復習し，読みながら自問し，自分がしていることと学んでいることを結びつけようとする生徒よりも総じて点数がよい。探求心旺盛な生徒は，本当の学びにはほとんど

興味を示さない生徒に試験で打ち負かされるのである。多肢選択式で時間制限のある試験にどれほどの欠点があるかを知っていれば，これは驚くに当たるまい。曖昧さのない単純な設問をできる限り短い時間で答える生徒のほうが，曖昧な設問を深く考えるのに時間を費やす生徒よりもよい点を取るのだ。しかし，より学んだといえるのはどちらだろうか？　試験が子どもたちに教えるのは，学校とは問題の解決策を見つける場でも，新しい概念を理解する場でも，私たちが暮らすすばらしい世界の一面を発見する場でもないということだ。試験が子どもたちに教えるのは，学校とは役に立たない事実を丸暗記し，試験のための詰め込み勉強をし，紛らわしい設問にひっかからないようにする場だということだ。学びにおけるあらゆる驚異，体験，発見は，暗記することのストレス，空しさ，無意味さに取って代わられるのである。

第三に，試験指向の学校の教師は，学びよりも試験テクニックを磨くことに重点を置く。生徒は試験に取り組むうえでの，とりわけ多肢選択式設問を短時間で解く裏技や戦略を教わる。答えを推測することや設問の前に答えを読むことは，教師が教える戦略の一部にすぎない。そして生徒は本物の学びを犠牲にして教えを受ける。トーマス・オシェイとマービン・ウィディーンがカナダのブリティッシュコロンビア州で行った調査によれば，共通試験のせいで教師は授業時間の多くを講義に費やし，クラス討論を導く時間を減らしているという。日本では逆で，学校は普通，共通試験への対応に重きを置かない。アメリカの教師と比べると，日本の教師は生徒に問題を解く方法を自分で考え，自分で解決することを求める。一方アメリカでは，生徒はただ問題を解く「正しい」方法を指示され，それを身につける練習をするだけである。生徒には，この方法がなぜ正しいのかわからない。一方的に告げられるのだ。

第四に，教師は試験の点数が高くなるよう学級編成に手をつけ始める。その教科を不得意とする生徒は，戦略的にクラスから排除されるのだ。学習障害があるとみなされる場合もあれば，平均点を維持するために単に試験を受けさせない場合もある。平均点を上げるための容赦ない圧力の下で，試験の成績が悪い生徒は補習クラスに追いやられて点数計算から除外される。こうした排除は政治問題に発展する場合もある。2015年，ニューヨークの教育当局は，大勢の生徒が共通試験を回避するという事態に直面した。その年，

20％近い生徒が共通試験を受けないことを選択したのである。

こうした生徒の能力がほかの生徒より低いとは限らない。実際には，より高い思考水準を示すかもしれないのだ。しかし試験が概念を単純化し，創造的で精緻な思考を封じ，スピードを称える以上，より内省的で完璧を求める多面的な思考を行う生徒は，現実にはほかの生徒より賢くないと告げられてしまうのである。

共通試験は学校に何をもたらしたのだろうか？　共通試験は手始めに，授業の重点を本当の学びから丸暗記に移した。そうすることで，仲間よりも深いレベルでものごとを考える生徒を疎外，排斥した。共通試験は無慈悲で容赦ない順位づけシステムを学校にもたらし，選ばれたわずかな者だけが先に進めるようにした。問題は，そうしたわずかな者が必ずしもほかの生徒より賢いとか能力があるとは限らない点である。彼らは試験が得意なだけなのだ。

共通試験が学校に及ぼしたこれらすべてのことには一貫した共通項がある。真の学びを損なうということだ。生徒の選別に重点を置くことで試験は歪んだ道具となり，単純化された思考を称え，本物の理解を阻む。試験は学びの対極に位置するものとなったのである。

学校における多肢選択式試験の利用は，測ろうとしている現象を正確に反映したいというよりも，使いやすさと導入しやすさに基づいて評価指標を選択した結果である。評価指標は，単に簡単だからという理由で選ぶべきものではない。ありふれた事実や数字を生徒が記憶したかどうかを調べる多肢選択式の設問をつくるのは確かに簡単だが，それが多肢選択式を選ぶ理由にはならない。従業員が仕事に費やす時間を測るのは簡単だが，従業員の能力をそうやって測るべきだということにもならない。測定を簡略化することで，測定が適切に，重要に，有用になることはないのだ。

共通試験では創造的な問題解決能力をうまく測ることはできない。だが，そのことがこの能力の重要性を否定しているわけではない。一方，多肢選択式の時間制限つき試験を完全に廃止すべきだということにもならない。要は，共通試験が授業を支配したり，私たちが大事にしているものを損なったりしないよう気をつけるべきなのだ。試験は学校を変える。だが，試験のために学校を変える必要はない。

共通試験が学校で引き起こしたことは，私たちへの警告に違いない。評価

指標への盲目的な執着や追従は私たちの行動を歪め，意図したものと逆の結果を招きかねないのだ。この現象は学校に限ったものではない。評価指標への盲目的な追従のせいで私たちは行動の基となっている究極の目的と意味を見失う。盲目的に共通試験に執着したことで，あたかもフェロモンの道をたどるアリのように教育システムは間違った道に導かれ，学びは試験でよい点を取る能力のために犠牲になったのだ。私たちはアリになってはならない。

「試験対策」を行って点数をよく見せるのは，教育システムに特有の問題かもしれない。しかし，「時間に正確」や「経歴が立派」，「業績がよい」といった表現はどこでも耳にする。そうした表現は何かを適切に評価している状況を表わしているようで，実態をまったく捉えていないおそれがある。それはともかく，試験の点数にこだわると，教師は授業のしかたを変えるだけではない。大きな見返りがある試験では，教師が不正行為を始めることさえあるのだ。

2008年，ヘザー・フォーゲルとジョン・ペリーは，ジョージア州ディカーブ郡のアサートン小学校で，何か不自然なことが起きていることに気がついた。その年の春，小学5年生の児童32名のほぼ半数が，年に一度の州の教育試験に落ちた。この小学校の順位は州全体で10パーセンタイル（下から10％）だった。つまりほかの90％の小学校のほうが，試験でよりよい成績を収めたことになる。ところが，同じ児童が秋に試験を受け直したところ，その多くどころか全員が合格したのだ。そのうえ，26名の児童が試験で取り得る最高点を記録し，この小学校の順位は州の10パーセンタイルから77パーセンタイルに上昇した。ところでこの再試験は，その少し前に連邦当局が導入した規定に基づいて実施されたもので，再試験で更新された得点を連邦助成金の要件判断に使えるようになっていた。

試験結果が向上したということは，この小学校が，「落ちこぼれ防止法」で知られる連邦教育プログラムの定義にある「適切な年間進捗」の基準を満たしたことを意味した。基準を満たしたということは，小学校が追加の連邦助成金を受け取る権利を得たことを意味し，さらに重要なのは，基準に達し

ない場合の懲罰的措置を避けられるということだった。小学校の校長は児童の成績の急上昇を，夏の間に行った集中指導と，試験に集中するために教師がより注意を払ったためだと説明した。

ジョージア州の別の小学校でも，同じように不自然な結果が見られた。アトランタのアダムスビル小学校とパークレーン小学校，グリン郡とゲインズビルのほかの二校でも，試験結果がほとんどあり得ない上昇を示していた。*The Atlanta Journal-Constitution*の記者であるフォーゲルとペリーは，同紙にこの調査結果を掲載した。

何かが起きていた。

ピッツバーグは，ダウンタウンから3マイル離れたアトランタ南部の，主に黒人の労働者階級が住む貧しい地区である。アトランタのペグラム鉄道工場に隣接し，地区の名前はペンシルベニア州の鉄の都ピッツバーグに因んでいた。1960年代に入ると，黒人のなかでも富裕層が，より高級な住宅街を目指してこの地区から離れ始めた。1970年代から1990年代にかけて地区の人口は半分に減った。2014年までに，あたりの住宅の半分は空き家となった。地区では売春や強盗がはびこった。ピッツバーグが属する学区では，生徒の3/4が貧困ラインかそれ以下の暮らしをしていた。その90％は黒人かヒスパニックだった。高校を卒業した者は40％未満。ピッツバーグはそこに住む者が逃げ出したいと思う街であり，実際多くがそうした。ピッツバーグで暮らす住民にとって希望はなきに等しかった。そんなところにパークス中学校はあった。

クリストファー・ウォーラーが新しい校長として2005年にパークス中学校に着任したとき，学校は崩壊目前であることがわかった。前任者は，学校を修繕し進路指導員を雇って改善に努めたものの，前職での性的不祥事を訴えられて辞任していた。教師の士気は低かった。生徒はますます難しくなる学習内容についていくのがやっとで，小学校当時の水準を維持できない者も多かった。ウォーラーは教師の息子で，ジョージア州の小さな田舎町で育った。子どものころ，ウォーラーは兄弟と「学校」ごっこ（本人は先生役だった）

や「教会」ごっこ（本人は牧師役だった）を楽しんだ。教育学の学位をとって大学を卒業すると，母親と同じように主に低所得家庭の子どもたちと接しながら教育経験を積んだ。

最初の仕事では，生徒から武器を取り上げなければならなかった。パークス中学校に赴任する前，ウォーラーはジョージア州内のさまざまな田舎の学校で，理科の教師，フットボールのアシスタントコーチ，管理スタッフ，副校長として教え，夜間や週末は教会で牧師を務めた。

パークス中学校の生徒の家庭は父親不在であることが多く，両親ともいない場合もあった。祖父母に育てられている者もいれば，少年拘置所に送られる寸前の者もいた。親がいても，麻薬で興奮しているか，さもなければ放心状態だった。パークス中学校在任中，ウォーラーは法廷で，生徒を刑務所に送らないよう裁判官に嘆願していることもしばしばだった。学校では教師や保護者の車が盗まれた。学校での窃盗事件は当たり前で，盗まれた備品が保護者の家から回収されたこともある。生徒のなかには学校から家に帰る間に性的暴行を受けた者もいた。生徒を性的に虐待し監禁した男に対して，ウォーラーが証言しなければならない場合さえあった。

ウォーラーの目の前には山のような仕事があった。パークス中学校はここ数年間試験の成績がひどく，その状況は危機的だった。ウォーラーは学校を変革する必要があった。即座に成績目標を達成しないかぎり，助成金はカットされ，下手をすると学校が閉鎖される。とほうもない仕事だ。当時32歳のウォーラーはアトランタ公立学区全体で最年少の校長だった。

これより4年前の2001年，ジョージ・W・ブッシュ大統領は落ちこぼれ防止法案に署名した。法案により，教育に対する連邦政府の助成金は大幅に増加したが，学校が助成金を受け取る権利を得るには一定の基準を満たす必要があった。教育に対する連邦政府の支援は2001年から2004年にかけて25％上昇した。このプログラムは「スタンダードに基づく教育改革」と呼ばれる教育理念に基づいていた。この教育改革は，教育に高い基準を掲げ，測定可能な成績目標を設定し，教師と管理者にその目標の結果責任をもたせれば，個々の生徒の成績が向上するという前提に基づいたものだった。このシステムでは，生徒の能力と学習進度の把握をおおいに共通試験に頼っていた。

落ちこぼれ防止法は，共通試験の導入を条件に州に助成金を交付した。学

校は助成金の権利を得るために，成績が毎年向上している様子を示す必要があった。ただし成績の基準は各州に任されていた。ジョージア州では，こうした成績基準は目標基準準拠試験（CRCT）と呼ばれる共通試験を通じて導入された。この試験は，読解，数学，英語・言語技術，科学，社会という五つの分野に重点を置いた。学校は，「適切な年間進捗」つまりその学校の試験の点が向上したか，「改善が必要」つまり不合格かのどちらかに分類された。適切な年間進捗を達成した学校には，連邦政府の助成金から追加の支援が与えられることになっていた。適切な年間進捗の要件を満たさなかった学校は，翌2年間の成績改善計画を策定する必要があった。学校がいったん「改善が必要」に分類されると，生徒は別の学校（と付随する助成金）への転校を選ぶことができた。2年間の成績改善計画を達成できなければ，その学校は無料で生徒を個別指導することを強制され，学校の経営資源にさらに負担がかかる。4年目も失敗すると，学校はその意思に反して，職員の大幅な入れ替えや新カリキュラムの導入といった措置を講じられる可能性があった。6年目までに成績が改善しないと，学校には，州による接収や学校の完全な閉鎖と解散といった思い切った措置が講じられることになる。

これが，2006年度にクリストファー・ウォーラーの抱えていた難題だった。パークス中学校は例年悪い成績が続き，「改善が必要」に分類されていた。その年，生徒の58％が数学のCRCTに，67％が言語技術のCRCTに合格する必要があった。さもなければ学校が閉鎖されるかもしれない。ウォーラーは次のように語った。「子どもがどれほど教えを受けたか，つまりどれほど学んだかは関係なかった。目標を達成できなければ，私たちが学校に残って子どもに学習を続けさせることはできない。『適切な年間進捗』の基準を満たさなければ，学校は閉鎖されるのだから」

1999年，ビバリー・ホールがアトランタ公立学区の教育長となった。ホールは，厳しい環境に置かれた学力の低い学校に勤務した経験が豊富だった。ジャマイカのモンテゴベイに生まれたホールはブルックリンカレッジを卒業し，ニューヨーク市立大学で修士号を取得し，フォーダム大学から教育学博

士号をそれぞれ受けていた。彼女はブルックリンのフォートグリーンとニューアークで働き，1995年からは教育長を務めた。アトランタにやってきたとき，ホールは恵まれない生徒を教育する情熱に加えて，資金調達の才能も携えていた。しかしホールが何より重視したのは結果責任だった。

連邦の落ちこぼれ防止法が学校に導入したアメとムチに加え，アトランタ公立学区はビバリー・ホールの下で，試験の成績に連動させた追加措置を考え出した。教育委員会のなかに研究・企画および結果責任部門を設置し，各学校が達成すべき年度目標を設定した。教育委員会の副教育長が個々の学校の成績を監視し，校長に結果責任を負わせたのだ。

学校が成績目標を達成すれば，ホールはその学校に，寄付金として集められた助成金を報奨として与えることになる。目標を達成すれば教師，校長，支援スタッフ，さらにはバスの運転手でさえ，最高2000ドルのボーナスを現金で手に入れることになるのだ。一方，校長が3年以内に成績目標を達成できなければ解雇される。例外なし，言い訳無用だ。ホールは脅しを実行に移した。教育長としての10年間で校長の90％が交替させられたのである。

試験結果がアトランタ公立学区のすべてだった。公立学区は毎年秋に，アトランタ・ファルコンズの本拠地であるジョージアドームで総会を催した。成績目標を達成した学校はフィールド内に着席することができたが，成績未達の学校は観客席に追いやられた。席次はことさら重要視され，それを作成するための「舞台整備」という用語さえ生まれた。

ウォーラーにとって，CRCTの結果という形で示されるアトランタ公立学区の試験重視は，それまでに経験したことのないものだった。田舎の郡で重視されたのは指導や成績だった。あるいは子どもを学校に来させることと，けんかを始めさせないことが重要な場合もあった。しかしアトランタ公立学区で重視されたのは，ひたすら試験，試験，試験だった。学校に求められたのは，落ちこぼれ防止法が規定したものより高い基準を満たすことだけではなかった。進歩は永続的でなければならないという考え方に基づいて，その基準は絶えず引き上げられていったのだ。ホールは，基準を満たす生徒の人数が毎年3％ずつ増加しなければならないというシステムを導入した。ウォーラーは次のように述べている。「生徒がある基準を満たして進級すると，教育委員会はその学年の基準を引き上げた。子どもが基準を超えるとい

う目標を達成するのは，年々難しくなっていった」

ビバリー・ホール率いるアトランタ公立学区では言い訳は許されなかった。基準を満たすか，報いを受けるかのどちらかだった。ホールはウォーラーにも，公立学区のほかの校長に示したように，校長の地位にいる者に期待されることを明確に示した。「アトランタで仕事を続けたければ，目標を達成せよ」。校長が10人から12人のグループでホールに会う場合，ホールは各学校の点数を大きなグラフにして部屋に張り出し，校長一人ひとりにその年の目標を達成できそうか尋ねた。「できない」と言う勇気のある校長はいなかった。

連邦政府の落ちこぼれ防止法案に基づく連邦政府の助成金に加え，ホールはアトランタ公立学区の民間の寄付で数百万ドルを確保し，公立学区全体に配分した。ホールは慈善家から集めた寄付金を使って，学校が補助教員を雇ったり，放課後プログラムを立ち上げたりするのを支援した。ホールは人々を貧困から救い出すための教育の役割を主張して，GE財団とビル・アンド・メリンダ・ゲイツ財団から，公立学区のために4000万ドル以上を引き出すことができた。

アトランタ全域で達成された結果は驚くべきものだった。ホールが教育長に就任したとき，8年生（中学2年生）で州の言語技術の基準に達している生徒は50％未満だった。2009年までにこの数字は90％に上昇した。学校の状況は好転した。生徒に希望が与えられたのだ。ビバリー・ホールは教育改革運動と成績目標が機能することを証明した。厳格な目標を設定し，教師，校長，管理者に結果責任を課すことで，アトランタ公立学区に転機をもたらしたのである。アトランタ公立学区におけるホールの仕事ぶりはアメリカ学区教育長協会の関心を引くところとなり，協会はホールを2009年度全国教育長に指名した。ビバリー・ホールがアトランタ公立学区で成し遂げた結果が信じられないほどすばらしかったので，アトランタ市議会は2009年9月8日を「ビバリー・L・ホール博士デー」にすると宣言し，ホールの栄誉を祝う式典が催された。

パークス中学校に校長として勤め始めたころ，ウォーラーはきわめて不思

議なことに気がついた。パークス中学校に生徒を送り込んでいる地元の小学校からパークス中学校に入った生徒は，小学校時代に言語技術のCRCT試験でよい成績を残していた。しかしパークス中学校の教室では，小学1年生レベルの読解にも苦労している。夏休みの間に生徒がなぜ4学年分の読解力を失ってしまったのか，説明がつかなかった。ウォーラーはこの状況を説明できる理由を一つしか思いつかなかった。小学校は不正を行っているのだ。

ウォーラーはこの状況を，パークス中学校が属する地区を担当する副教育長マイケル・ピッツに問題提起しようとしたが，ピッツは耳を貸さなかった。それどころか，ピッツはウォーラーの懸念に脅しで応えた。もしウォーラーが訴え続ければ，ウォーラーはそれらの小学校の「一番できの悪い」生徒だけを受け持つことになり，ますます仕事が増えるだろうと脅したのだ。

自分の陥った状況に困惑したウォーラーは，この難題と，試験結果が学校にもたらす苦境をパークス中学校の教師数名に相談した。ある教師は，児童が答案を書いたのち，教師が児童の答えを消して修正している小学校のうわさを聞いたことがあると語った。副校長のグレゴリー・リードは，教師が事前に試験問題を入手できる学校があるらしいと言った。

ウォーラーは難しい立場にあった。非現実的な基準を満たす必要のある，閉鎖寸前の学校の責任者なのだ。目標未達による罰を恐れているのはウォーラーだけではなかった。教師は転任させられるか，悪くすれば解雇される。さらに重大なのは,生徒が学校を失いかねないことだ。多くの生徒にとって，学校だけが生活を安定させる拠り所なのに。そこでウォーラーは，パークス中学校に生徒を送り出す小学校で起きていることに歩調を合わせ，中学校を運営し続けるために，アトランタ公立学区の校長の多くがすでにやっていることに手を染める決断をした。不正行為である。

作業は信頼できる教師だけと行わなければならないことがウォーラーにはわかっていた。そこで，学校が年度成績目標を達成できるよう自分を助けてくれる，小さいながらも献身的な教師のグループをつくることにした。数カ月間働きかけた末に最初に引き入れたのは，ダマニー・ルイスという数学教師だった。ルイスは当時20代後半で，銀行出納係の母親とコカイン中毒の父親の息子としてイーストオークランドで生まれた。2000年からパークス中学校で働き始め，フットボールとサッカーのコーチでチェスクラブも始め

ていた。ルイスはあらゆる点でスーパースターだった。多くの生徒に洗濯するすべがないことを知ったルイスは，生徒の服を洗ってやろうとした。両親が不在だったり麻薬で正気を失ったりしている場合は，生徒に眠る場所を提供した。もし生徒が試験で失敗したら，学校が閉鎖され，生徒はばらばらになり，パークス中学校が地域で果たしている役割が終わる。ウォーラーはこのことをルイスに納得させたのち，ようやく彼を不正に協力するよう説き伏せることができた。ルイスは屈服した。

パークス中学校の不正システムは，ウォーラーがすでに聞いていた二つの戦略を軸に展開された。すなわち，試験の前に問題を入手して信頼できる教師に渡すことと，答案が提出されてから採点されるまでの間に，生徒の答えを物理的に改竄するというものだ。試験問題を入手するのはそれほど難しくなかった。ルイスは試験問題が保管されている事務所に忍び込み，カミソリで試験問題の包みを切り，試験問題を2部ほど抜き出したのち，包みの糊をライターで溶かして封印し直した。試験問題は信頼できる教師に渡された。教師は設問を確かめて生徒に教えた。自分たちで答案を改竄するために，ウォーラーは試験期間中，試験監督のアルフレッド・キールをダウンタウンまで長めのランチに連れ出し，キールの注意をそらした。準備が整うと，教師の一団がキールの事務室に入って答案を修正した。教師たちは答案を調べ，生徒が設問に正しく答えているか確認した。

生徒が正答していなかった場合，教師は間違った答えを消して正しい答えに書き換えた。ただしウォーラーは慎重だった。教師が改竄を設問の1/5程度にとどめていることと，必要最低限の答えだけを修正していることを確認した。合格点を数ポイントだけ上回るようにして，生徒が試験に合格するようにしたのである。

パークス中学校の試験の点数はウォーラーの下で劇的に改善した。2005年，8年生の86％が数学で合格した。前年は24％だった。読解の合格者は35％から78％に増加した。ビバリー・ホールやアトランタ公立学区が暗黙のうちこの不正システムを容認しているという事実はどこにも見当たらなかったが，何が行われているかは皆知っていた。ウォーラーは，のちにこのスキャンダルの年を振り返って，ホールには，不正を奨励しないまでも容認していることを直接口に出さずに悟らせる手段があったと語った。ホールは

「高度な改革」といった隠語を使って，不正行為を直接指示することなく，学校が成果を得るためにとるべき措置を説明しようとした。ただしホールは，配下の校長が自分たちに求められていることを正確に理解するよう念を入れた。ホールはスタッフを使って，何人の生徒が試験に合格する必要があり，基準を満たすためにはいくつの正解が必要かを細かく校長に示した。さらに，不正を行った教師や校長をかばった。パークス中学校の教師タメカ・グラントがホールに手紙を送って，ウォーラーが教師に試験で不正を行うようそそのかしていると告げたとき，彼女がホールから受け取った返事は，「ウォーラーが転任することはない」というものだった。告発をしてまもなく，グラントはこの地区で最も危険な学校に転任させられた。ホールは内部告発者が処分されることを明確に示したのだ。これこそシステムである。校長は試験で学校が不正を行いやすくするために，信頼できる教師と内輪のサークルを形成することになる。アトランタ公立学区の教育長と上層部はこうした校長を守り，ボーナスで報いるだろう。告発者は締め出され，配置転換され，あるいは追放される。組織の内部からであれ外部からであれ，不正に対する告発は即座に却下されるか無視されることになるのだ。

数年後，パークス中学校の不正システムはほとんど常態化していた。ウォーラーは内輪の教師たちが試験結果を改竄し，試験日の前には試験問題を入手してくれるはずだと信じていた。ウォーラーが試験結果の改竄を教師に直接指示することは決してなかったが，それは了解事項だった。信頼に足る教師は，生徒の答案の間違った答えを自分で消して正しい答えに書き換えることで直接改竄するか，CRTCの試験問題を事前に入手して内容を確認し，生徒が確実に設問を知るようにすることで，不正に加担することになった。学校で不正が行われていることは誰一人公言しなかったが，多くの人がそのことを知っていた。ウォーラーが述べたように，パークス中学校において不正は「流れ作業のように」行われたのだ。2009年，すべてが破綻する。

ヘザー・フォーゲルとジョン・ペリーによる，アサートンとほかの三つの小学校における不可解な試験成績の向上に関する記事は，2008年12月に掲

載された。二人は再試験を行った学校から数校を選び，回帰分析と呼ばれる統計手法を用いて1回目の試験と再試験の得点を比較した。二人はアトランタ市がビバリー・ホール・デーを祝った1カ月後の2009年10月に，前年12月の記事の続報を出した。この二人組は，今度は2008年から2009年のCRTCの点数を調べ，年度間で結果を比較した。二人はまたしても，ほとんどあり得ない結果が州全域の学校のいくつかで見られたことを指摘した。1年目は最低の成績だったウェストマナー小学校とペイトン小学校は，翌年トップに躍り出た。フォーゲルとペリーは，1年目から2年目にかけて成績が天文学的に改善された例をいくつも見つけた。一方で成績が急落した例も見つけた。アトランタ公立学区でどれほど広範に不正が横行していたかを考えれば，これは納得のいく結果である。不正を行っている教師が児童の1年目を担当した場合，その年の成績は水増しされることになる。その児童が2年目には不正を行っていない教師についた場合，児童の点数は急落するのだ。その逆もまたしかりである。

いくつかの結果は，まさに信じがたいものだった。ウェストマナー小学校では，2008年に州全体で830位だった4年生が，5年生となった2009年には州でトップになったのだ。ペイトン小学校の数学の成績は，2008年に最低レベルだったのが，2009年には4位となった。模擬試験では94％の児童が4段階の最低レベルだったというのに。

この結果を見過ごすことはできない。ジョージア州の学校では何か非常に奇妙な，おそらく不適切で犯罪らしきことが起きているのだ。二人の新聞記者は何とかしなければならないと意思を固めた。記事は明確に指摘した。「統計的にあり得ない試験の点数がさらに多くのクラスで見つかったことで，4校を巻き込んだ不正行為の捜査は今後拡大すると思われる」。二人は正しかった。この記事はアトランタ公立学区教育委員会だけでなく，ソニー・パデュー知事室の注意も引いた。知事室はただちに調査を始め，この学区の5校に1校で異常な結果が見つかったことを知った。パークス中学校に関していえば，75％のクラスで不審な点数がつけられていることが判明した。

アトランタ公立学区は疑わしい結果を調査することを約束し，そのために調査委員会を発足させた。しかしアトランタ公立学区が身内の委員で構成した委員会が，試験の点数を改竄する組織的な活動を見つけるはずもない。パ

デュー知事は納得しなかった。2010年8月，知事は行政命令を出して，元ジョージア州検事総長マイケル・バワー，元地方検事ロバート・E・ウィルソンおよび特別捜査官リチャード・ハイドに，疑わしい試験結果を徹底的に調査する権限を与えた。3名には，召喚状を発行する権限と50名以上の捜査官を動かす予算が与えられた。

捜査官は当初，教育委員会や教師から相当の反感を買った。誰も協力したくないようだった。だが捜査官はあきらめなかった。その年の秋，ジョージア州捜査局の50名ほどの捜査官が1カ月をかけて，パークス中学校を含む州内のさまざまな学校を訪問した。捜査官は生徒食堂，職員室，廊下，教室に陣取り，捜査に協力してもらうよう教師に近づき，最終的には成功した。捜査官は多くの教師を説得して，事件の証人となることの同意を得た。同僚の教師との会話を記録するために，盗聴器を身に着けることに同意した教師もいた。全体の捜査は2年半に及んだ。捜査期間中にビバリー・ホールは辞任した。その他大勢の教師は解雇されるか教員免許を失った。

事情聴取に加えて，知事の生徒成績室はCTBマグロウヒルと契約を結び，答案の間違いを正答に書き換える行為を調査させた。CTBマグロウヒルが行った分析には，多肢選択式設問のマークが消されていた場所の特定と，不正解から正解に書き換えられた解答の件数を数えることが含まれていた。この件数を，通常の試験で生徒自身が訂正する件数と比較することで，捜査官は答案が改竄されたかどうかを判断できる。CTBマグロウヒルはアトランタとほかの34学区で，「少なからぬクラスで書き換えが行われ，その件数は州の平均より圧倒的に多く当惑するほどだった」ことを見いだした。書き換えの発生率が最も高かったのはパークス中学校だった。捜査に加わった教育測定学のグレゴリー・シゼク教授は，書き換えが偶然である確率は，ジョージアドームを満員にした場合に「ドーム内の全員の身長が7フィートを超えている」のと同じぐらいだと述べた。

捜査では，州全域のさまざまな教育関係者に対して2000件以上の事情聴取が行われた。不正が行われていたのはアトランタだけで44校以上にのぼった。不正文化が横行した結果，アトランタ公立学区の83％で不正が行われたと推定された。特別捜査が始まってちょうど10カ月後の2011年6月20日，捜査官は178名の教師と校長がスキャンダルに関与したとする報告書

を提出した。このうち82名はすでに自供していた。

最初に，不正を自供したか不正をしたと疑われる教師110名が起訴され休職扱いとなった。ダマニー・ルイスは起訴を免れるために捜査協力に応じた最初の教師の一人だった。悪事は暴かれたのだ。捜査官はアトランタ公立学区と，特にビバリー・ホールを名指しで痛烈に告発し，「学区に恐怖の文化，脅迫，報復が蔓延し，あらゆる種類の不正が長年にわたって見過ごされることになった」と述べた。また，学校システムにおける試験結果が「権力を笠に着た残虐な武器として使われ，はずかしめと罰を与えた」と指摘した。

捜査官は，目標を達成するための巨大なプレッシャーが教師を不正に走らせたと結論づけた。目標はアトランタ公立学区が設定した。教師と管理職が目標達成のために不正を働くか，目標未達で職を失うかのどちらかを選ばざるを得ないと考えるように仕向けたのだ。

年々試験の基準が引き上げられ，年々生徒の成績を向上させることが求められたという事実と，すでに不正が横行していたという事実を考え合わせると，教師が不正をせずに学区の期待に応えることはほぼ不可能だった。捜査官の報告書には次のように記されている。「この学区の長年にわたる試験の不正行為が不正の度合いを悪化させた。毎年，前年の虚偽の点数を維持するだけでなく，それを上回ることが求められたのだ。生徒の学力と，生徒が達成しようとする目標のギャップは拡大した」

アトランタの教師や校長にとって，不正行為はいくつかある選択肢の一つではなかった。生き残るための唯一の手段だったのである。

パークス中学校の教師の多くにとって，試験の不正行為は目的を達成する手段にすぎなかった。教師にとって重要なのは生徒だった。ダマニー・ルイスにとって重要だったのは，パークス中学校の生徒に，自分もこの地区を脱出できると本気で信じさせることだった。ルイスは心のなかで不正行為を正当化した。ルイスにとって学校が閉鎖され，生徒が転校させられるのは，地域の希望が失われるようなものだったからだ。生徒がパークス中学校で指導を受けられるということと，生徒が何かを成し遂げてくれるという思いは，いくつかの解答をごまかす理由として十分だった。自分にも周囲の期待以上のことができるという自信を生徒がもってくれれば，不正行為も正当化できた。「やってもどうせ無理，という考え方を排するために，できることは全

部やろうと思った」とルイスは述べている。ウォーラーにとって，学校の変化は生徒によい影響を与えるためのものだった。生徒は「ものごとの見方を変え始めた。抜け出す方法を見つけたのだ」

全体で170名を超える，アトランタおよびジョージア州のほかの地域の教師，校長，上級管理職がさまざまな容疑で起訴され，校長と上級管理職の多くが，組織犯罪の構成員を起訴する法律であるRICO法に基づいて裁判にかけられた。ダマニー・ルイスは辞職を拒んだのち，このスキャンダルで解雇された最初の教師となった。2012年3月の最終審問でルイスが読み上げた声明は簡潔だった。「アトランタ公立学区で組織的な問題があったことは証拠が明らかにするでしょう。以上」

2013年3月22日，クリストファー・ウォーラー，ビバリー・ホールおよびほかの33名の管理職がRICO法に基づいて大陪審に起訴された。ビバリー・ホールの容疑には，恐喝，偽証，窃盗，証人への脅迫，共同謀議が含まれていた。アトランタ地域の教育者11名が，共通試験の不正に関する組織犯罪やその他の罪で有罪判決を受けたのは，ようやく2015年4月1日のことだった。そのなかにホールの姿はなかった。判決の1カ月前にがんで死んだのだ。しかし判決は，スキャンダルの責任の多くをホールに帰することをためらわなかった。

時間が経つにつれ，アトランタ公立学区の年度目標を達成するための理不尽なプレッシャーが一部の教職員を不正に走らせた。ビバリー・ホールとその側近による，目標達成以外は何も受けつけないという態度が，望ましい最終結果を達成するほうが生徒の教育よりも重要だという環境をつくり出したのである。

ウォーラーには5年間の保護観察と罰金4万ドルが言い渡された。パークス中学校は2014年に閉鎖され，シルバンヒルズ中学校に統合されることになった。

すべては試験のためだった。

アトランタ公立学区で起きたことは珍しいことではない。いくつか例を挙げるだけでも，フィラデルフィア，トレド，エルパソ，ボルチモア，シンシナティ，ヒューストン，セントルイスといった都市で広範囲な不正行為が報告されている。不正が悲劇的な結末をもたらす場合もあった。小学3年生の試験で不正を通報されて地下鉄に飛び込んだ，あの4月の悲劇の日，ジェニーン・ウォレル＝ブリーデンの心中に去来した思いは知る由もないが――そのころ祖母が亡くなり，自身は離婚問題を抱えていたらしい――ただ，3年生の試験のプレッシャーと試験の不正に対する捜査が，自ら命を絶つ決断に影響したことは想像できる。

しかし，人々が思いもよらぬ，間違った，時として不正直な方法で業績の評価指標に応えるのは，学校に限った話ではない。実際，人々は人生のほぼすべての局面で，アトランタ公立学区の教師のように反応する。その反応が不正，不道徳，違法な行為にまでは及ばないとしても，人々は目標を達成する方法を見いだそうとするのだ。この現象はあまりに普遍的なので名前までついている。グッドハートの法則という。

チャールズ・グッドハートは金融政策を研究する経済学者だった。グッドハートが発見したのは，政府が金融システムを規制しようとすると，投資家がその規制の影響を予測し，そこから利益を得ることだった。グッドハートは，ある指標が報奨と結びつけられると，人々は自分たちの行動がその評価指標の本来の目的を達成するうえで役立つかどうかにかかわらず，その指標を最大化する方法を見つけると結論づけた。グッドハートの法則を一言で表そう。「指標が目的になると，その指標は機能しなくなる」。これがアトランタで起きたことだ。試験は単に生徒の理解度を評価する手法ではなかった。そこには報奨が絡んでいたのだ。試験の目標が達成できないと，教師や校長が職を失うかもしれないという大きな負の報奨が……。それどころか，学校は閉鎖を余儀なくされ，収用され，再編されるかもしれない。一方，目標を達成すれば教師はボーナスをもらうことになる。試験で高得点を達成する報奨は強力だった。

評価指標と報奨に予想に反した形で応える人々の例は，そこかしこに見ら

れる。19世紀，中国で仕事をしていた古生物学者は，そこで発見された先史時代の生物を研究するために恐竜の骨を集めたいと思っていた。完全な化石は稀だった。骨格やほかの遺物は何千万年にもわたる地質学的な力によってばらばらになっていたからだ。古生物学者はしばしば骨の破片や不完全な化石を扱わざるを得なかった。そこで古生物学者は地元の農民に助けを求め，農民が見つけた恐竜の骨の破片ひとつ一つに報奨金を出すことにした。農民はこの取引でどう振る舞うべきかたちまち理解した。報奨金は「破片」ごとに支払われるのだ。農民は，自分が発見した恐竜の骨をいくつかの「破片」にするために骨を砕き始めたのである。

シアーズでは1992年，設備の修理を引き受けてもらうために機械工に手数料を払うことにした。その結果，機械工は手数料を稼ぐために，やらなくてもよい修理を行うようになった。

オーストラリアでは，列車の運行に遅れが生じると列車の運行係は罰金を科せられた。そこで運行係は途中停車駅を全部飛ばすよう指示し始めた。ホームには，どうして列車が通過したのかといぶかる乗客が取り残された。

イギリスでは，ある救急外来で，患者が救急室に運び込まれてから医師の診察を受けるまでの時間を測り始めた。すると病院のスタッフは，医師の診察準備が整うまで救急車が患者を降ろすことを拒否し始めた。その結果，救急車は医師の準備ができるまで待たされるようになり，救急医療の貴重な資源が空費され，救急対応に充てられる時間が減ることになった。

1990年代，ニューヨーク州とペンシルバニア州は，病院および個々の外科医が担当する患者の死亡率を公表し始めた。医療における結果責任のシステムを導入しようとしたのだ。患者が，より優秀な病院や外科医を選べるようにすることで，医師や医療管理者が自らの治療を改善する動機が働くはずだと考えたのである。しかしその代わりに生じたのは，外科医が自分の成功率を上げるために，複雑な症状をもつ患者を避け始めたという反応だった。

インドを植民地化した際，イギリス人は首都デリーで，ある問題を抱えていた。コブラである。市内にはこの毒ヘビがうようよしており，植民地政府にとっても現地人にとっても危険な状況だった。ところで植民地政府には一つのアイデアがあった。ヘビに賞金をかけるのだ。死んだコブラを持ち込んだ者に賞金を与える。このプログラムは大成功したように思われた。大量の

コブラが殺され，賞金が支払われた。しかし植民地政府はまもなく，なぜそれほど多くのコブラを捕まえて殺せるのか，その理由に気づいた。政府にコブラの死骸を売りつけるために，地元民はコブラの飼育を始めていたのだ！インド人が仕組みを悪用していることを知って，イギリス人はコブラに対する賞金を廃止した。今やコブラは無価値となり，コブラを飼育していた者はそれを外に放した。その結果，デリーのコブラは桁違いに増加した。市内のコブラを減らそうというイギリス人の努力は，状況を悪化させただけだったのだ。この現象を研究したドイツ人の経済学者ホルスト・ジーベルトはこれを「コブラ効果」と呼んだ。

コブラ効果であれグッドハートの法則であれ，人々が予想もしない形や逆効果をもたらす形で評価指標に応える現象は本書の至るところで見つかる。そこには，評価指標があることで，その背後にある本来の目的が達成されるかどうかには関係なく，人々が評価指標の値を引き上げる方法を見いだす様子が示されている。

アトランタ公立学区のスキャンダルは，グッドハートの法則の，極端かもしれないが参考になる事例だ。基準を満たすことを求める圧力が高まるほど，基準をぎりぎりで超える人が増え，基準を満たす範囲を変えようとする傾向が強まり，人々は基準を達成する方法を見いだそうと，より知恵を絞るようになる。人々は期待したようには動いてくれないのだ。

アトランタ公立学区のスキャンダルにも，本書全体に見られる重要な特徴が表れている。試験の目標点数を達成するプレッシャーを受けて，教師は二つのまったく異なる方法で対応した。最初は単に教え方を変えただけだった。試験に出ると思われる題材に重点を置き，試験の準備と試験テクニックの指導に時間を費やし，カリキュラムの一部であっても試験に出そうにない要素は授業から除外した。これは「試験対策」である。もう一つの対応は不正に走ったことだ。

二つの対応の重要な違いは，前者が，そこで起きていることに実質的な変化を及ぼしている点だ。試験対策とは，学びに含まれるほかの要素を犠牲にして，生徒が試験の対処方法を教わることである。試験の対象とならない題材は無視される。深い理解は，簡単に試験できるよう単純化された思考に置き換えられてしまう。多肢選択式試験では把握できない創造性や探求心のよ

うな学びの側面は切り捨てられる。一方，不正は不道徳で違法なことではあるが，不正を行うために授業を変える必要はない。生徒は相変わらず，創造的に学び，試験に出ない科目にも取り組み，そこで扱われているテーマを深く長く探求することになるかもしれない。不正とは，単に測定方法を操作することである。

グッドハートの法則はこの違いを区別していないが，この違いは重要であり，本書の至るところに現れる。グッドハートが端的に述べたのは，どんな指標も評価指標になると，やがて人々がシステムを悪用することを覚えるので，指標の有用性が失なわれるということだ。しかしグッドハートは，人々がシステムをどのように悪用するかには言及しなかった。人々は思いもよらぬ方法で行動を根本的に変えて，評価指標の値を最大化することもできるし，行動をまったく変えずに単に評価指標を操作する方法を見つけることもできる。両方の対応が同時にとられる場合も多いが，二つの対応は別ものであることを理解しておくのは重要である。試験で不正を行った教師は，授業で教える内容も変えたが，必ずしも変える必要はなかったのだ。

共通試験に関する議論から導かれたこの章のもう一つの教訓は，評価指標というものが，測定する必要のあるものをうまく表すからではなく，測定しやすいからという理由で選ばれることが多い点である。ある基準を達成するために報奨が組み合わされると，測定しやすい評価指標が人々の行動を歪める。人々は，重要だが測定が困難なものよりも，簡単に測定可能なものに重点を置くようになるのだ。

評価指標は，私たちが何を行い，どう行動し，最終的に何に価値を置くかに影響を与える。ハウザーとカッツは「人は測定したとおりになる」と言った。ダン・アリエリーは別の言い方をした。「測ったものが手に入る」。この主張には警告が含まれている。いったん何かを測り始め，測ることに重きを置くほど，人々は評価基準にとって最適な行動をとるようになる。そして，測定の目的を達成するためにありとあらゆる方法を見つけ出す。間違った測り方を選べば人々は間違ったことを始める。測ったものは手に入るかもしれ

ない。だが，測ったものしか得られないのだ。

試験の重視が学校で引き起こした事件は，どんな評価指標でも社会を惑わし得るという教訓を与えてくれる物語である。適切に，つまり本来の目的と関連づけられて設計された指標はほとんどなく，有用な評価指標はさらに少なく，完全な評価指標は一つもない。もし，学校や仕事，社会における私たちの生活行動を評価指標の支配に任せると，評価指標が表し損ねたすべてのことが目に入らなくなる。評価指標を完全無欠の，疑問の余地がない，不可侵のものとして扱うと，決してよい結果にはならない。評価指標の背後にある強力な報奨が逆効果をもたらす行動につながる可能性があることを理解していないと，事態はますます悪化する。

評価指標がもたらす弊害は，評価指標自体からではなく，その使い方と報奨の与え方から生じる。測定行為そのものが私たちの思考，行動，環境を変えることはない。しかし評価指標の目的は，まさに，ものごとを測って私たちを変えることにある。見方や行動を変えない，つまり何にも影響を与えない測定が必要だろうか？　評価指標の使い方によって結果はよくも悪くもなる。評価指標はいろいろな使い方ができる。本書では多くの指標の問題点をさまざまな観点から論評する。だが最終的に指摘するのは評価指標ではなくその使い方だ。試験対策の話題は，評価指標への頼りすぎを示したケーススタディだ。評価指標に盲目的な信頼を置き，強力な報奨を結びつけることは破滅しかもたらさない。私たちは何を達成しようとしているのか，その結果をどう評価するか問い続ける必要がある。評価指標に頼りきってはならない。測るだけでは理解したことにならず，要は何を達成したいのか考えずに済むような，都合のよい評価指標は存在しないのである。

評価指標が機能しなくなる要因はたくさんある。その多くを本書で探ってみよう。私たちが，本当に成し遂げたいことよりも評価することに力を注ぐと，無意味な指標を追い求め，非効率な行動をとり，努力が無駄になってしまう。本書では，評価指標が陥るさまざまな状況を探るとしよう。しかし，まずは「インとアウト」，すなわち私たちが混同している資源，活動，成果，結果の話から始めよう。

第2章　努力と成果

ロジックモデルと事業の評価

かかりつけ医として7年間勤務したのち，マーガレット・オーフリクト医師は虚しさを覚えていた。「とにかく……」，彼女は適切な言葉を探そうと少し間を置いてから「ばかげていました」と言い，軽く身を乗り出して「何しろ非効率だったんです」と続けた。

その7年間，オーフリクト医師は地域の診療所で共同経営者として働いた。カナダの公衆衛生制度では多くの医師が独立して働き，一人で，あるいは何人かの同僚と組んで診療所を経営する。ほとんどの医療機関は民間が運営しているが，医療制度は税金によって維持されており，医療費（の大半）は政府が負担している。民間の診療所は政府に医療行為の費用を請求する。その場合，政府への請求方法としてアルバータ州で一般的に採用されているのは出来高払いモデルだ（カナダの医療は州政府が管轄し，医療制度の仕組みは州によって多少異なる）。オーフリクト医師はこの制度の下で働いていた。

出来高払いは文字どおりの意味で運用される。患者の診察，診断，相談，治療といった，医師が行う「診療単位」ごとに一定の料金が支払われるのだ。外科医は手術（の種類と時間の組み合わせ）のたびに，精神科医は面談のたびに，皮膚科医は発疹治療のたびに，かかりつけ医は反射神経を調べるための，あの変なハンマーで膝をたたくたびに，診療報酬を受け取る。病院の勤務医も開業医も，同様の仕組みで報酬を受け取っている。補助スタッフの報酬は医師が責任をもつ。個人診療所では各医師が補助スタッフと事務員の給与を負担する。カナダでは基本的に，多くの医師が独立した請負業者として活動しているのである。

医師は請求期間ごとに政府に請求書を提出し，政府は請求書を審査して医師に診療報酬を支払う。この出来高払いで特徴的なのは，この制度が事実上医師に限って適用されている点だ。看護師，事務職員，健康相談員などは出来高払いの対象とはならない。こうした補助スタッフの費用は，病院で働いている場合は政府から給与が支給され，民間の一次診療所（税金で維持され民間が運営する）では，通常医師の診察料のなかから支払われる。ここで問

題となるのは，特に民間診療所の場合，医師が費用を請求できる診療行為しか収入にならないという点だ。オーフリクト医師は請求書の発行を重視するようになったが，自身の行為がどのような結果をもたらすのかは意識しなかった。「診療所の家賃を払うために，半日で大勢の患者を診なければならないんです」と医師は語る。「まったく手のかからない患者ばかりで，医師としての技量をほとんど使わない日もあれば，難しい患者ばかりで時間が足りなくなる日もありました」。ともかく，診療所の関心は医師にできるだけ多くを請求させることにあった。

「患者は何事につけ必ず来院を求められました。出来高払いの仕組みの下では，検査結果を知りたい患者を来院させます。検査結果を電話で伝えても報酬は得られません。電話相談はどうかって？　報酬はゼロです。フォローの電話にも報酬は出ません。とにかく皆を来院させるんです」。オーフリクト医師はため息をつく。これが，彼女の診療所を始め，出来高払いの診療所の多くで行われていることだった。病院は，請求できる医療行為は最大限に増やす一方で，そうでないものは最小限に抑えるようになった。「医療の本質から外れた，さまざまな問題がありました」とオーフリクト医師は語る。出来高払いの下では，いわゆる「包括診療」を提供する理由も動機もないのである。「私が患者の世話をしようとしても，それを手伝ってくれるスタッフはいませんでした」。なぜなら，出来高払いの仕組みでは，診療所の唯一の収入は患者を診察する医師からしか得られず，看護師や健康相談員の仕事は評価されなかったからだ。リソースを食いつぶすだけなら，医療行為を提供する診療看護師を雇う必要などないではないか？　こうして，出来高払いの診療所の多くは必要最低人員で運営された。オーフリクト医師は別の道を選ぶことを決心した。

ヘザー・ホワイトも，カルガリー市の「家族と子どもの支援サービス局（FCSS）」で働いていて，似たような問題に直面していた。FCSSは，地域に望ましい変化をもたらそうとしている民間団体に資金を提供する部局である。ヘザーは，FCSSが団体の業績を評価する方法に同様の欠陥を見いだし

たのだった。

「数年前」とヘザーは語る。「FCSSは，私たちが提供する事業とサービスが400万人のカルガリー市民に届いたと報告しました」。彼女は笑い声を上げた。「当時，カルガリーの人口は100万人にも満たなかったのに，どうやってそんなことができたのでしょう？」

「各団体では，数字は大きいほど望ましいと考えていました。誰かと関わりをもつたびに，その人数を計上すべきだと考えていたのです。3万部の広報誌を発行する団体だったら，3万人が読んでいると言い換えるでしょう。おまけに，何かのイベントで講演したら200人を追加計上するわけです」。ヘザーはまた笑った。

各団体に対してこのように報告するよう圧力をかけるのは，主として根拠のある数字を欲しがる資金提供者である。具体的な数字を報告する一番簡単な方法は，団体が行ったことを単純に数えることだ。数は大きければ大きいほどよい。資金提供者はこうした数字を指して「こんなに大勢の人を助けた」と言えるからである。

しかし数年前，仮設住宅を提供する部署に勤めていたとき，ヘザーの心をかき乱すことが起きた。このサービスの対象者は，事業のプログラムに参加して必要なサービスと住居の提供を受け，順調にいけばプログラムを終えて仮設住宅を出ることになる。「貸与件数が減るのは好ましいことだと思われていました。プログラムに参加した人のなかで順調にいった人が増えることを意味するからです」とヘザーは語る。

「ところが1年後，自殺者が3名出ました……」と彼女は首を横に振った。「でも，件数が減ったので数字的には好ましいことだったのです」。ヘザーにとってこの事件は，ものごとをどのように数値化するか考え始めるきっかけとなった。「自分にとって……，あれは，つまり……，そういうことでした」。もし自殺が記録上好ましいものならば，ものごとを数値化する方法に重大な欠陥があったことになる。正しい測定方法を手に入れることが，ヘザーの仕事の最優先事項となった。彼女は測定方法を変えたいと思った。

オーフリクト医師もヘザー・ホワイトも，アウトプットに関する評価指標の，よくある誤りと闘っていたのである。出来高払いの病院でオーフリクト医師が評価されたアウトプットは，診察した患者の人数だった。ヘザー・ホワイトは，活動の対象人数で自己評価する団体を扱っていた。そうした団体は，対象となる人口との齟齬が生じても，予想外の結果につながっても，気にしていなかった。どちらの場合も，何を達成したかではなく，何を実行したかに重点が置かれていた。こうした誤りは珍しくない。多くの組織が，実行していることを，達成したいことと混同しているのだ。慈善団体は，調達資金を,起こしたい変化と混同する。企業は労働時間を付加価値と混同する。インターネット事業の企画担当者は，クリック数や閲覧数を，効果的なマーケティングや売上と混同する。努力が効果と，投資額が収益と，手段がアウトプットと混同されるのだ。

非営利事業の世界は長年こうした問題に悩まされてきたが，だからこそ，この分野ではいくつかの解決策を見いだすことができる。多くの非営利団体が何十年にもわたり，インプットとアウトプットの問題に悩まされてきた。慈善団体や支援団体のような組織は，自分たちが起こした変化を測定して解釈するよりも，問題に対する取り組みに費やした労力の測定に努力を投じようとした。その傾向は今も残っている。

1970年代以降，多くの非営利団体が仕事への取り組み方を変えようと，事業評価の手法を採用し始めた。その一般的な手法のなかにロジックモデルと呼ばれるものがある。初期のロジックモデルのいくつかは，キャロル・ワイス，マイケル・フラン，ヒューイ・チェンによって1970年代に開発されたが，この手法はユナイテッド・ウェイ・オブ・アメリカが『*Measuring Program Outcomes*（事業のアウトカムの測定）』を出版する1990年代中ごろまで，ほとんど注目されなかった。

ロジックモデルはあらゆる事業を四つの要素に分解する。インプット（もしくはリソース），アクティビティ，アウトプット，アウトカム（およびインパクト）だ。インプットは事業に投入されるものである。インプットには財務的な入力（金銭）から，ボランティアの時間，設備，土地やほかのハード的なリソースなどが含まれる。アクティビティ（アウトプットにまとめられる場合もある）は事業の実施内容だ。これには印刷したパンフレットの部

数，講演回数，医師が請求できる時間などが含まれる。アウトプットは実行されたアクティビティによって生成されるものである。これには授業に出席した人数，治療を受けた患者数などが含まれる。最後にアウトカムは，意識，技能，知識，状況，状態，行動の変化であり，インパクトはこうしたものの長期的な変化である。

アウトカムはロジックモデルを締めくくる最も重要な部分であり，各事業が実現を目指すもののことだ。アウトカムは事業活動全体の要である。アウトカムは定義，理解，評価がきわめて難しく，そのため測定する段になると省かれることも少なくない。多くの組織は，このような複雑な対象を扱いたがらず，インプットかアウトプットでお茶をにごしてしまい，意図とは逆の結果をまねくことも多い。

ロジックモデルの理解を助けるために，ある状況を想定してみよう。非常に危険な走行区間を含む高速道路をパトロール隊長が管轄している。この高速道路における年間死亡事故件数は，州内のどの高速道路よりも3倍多く，年平均20件の死亡事故が起きている（大げさなのは承知で話につき合ってほしい）。隊長の任務は道路の安全性向上である。高速道路局からは，高速道路を改善して死亡事故件数を減らすために年間200万ドルの予算が与えられた。仕事に取りかかった隊長は，多面的なアプローチをとることにする。パトロールの回数を増やし，高速道路沿いの要所にスピード違反取締り装置を設置してスピード違反者を捕まえると同時に，マルチメディアを使ったキャンペーンを始めてスピードの出しすぎに注意を呼びかけるのだ。隊長はスピード違反者を捕まえることに重点を置き，警官を5名増員して高速道路のパトロールに充てる。スピードの出しすぎの危険性を訴えるテレビやラジオの広告と電光表示板に予算を使う。

事業の初年度，隊長はテレビとラジオに200件を超す広告を打つことができ，視聴者は600万人を超えた。高速道路には電光表示板が四つ設置され，200万人を超すドライバーがメッセージを目にした。5名の警官はパトロールに5000時間を費やし，8000枚以上の違反切符と違反通知を発行した。膨大な作業だった。年度末に隊長は事業報告書を作成する準備に取りかかる。さて，何を報告しよう？

インプットに焦点を当てるのであれば，200万ドルを投じ，警官を5名増

員したことを報告するだろう。アクティビティに焦点を当てるのなら，警官が高速道路で費やしたパトロール時間や，テレビとラジオで放送した広告の件数や，設置した電光表示板の数にするはずだ。アウトプットであれば，捕まって違反切符を切られたスピード違反者の人数，テレビとラジオの広告を見た視聴者数，あるいは高速道路でスピードの出しすぎを警告した注意標識の横を何人通過したか，といったものになるだろう。

だが，こうした指標はどれ一つとして，最も重要な点を告げていない。高速道路は安全になったのか？　死亡事故件数は減ったのか？　これらの重要な情報がなければ，報告されたほかのデータはすべて無意味になってしまう。確かに5名増員された警官が毎週平均100枚の違反切符を切れば，なかなか精力的なチームであることは間違いない。しかし，もしこの間に死亡事故件数が増えていたとしたら，スピード違反の切符を切ることの有効性を語ることはできない。

この高速道路事業のアウトカム指標は，高速道路をより安全にするという，この任務の最初の目的と整合している必要がある。だが***より安全***とはどういう状態を指しているのだろう？　車がスピードを落として走行することだろうか？　その場合，平均速度を測るべきなのか，それとも「危険なスピード」で運転するドライバーの割合を調べるのがよいだろうか？　平均速度を下げたという観点から，警官の取り組みも評価されるべきではないか？　そうかもしれない。しかし，スピードを抑えれば道路が安全になるとは限らない。ゆっくり走るドライバーでも危ないかもしれないのだ。もしも道路自体の見通しが悪く，急カーブがあり，路面が荒れていて危険だったとしたら……，その場合，道路の安全性の評価指標としては，視界の分析や路面品質評価のほうが望ましいのではないだろうか？

最終的なアウトカムは安全に関するものであるべきだ。しかし，安全の評価はそれほど簡単ではない。安全とは死亡事故が少ないことなのか？　それとも事故全般が対象となるのか？　事故が人の健康状態や死亡率に与えるインパクトを測るのか，それとも物の損害まで含めるのか？　これらすべてが異なる意味合いをもち，どれも検討に値する指標であることは確かだろう。難しいのは，唯一正しい指標が存在しない点だ。本書では，優れた評価指標に何を求めるかについて数章で議論する。アウトカムを測ることは，その第

一歩である。

アウトカムはこのように難解で複雑そうに見えるが，それでも高速道路の安全性は比較的簡単に測れるアウトカムだ。教育制度のアウトカムがどうあるべきかを決めるのが，どれほど大変かを想像してほしい(第1章の例で，試験の点数はアウトプットにすぎず，決してアウトカムでないことは納得してもらえると思う)。医療制度はどうだろう？　医師の診察回数(これもアウトプットだ)がよい指標でないことはわかるが，代わりに何を測ればよいのだろう？　人々の健康度合いをどうやって測ったらよいのか？　あるいは経済はどうか？　経済のアウトカムはどうあるべきで，どのように測られなければならないのか？　アウトカムは複雑で，曖昧で，定義と評価が難しく，時に変化する。あまり理解されず，評価されることが少なく，無視されることが多いのも当然である。しかし，高速道路の例に示したように，アウトカムが重要でないわけがない。実際，アウトカムだけが重要である場合も多いのだ。死亡事故が3倍になったのに，自分の部署が発行した違反切符の数を誇る高速道路のパトロール隊長は，生徒の理解力が損なわれているのに，担当科目の試験の点数が上がった教師と変わらない。治療件数が増えているのに患者の健康状態が悪化している病院は，その件数がどうであれ，手本にはならないのである。

インプット，アウトプット，アウトカムは，曲解され誤用されることがあまりにも多い。たいした仕事をしていない組織が，見栄えをよくする評価指標を強調する。立派な仕事をしていても，その成果を証明する方法をほとんど理解していない組織もある。事業の評価者，管理者，当局がインプットとアウトプットとアウトカムの違いをよく理解していない場合，非効率なことに報酬が払われ，逆効果となる取り組みが称賛され，成果を生まない事業が問題ないとみなされる。インプット，アウトプット，アウトカムの三つが何であり，どう作用し，いつ使われるべきなのかを知ることは，私たちの行動に対する理解を深めるうえで大変役に立つ。

オーフリクト医師とヘザー・ホワイトの事例は，どちらもアウトプットに関する問題を含んでいた。しかし誤用されるのはアウトプットだけではない。インプットも曲解され，同様の結果をもたらす可能性がある。インプットの誤用には「インプット拡大の誤謬」と「インプット縮小の誤謬」の2種類があ

る。インプット拡大は，動機や努力を真剣に捉えていることを示すために，組織がインプットを強調，水増し，つまり重視する場合に起きる。慈善団体はこの点で多くの問題を抱えている。ウェブサイトやパンフレットなどのメディアに掲載された慈善団体の広告で，調達資金の金額を冒頭に掲げているものがどれほど多いことか。陳情活動，決起集会，祝賀パーティーでどれほどの「資金調達額表示器」が使われ，政治家や慈善家などのスピーチで，調達資金の総額がどれほど強調されていることだろう？　調達資金を増やすことは称賛に値する目標でも祝うべきことでもない……とまでは言わないが，実際に達成されたことと決して混同してはならない。政府もまたインプット拡大に加担している。政治家はある種のインフラ，つまり雇用を増やす政府の事業に投資する金額を強調する。だが，そこに欠けているのは，投資で何を実現するのかの評価だ。インプット拡大は，実現されるアウトカムとの兼ね合いを理解しておかないと，非効率を助長するだけとなる。無駄な作業に全力を投入してもろくなことにはならないのだ。ところで，政府がしばしばインプットを強調するのは，市民が努力を結果と混同するせいだ。建設事業は，そのプロジェクトで雇用がどれだけ増えたか強調する点が問題である。政治家は「この橋の建設で200名の雇用が創出される」とか「このビルの建築で500名の職人を雇用する」といった言葉を好んで口にする。しかし待ってほしい。橋を100名で建設するとか，ビルを200名の職人で建設できれば，そのほうがずっと効率的なはずだ。橋やビルはもっと効率よく建設できるのではないだろうか？　それに，同じ予算で雇用を増やせば賃金が下がるのではないか？　もちろん事業の評価はそんなに単純ではない。しかし，あるプロジェクトや事業がほかより多く雇用を生んだことを述べるだけでは，その仕事がどれほど効率的になされたのか，賃金が高いのか安いのか，その事業やプロジェクトの最終的な成果は何なのか，といったことはわからない。わかるのは，人々は仕事を求め，仕事は多ければ多いほどよいということだけだ。

もう一つのインプットの誤用は逆方向に作用する。インプット縮小の誤謬は，アウトカムへのインパクトをほとんど，もしくはまったく考慮せずに，インプット量の削減が強調されたときに生じる。これは経費削減の名目で原価や賃金や福利厚生費を削る事業によく見られる。また，いわゆる財政的保守派が予算を削る政府でもインプット縮小が見られる。しかしアウトカムに

何が起きるかを理解していないと，インプットを減らすだけでは効率を達成できない。インプットを減らすことで効率が低下することもある。インプットを減らす効果よりアウトカムが減る影響のほうが大きい場合だ。安く上げれば費用対効果が高まるというわけではないのである。

ヘザー・ホワイトは，FCSSが資金提供するすべての団体に対し，標準測定手法を用いる仕組みの導入を開始した。各団体にそれぞれ異なる目標と義務があるのはもちろんだが，測定方法はどの団体でも同じであるべきだ。家庭内暴力を減らそうとしている団体が二つあれば，もはやそれぞれが勝手に目標を設定し勝手に評価するのではなく，標準的な評価基準を採用しなければならない。何より重要なことは，こうした評価指標が当事者の生活の変化を何らかの形で測るためのものであって，目標を達成するためにどれだけ労力を費やしたかを測るものではないという点だった。

この測定に用いられた調査票は，さまざまな領域に細分化された多くの質問事項からなり，対象者はプログラムを始める前と終わった後に全問に答える必要がある。ヘザーが関与する前には，信じがたいことに「事前調査はなきに等しかった」という。おかしな話だが，多くの団体がプログラムに参加してきた当事者の生活を明確に把握していなかったのだ。当事者の最初の状態を把握していなければ，当事者の生活がどのように変わったのかを理解することはきわめて難しいだろう。ヘザーには，アウトカムを測定するためにはベンチマーキングが必要なことがわかっていたのだ。

ベンチマーキングを構成する質問は，FCSSが標準化したものだけでなく，拡張版国勢調査からも採用された。拡張版はカナダ人全員が5年ごとに記入する必要のある国勢調査を詳細にしたもので，母集団から無作為に抽出された一部の国民にのみ配布されるものである。国勢調査の質問を使うことで，団体は当事者の生活の変化を評価できるだけでなく，それを全国平均と比較したり，信頼できるベンチマークに対して自分たちの事業がどれほど進んでいるかを評価したりすることができた。さらに重要なのは，こうした測定が事業のアウトカムに焦点を当てた点である。

「団体が私たちをだまそうとしているとは思いませんでした」とヘザーは言う。「でも，私たちには彼らの能力を高める義務があったのです。今では誰もが私たちのツールを使っているので，アンケートに使う質問を勝手に取捨選択することはできなくなりました」。そして，この調査で可能となったのは，公式のベンチマークとの比較だけではない。FCSSが提供した資金によってどのようなインパクトが生じたのか明らかになったのだ。これこそヘザーがもたらした最大の変化だった。団体がどれだけ活動したか，どれだけの顧客に関わったかではなく，団体の仕事がどれだけインパクトを与えたかに，ヘザーは重点を移したのだ。

オーフリクト医師と共同経営者たちは報酬モデルを考え直すことにした。「私たちが望んだのは報酬モデルの変更だけでした。出来高払いの代わりに，その年に患者の診療にかかった分を支払ってほしいと考えたのです」。彼女たちは別のやり方をしたかったのだ。

幸い絶好のタイミングだった。連邦政府が一次診療のパイロットプロジェクトに資金援助をしており，カルガリー保健局（地域の資金提供機関）が州内の一次診療を提供する新しい方法を検討していたのだ。保健局は，より多くの健康サービスを一次診療に統合したいと考えていた。そこでオーフリクト医師たちが診療所の新しい報酬モデルを提案すると，保健局は前向きに受け止めてくれた。２年間で詳細を詰めた後，クロウフット村家庭医療診療所（CVFP）は新しい報酬モデルに移行した。

オーフリクト医師たちは，医師が患者を診るたびに報酬を受け取る代わりに，診療所に登録された患者数に応じた年俸を受け取るようになった（支給は２週間ごと）。いわゆる人頭払い制度だ。州政府と交わした取り決めでは，各患者を正式に名簿に登録するとともに，患者には，可能な限りCVFPで医療を受けることを誓う同意書に署名してもらう必要があった。患者が別の病院に行った場合には，政府に対する二重請求を防ぐためにCVFPがその病院の診察料（取消費用と呼ぶ）を負担する。こうして既存の患者１万500名のうち，６名を除く全員が新モデルに署名した。

新しい報酬制度により，CVFPは運営方法を変えることができた。CVFPには，アルバータ州の普通の一次診療所では考えられないような充実した医療専門家が揃った。一次診療を行うかかりつけ医に加えて，薬剤師，糖尿病療養指導士，呼吸療法士，慢性疾患看護師，正看護師，心理学者，ソーシャルワーカー，栄養士，診療看護師を抱えることができたのだ。こうした医療専門家に加え，医師一人あたり2.5名の支援スタッフも雇った。2011年，CVFPはシャウナ・トーミを理事長に迎え入れた。トーミは診療所を経営し，CVFPが運用するモデルの利点を政府（と話を聞いてくれそうな人たち）に説いた。

こうしたサービスの大部分は，CVFPが収入を得る方法を変えたおかげで追加できたのである。

ほどなく，出来高払いの融通の利かなさと効率の悪さが明らかになった。シャウナ・トーミは出来高払いを「対面診療」経費と呼ぶ。出来高払いでは，医師は医療費を請求するために患者を直接診察する必要があった。医師はほかの医療専門家に医療行為を委託することも，電子メールや電話で患者とやりとりすることもできなかった（現在これは改善された）。このことがいろいろとおかしな慣習を生み出した。患者は常用薬の受け取りや定期検診の結果を聞くためだけに来院しなければならなかったのだ。

出来高払いのもう一つの問題は，医師が1回の診察で一つの医療行為の対価しか請求できなかった点である。出来高払いの診療所で「来院1回につき症状1件限り」という貼り紙を見かけるのは珍しくない。つまり医師はいろいろな症状を診るために，患者を何度も来院させる必要がある。もっとも，患者を1回診るごとに報酬が得られるのなら，患者ができる限り多くの症状で何度も戻ってくるほうが医師はもうかる。ところが症状によっては，医師が次に手が空くまで待たされることになり，患者が診察を受けるのが遅れてしまう。待たされすぎた患者は緊急治療センターや救急外来に行かざるを得ない。かかりつけ医なら簡単に処置できていたはずの治療が，はるかに高額なものになるのだ。

また，出来高払いで医療費を請求できるのは医師の業務に限られていた。診療看護師，呼吸療法士，栄養士，糖尿病療養指導士などが行う医療行為は対象外となる。シャウナ・トーミはこれを「ドアノブ診療」と呼ぶ。医師は，

患者をほかの医療専門家に引き渡すだけのために待合室のドアを開ける。看護師が治療を施す場合もあるが，請求書を発行するためには医師が患者を診る必要があり，医師は診療の少なくとも一部に立ち会わなければならないからだ。医師がドアノブから手を離さない場合さえあった。

1999年に新しい報酬モデルを導入したとき，CVFPは患者一人あたり1年間に平均200ドル程度を受け取った。この金額は，患者を性別と5歳ごとの年齢層で層別したグループ，および州ごとの平均的な医療費に基づく料率によって大きく異なる。

「一番もうかるのは健康なお年寄りです。年に一度の健康診断にやってくる90歳のお年寄り……笑っちゃうでしょう」とオーフリクト医師は言う。「ティーンエイジャーはそれほどもうかりません。年に50ドルってところ」（実は，人頭払いの報酬モデルには当然予想される懸念がある。「患者の選別」だ。これは，診療所が健康な患者だけを選んで利益を上げようとするもので，何とか阻止しなければならない。そのためCVFPのように人頭払いの報酬モデルを運用している診療所では，患者を選別しないよう事前の接触を禁止する必要がある。オーフリクト医師が言うように「診療所では，新規の患者はすべて受け入れるか，断るかのどちらか」なのだ。患者を選り好みすることはできない。CVFPでは完全な情報開示のために，診療所に問い合わせてきたものの名簿への登録を拒んだ患者を州の保健当局に自主的に報告することにした。なお，登録を拒む理由はたいてい単純で，診療所が患者の家から遠すぎるからだった）。

しかし，報酬モデルの単純な変更はCVFPのすべてを変えた。「私たちが成し遂げたことの多くは予期していなかったものでした」とオーフリクト医師は語る。CVFPのメンバーは診療所のあらゆるプロセスを検討し始めた。皆が何をしているかを確認し，常に効率を意識して最も効率的な方法で患者の健康を増進することを目指した。

オーフリクト医師には，出来高払いから移行したとたんに診療所が変わり始めたことがわかった。診療報酬の受け取り方が変わったことで，CVFPはリソースをより効果的に配置できるようになった。患者とのやりとりの多くが電話で始まる。患者からの電話を受けた事務員は，問題点をいくつか確認するためにトリアージ看護師に電話をかける。トリアージ看護師は患者と話

して必要なリソースを判断する。「風邪をひき始めの患者が来院する必要はありません」とオーフリクト医師は言う。「でも，出来高払いだったら医師の診察を直接受けていたはずです」

CVFPはさらに効率的な方法を見つけた。普通なら来院する患者に対して，正看護師が電話で対応するか，ほかのスタッフに対応を委託するか，来院はまったく不要と判断するのである。「一日か二日，喉が痛い患者の場合，看護師が手順に従って経過を確認し，疑わしい点があれば医師が判断します。大きな問題がなければ，家で対処する方法を教え，2，3日たっても痛みがとれなければ，咽頭スワブのために来院するように告げるのです」。医師は看護師から報告を受けているので状況は把握しているが，直接患者に対応する必要はないため，自分の能力によりふさわしい仕事に時間を割くことができる。出来高払いだったらこうした行為から報酬は得られなかっただろう。古い制度では非効率なことに報酬が支払われていたのである。

CVFPではこの制度により，普通の診療所よりものごとをずっと速く進めることができた。患者が1回来院するごとに報酬が入るわけでないため，CVFPには，何かあるたびに患者に来院を求める動機がないのも一因だ。たとえば尿路感染症の疑いがある成人女性患者の場合，対応には通常数段階の手続きと数日を要する。患者は医師との面会を予約し，二日程度待たされてから診療所を訪ね，医師に直接診てもらう。医師は患者に検査を指示し，患者は外部の検査機関で検査を受け，結果をもらって医師のところに戻り，処方箋を書いてもらう。最後に薬局へ行って処方薬を受け取る。このプロセス全体には数日かかることもあり，患者は多くの時間を無駄にする。

CVFPではこのプロセスにかかる時間は数分の一になる。患者が尿路感染症の疑いで診療所に電話すると，看護師は症状を確認し，標準化された問診表で除外診断を行う。次に看護師は検査機関に申し込みのファックスを送る。患者は検査を受けるために，やはり検査機関へ行く必要はあるが，検査機関は結果を電子的に診療所に送り，看護師は医師の指示に従って処方箋を薬局に送ることができる。患者は診療所に行く必要がまったくない。通常1日で済んでしまう。

CVFPは，女性の尿路感染やカンジタ膣炎に対する治療計画などについて，電話による相談と医療行為を始めた。「治療の進め方が本当に変わりま

した」とオーフリクト医師は言う。「私たちは看護師の仕事を増やしました。患者の病歴の確認や，家庭で血圧を測る方法を教えるといった仕事です」。患者が来院する機会を最大限有効活用することも始めた。医師の診察を2年間受けていなかった患者が風邪で来院すると，看護師はまず患者の血圧を測る。出来高払いの診療所の来院1回につき症状一つの原則とは対照的に，CVFPでは逆のアプローチをとる。予約の「詰め込み」と称するアプローチだ。患者の時間が貴重なことを認識しているので，一度の予約にできるだけ多くの医療行為を詰め込もうとするのである。事前コーディネーターと呼ばれるスタッフさえいて，来院する患者に最大限の医療行為を提供することを担当する。予約日の1週間前になると，事前コーディネーターは患者が受けることになる乳がん検診，子宮がん検診，内視鏡検査，糖尿病検査などの検査と診察を予約する。その結果，患者は診療所を訪れる必要性が通常より25％減って時間を節約できた。

CVFPが運用したモデルでは，医師も通常より30％多い患者に対応できるようになった。一緒に働いている医療専門家をうまく使えるようになり，予約も非常に効率的になったからだ。CVFPのモットーは「正しい治療を，正しい人が，正しいときに」だった。もう一つの重要な要素は，患者の自己教育に焦点を当てたことである。「熱が出た子どもを抱える母親がいたら，看護師は親が知っておくべきことをひととおり教えるのに時間を費やします。電話で4，5回も話せば，母親は自分でうまくできるようになるはずです」

CVFPで実践したことは，リソースの効率的活用やコスト削減にとどまらなかった。オーフリクト医師は患者の総合的な健康状態を改善したかったのだ。患者に対する思いやりだけが理由ではない。15年以上にわたって診療所の顧客となる患者を健康に保つことは，よいビジネスになるからだ。シャウナ・トーミが言うように「患者が健康であるほど，来院回数が減り，より多くの患者に医療行為を提供できる」のだ。

ある60代の患者がさまざまな病気で診療所に年に10回通う場合と，年に1回定期健診に来るだけの場合を比較すると，CVFPに支払われる診療報酬は同額なので，患者をできるだけ健康に保つほうが診療所の利益は増える。逆に出来高払いの下では，患者が不健康で治療が必要なほど，医師の報酬が

増える。患者が健康だと来院回数が減り，請求できる医療行為件数も減ってしまうからだ。CVFPは報酬モデルをひっくり返したのである。

予防，見守り，健康増進の重視は，長期的に見て診療所が負担する患者のコストが減るだけでなく，医療制度全体の負担も大幅に減ることを意味した。アルバータ州健康の質委員会がCVFPについて行った調査によると，CVFPの患者のうち，入院したり救急外来を訪れたりした人数は，ほかの診療所の患者に比べて明らかに減少した。救急外来を訪れたもののまもなく自宅に戻った人が13％，そのまま入院した人が17％，それぞれ地域の水準より減少したのである。またCVFPの患者の平均入院期間は，驚くべきことにほかの患者より45％も短かった。CVFPの患者のうち，上部呼吸器感染症で救急外来を訪れた患者の割合は1997-1998年の14.3％から2001-2002年は7.5％に減少し，カルガリーの他地区の減少度合い（19.3％から16.3％）よりずっと速かった。当初の1万500名に対する救急医療費の節約だけでも，毎年500万ドルから600万ドルにのぼり，これはCVFPにおける人頭払いの収入に匹敵した。

さらに重要なことは，CVFPにおけるかかりつけ医の診療回数が28％減少したことだった。患者が受ける医療行為が低下したのではない。CVFPは，患者が頻繁に来院しなくても同じ水準の治療を提供できる方法を見いだしたのである。オーフリクト医師たちは，患者を直接診察しないと報酬が支払われないという不合理な要件から解放され，診療所をより効果的に運営し始めた。日常業務は，多少複雑でも診療所のほかの医療スタッフに割り振られた。看護師と診療看護師は自分の技量を活用する権限が与えられ，毎回医師に伺いを立てる必要がなくなった。すると，医師は時間をより有効に使えるようになる。患者に定期検査の結果を告げるために使っていた時間を，より複雑な症例の処置や自分の能力が活用できる症例の診断と治療に費やせるのだ。

オーフリクト医師がCVFPできわめて意図的に行ったのは，インプット，アウトプット，アウトカムの関係を逆転させることだった。出来高払いモデルでは，医療制度はアウトプット（医師のさまざまな作業と手続き）に対して動機づけられた。インプット（医師に支払われる報酬）はこうしたアウトプットに従属した。不思議なことに，アウトカムはこの方程式から除外されるか，ほとんど注意を払われなかった。すると，医療コストがたちまち上昇

するのは当然だ。報酬が処置ごとにしか支払われないのなら，患者の健康に有益かどうかは別にして，医師はできる限り多くの処置をこなす方法を見つけるように動機づけられる。出来高払いモデルでは，皮肉なことに不健康な患者が好ましいのだ。病気がちな患者ほど来院回数が増え，医師はより多くの医療行為に対して請求できるのである。

しかしCVFPはこれを逆転させた。アウトプットに対して支払う代わりに，インプット（患者一人あたりの報酬）を固定し，固定された報酬の範囲で医療を提供する最善の方法を考えたのである。冗長性と非効率性をできるだけ省くだけでなく，最も効果的な医療を提供することが診療所の利益につながった。患者は診療所と長くつき合うことになる（患者がほかの診療所へ行くと困る）ので，CVFPはアウトプット，つまり患者の健康を最大化するよう動機づけられた。診療所は，患者が不健康になるほどそこに費やすリソースを増やさなければならず，収入が減ることになる。そこでCVFPは，定期健診の結果を伝えるためだけに患者を来院させるような無駄を排し，予防医療と患者教育および健康的な生活習慣を育むために，より多くのリソースを投じたのである。

ただし，人頭払いにも副作用がある。人頭払いの事業では，いわゆる「いいとこ取り」を減らさなければならない。必要とされる医療水準にかかわらず，患者の人数に応じて年ごとに支払われる人頭払いでは，平均より健康な患者を見つけることが診療所の利益となる。健康の一番の決定要因は富と教育だ。より教育を受けたより豊かな患者ほど，州の医療費に与える負担は少ない。したがって医療コストの要素には，患者の年齢，性別，複雑性，収入を含める必要がある（CVFPが取り組んだモデルでは年齢と性別だけを含めた）。高所得地域の診療所の患者一人あたりに支出する費用を，低所得地域の診療所に適用してはならない。このことを考慮していない人頭払いモデルは不当な動機を生み出すおそれがある。たとえばオンタリオ州では，患者の健康が良好であるというアウトカムに対して医師に報いる動機づけがなされている。しかし，これでは高所得の患者を勧誘する一方で，治療が一番必要な低所得の患者を回避するという，診療所間の競争を招くだけである。

さらに，診察の有無にかかわらず診療所の名簿に登録された患者数分の診療報酬が得られるとすれば，診療所は利益を最大化するために医療行為を減

らす可能性がある。そこで取消費用（患者が別の医療機関の医療行為を受けた場合に診療所に請求される費用）が重要となる。診療所はこの費用によって，患者が納得する適切な医療を提供していることを確認する意識をもつのだ。また，患者がかかりつけ医と長年つき合う可能性があるという事実は，診療所が長期的な予防と健康的な生活習慣を重要視する動機となる。患者と10年間をともにするなら，診療所の費用を長期的に節約するうえで，患者に健康的な生活様式と習慣を身につけてもらうほうが理に適っているからだ。

これは，報酬モデルにとどまらない重要な観点を医療にもたらす。医療にとって最も重要なのは，そこで使われる技術でも，医師が自由に使える設備でもなく（もちろんそれらも重要だが），はっきりとは目に見えないもの，つまり信頼である。患者が医師を信頼していれば，患者は医師の忠告に耳を傾け，その指示に従う。患者が医師を信頼していれば，患者は急患診療所に行くよりも（救急外来に行く必要がある場合さえ！），その医師の下で必要な治療を受ける。信頼，より正確にいえば信頼の欠如は，医療制度に計りしれないコスト増をもたらすのである。

たとえば，不必要な検査とはどういうものかを考えてみよう。不必要な検査とは，医師が医学的に不要だと考えているにもかかわらず，とりあえず指示するX線，CTスキャン，マンモグラフィーなどの検査のことである。不必要な検査は，医師が患者の病歴を十分把握していない場合に実施される場合もあるが（世間一般の通念とは異なり，医師がボタン一つですべての病歴を引き出せるわけではない），むしろ患者がとにかく検査を望む場合のほうが多い。これは重大な問題だ。2014年には医師の73％が不必要な検査の多さはきわめて深刻か，かなり深刻な問題だと述べている。不必要な検査にかかる年間費用は，アメリカで2000億ドル（億ドル！），カナダで600億ドルを超すと見られる。

これは医師の問題でもあり，患者の問題でもある。シャウナ・トーミが言うように，「患者のほとんどが，帰り際に1枚の紙きれをもらわないと来院した価値がなかったと思う」のだ。多くの患者が，医療行為に対して目に見える結果，つまり検査結果や処方箋やX線写真などが必要だと感じている。ところがこうした検査は単なる気休めであることが多く，医師がすでに知っている以上のことを告げてはくれない。それでも医師が患者に様子を見るほ

かないとか，実は打つ手がないとか，検査で新たにわかることはないなどとは言い出しにくいものだ。一方，患者が医師を訪ねるのは，何らかのアウトカムを求めている場合もあるが，たいていは誰かに話を聞いてほしいだけ，自分の話に耳を傾けてくれる人がいると思いたいだけなのだ。そのうえ不必要な検査の問題には，医療過誤による補償の心配，シャウナ・トーミが言うところの「ドクター・Google」の出現，製薬会社の過剰なマーケティング活動といったありとあらゆる要素が関わってくる。しかし最も大きいのは信頼という要素である。医師を信頼しきれない患者が，検査や処方箋という形の何らかの証拠を求めるのだ。

信頼に関するこの手の問題は誰もが経験するものであり，どの職場でも発生する。

「自分はなぜこの会議に出ているんだろう？」，「仕事中だが，実は何もしていない。家に帰りたいが，そうすると義務を果たしていないと思われてしまう」，「ジョンはいつも最初に出勤して最後に退社するが，実は何も貢献していない」

読者もこれまでに似たような考えを抱いたことがあるに違いない。役に立たないとか，時間の無駄だとか，本質的ではないところで苦労しているといった感覚を仕事で感じたことがある人は多いだろう。

自分の仕事において，本来の目的よりも「費用を請求できる時間」のほうが優先されているような感覚を，誰しも一度や二度は抱いたことがあるはずだ（なければその会社の経営陣はまともだ）。このように感じる理由は，私たちのほぼ全員が，仕事を主に一つの指標で評価されているためである。それは時間だ。私たちの時間は毎日測定されている。そう思わないのなら無断で3時間ほど遅刻してみるといい。あるいは管理職の同意をとらずに1日休む。または職場のうわさ話が，誰がどれだけ働いているかという話題で盛り上がることを考えてみてもよい。近代的な企業社会においては，仕事をしている時間――仕事でどれだけ効果的に時間を使ったかでも，仕事でどれだけ努力したのかでもなく――仕事の場に顔を出している時間が，従業員に

対する評価を決定するのである。カリ・レスラーとジョディ・トンプソンも同じように感じていた。

二人は2001年に勤務先のベストバイで知り合った。ベストバイは，アメリカで最も働きたい会社になることを目指す活動を始めたところで，レスラーとトンプソンはその実現に向けた作業を担当するチームに属していた。チームは，従業員が仕事から何を最も得たいと望んでいるか尋ねる内部調査を実施した。一番働きたい場所にしたいのなら，従業員が実際に何を気にしているかを聞き出すことから始めるのが一番だ。

圧倒的に多かった回答は「自分の時間の使い方は自分に任せてほしい」というものだった。多くの経営者は，時間の使い方に関して従業員をまったく信用していない。経営者は従業員に，毎日所定の時間働き，休暇は許可を得てとることを求め，遅刻したら説教し，多くの場合，働いた時間を基に賃金を払い，査定する。従業員はこの状況を変えたいと思い，ベストバイはその変化を先導しようとしていた。

レスラーとトンプソンの見解によれば，現代の仕事文化では，努力とは会社に居る時間のことだと考えられている。これはさまざまな種類の不具合を生み出す。二人が指摘したように，「職場でたいした仕事をしていない人物が，誰よりも早く来て誰よりも遅く帰るという理由で昇進する」のである。

この考え方は，大学生の扱われ方と比較した場合の，高校生の扱われ方に似ている。高校では出席がとられ，欠席，遅刻，早退は厳しく監視され，家に電話がかかり，叱責される。大学ではほとんどの教授が，学生が講義に出席しているかどうかを気にしないはずだ。これは，学生がその教科を学んだかどうかを教授が気にしていないからではなく，学生を大人として扱い，学生を信頼して本人に時間の使い方を決めさせているからだ。教室に来ないのは本人の決断であり，その結果，単位を落として苦しむのは当人なのだ。ところが大学を出て仕事に就くと，再び高校生のような扱いに戻ってしまう。自分の時間は厳しく管理され，仕事に費やす時間を監視される。

現代の知識経済において，生産性は決してこのように機能しない。問題を解決し，何かを創造し，新しい方法を考え出す仕事の場合，勤務時間は勤務中の生産性ほど重要ではない。アイデアは捉えどころのないもので，勤務時間中に思いつくとは限らない。創造性を発揮するには，異質なアイデアを組

み合わせ，隠れた関係性を結びつけ，新しい方法で問題を理解することが脳には求められる。単に机の前に座っているだけで，脳がそうしたことの一つでも行う保証はない。アイデアには肉体的な存在だけでなく創造性が必要なのだ。

ずっと取り組んできた問題の解決策を夢のなかで思いついて目覚めても，ジョギング中に仕事の問題を解決する方法を考えていても，仕事をしたことにはならないのだろうか？　逆に，自分の席でパソコンの画面を眺めながらサーフィンのことや最近観た番組のことを考えていても，仕事をしたといえるのだろうか？

レスラーとトンプソンがベストバイで過ごした間に見いだしたのは，時間が仕事文化のあらゆる面を支配しているということだった。二人は時間重視の仕事環境を否定する雰囲気を生み出そうと考えた。これは成果至上職場環境（ROWE）と呼ばれ，『*Why Work Sucks and How to Fix It: The Results-Only Revolution*（成果至上革命：仕事はなぜ行き詰まるのか，どう立て直すのか）』という本に刺激を受けたものだった。

ROWEは職場を根本から変える。仕事文化の中心である時間は，仕事のあらゆる側面から完全に排除されるべきだ。従業員はもはや１日の決まった時間に出勤する必要がなくなる。週のなかで出社しない日があっても構わない。休暇は事実上無制限だ。あらゆる会議は任意参加になる。従業員は好きなときに退社することができる。そうしたければ，ずっと家で働いてもよい。従業員に求められるのは，仕事をやり遂げることだった。

これはフレックスタイムではない。時間の完全な排除だった。移行は簡単ではなかった。従業員の多くは成果至上主義の仕事文化に慣れていなかったのだ。ROWEを実現するために職場で最初に除去すべきものとしてレスラーとトンプソンが最初に特定したのは，二人が言うところの「ヘドロ」だった。ヘドロとは，時間に対する古い認識から生み出された，あらゆる種類のうわさ話，決めつけ，非難のことだ。１時間遅刻したジュリアはやる気がないに違いないという発言。病気の子どもの面倒をみるために帰宅したフィルに下される暗黙の判定。仕事の質や量が伴っていなくても，最初に来て最後に帰るフレッドは実に優秀だという見方。従業員を生産的にするには，椅子に座らせる必要があるという認識。仕事で自分と同じ時間をかけなかった者

に対して従業員が抱く敵意。すべての職場でヘドロの存在は明らかであり，ROWEへの移行が始まるとさらに顕著となった。しかしROWEを何としてでも実現するために，ヘドロは除去されなければならない。

レスラーとトンプソンは真正面からヘドロに挑んだ。二人はまず，ヘドロとは何かを従業員に教え込むことから始め，それが職場にどれほどはびこっていて，非生産的であるかを示さなければならなかった。どの問題でもそうだが，問題は取り組む前にその存在を認識する必要があるのだ。二人は従業員がヘドロを取り除く手伝いをした。次に，時間に対する従業員の考え方を変えなければならない。仕事から時間の観念を完全に取り払い，生産性に注意を向けるよう従業員を教育する必要があった。具体的にいえば，午後2時に出社しても構わないと教えるのだ。仕事のスケジュールは過去のものとなり，有給休暇はとり放題で，会議の出席は任意である一方，自分が何時間働いたかを語ることは許されなくなった。しかしさらに重要だったのは次の点だ。管理職は従業員の役割，従業員に対する期待，仕事の納期を格段に明確にする必要があった。プロジェクトに関わる者は土壇場で他人から仕事を引き受けてはならなかった。そして，従業員は効率的な時間の使い方を学び，効率的になるために不要な仕事をなくす必要があった。それでも移行は成功した。従業員はお互いを信頼することを学んだ。誰かが子どもの病気の世話をするために午後から半休をとったら，周りの従業員は，週末に長めのスキー休暇を予定していたとしても，同僚を助けようと思った。

従業員が学んださらに大切なことは，自分の時間を生産的にすることだった。決まった時間に出社し，周りの全員が帰るまで机の前に座り，必要のない会議に出席する心配がなくなったので，従業員はやるべきことに集中できるようになった。無駄な時間がすべて排除されることで，従業員はより多くの自由を得ただけでなく，仕事の生産性も向上した。

ベストバイで社内教育のオンラインコースを作成するチームの一員だったトレイは，ROWE環境で仕事を始めた。トレイはまもなく，朝は社会風刺番組の『サウスパーク』を見て，午後ESPNでスポーツ番組を見ながら仕事するようになった。ほかの職場文化のなかでこんなことをしていたら，クビにならないまでもたちまち左遷されるはずだ。トレイの態度に，批判，軽蔑，嫌悪の念を抱かずにいることは難しいだろう。部外者には，トレイが怠け者

で仕事を放り出しているかのように見える。しかしトレイのチームが制作するコースの数は，それまで月10本から12本だったのが，月40本近くまで増えた。成果だけが大事なら，従業員が勤務時間中に何をするかは重要ではない。成し遂げたことだけに注目することで，どんな管理者も夢見るであろう4倍の生産性が実現したのだ。

レスラーとトンプソンは，職場から時間のインプットの概念を完全に排除し，職場が本当に重要なこと，つまりアウトカムに焦点を当てるよう促した。二人の仕事のおかげで生産性が向上したうえ，従業員は職場でより信頼され，評価されるようになったことを実感した。さらに，すばらしい休暇をたびたびとることもできた。

ROWEがすべての種類の仕事に向くわけではない。従業員が勤務中ずっと現場に張りつくことで成り立つ職業もある。小売店の販売員，救急隊員，緊急治療室のスタッフ，水難救助員，警備員といった職業だ。こうした職業では，従業員に好きなときに来ればよいと告げれば大変なことになる。それでも，ROWEの背後にある考え方からヒントを得ることはできる。販売員は勤務時間中，常に店内にいる必要があるが，そこにいることだけが仕事ではない。押し入った強盗を呆然と見守っていた警備員が，その日出勤していたというだけでほめられるはずがない。こうしたケースでは，時間は仕事に必要な要素だが，それが目的ではないのである。

レスラーとトンプソンが見いだしたのは，生産的な仕事を測定する代替手段として時間が使われていたことだった。ベストバイはほかの多くの企業同様，実際の生産性を測る代わりに時間を測っていた。それは，長時間働く者ほど生産的だという考え方だったのである。

CVFPが運営を始めて20年近くになる。その間ずっとCVFPはパイロット事業のままだった。CVFPが用いたモデルは，その利点にもかかわらずアルバータ州では依然として珍しいもので，州内のもう一つの診療所がCVFPと同時に始めているにすぎない。

この診療所を利用する患者は，州内の同じような患者と比べて，入院した

り応急手当を受けたりする割合が低い。シャウナ・トーミによれば，州のすべての診療所がこのモデルを採用すれば，毎年30億ドルが節約できるという。それなのに，このモデルは医療制度のなかにおける小さな一粒の種のままだ。

ところで，政府はこのモデルを検証する際，出来高払いだったらCVFPはどのような業績を上げただろうかと仮定して比較する。そのためCVFPは，異なる報酬モデルに従っているにもかかわらず，ほかの診療所と比較するために今でも「擬似的な請求」をする必要がある。しかし，これはまずい。「擬似的な請求」ができるのは，出来高払いモデルの下で通常提供される医療行為だけで，CVFPが提供する呼吸療法士，栄養士，糖尿病療養指導士といった追加医療行為は対象とならないのだ。そのうえ，医師が不必要な来院を求めないことで，診療所の記録に残る医療行為は実際に提供している件数より減ってしまう。たとえば，尿路感染症の患者は医師の診察を受けずに処方箋をもらえるからだ。以上をまとめると，CVFPは受け取っている報酬よりも低い「医療行為」を提供していることになってしまう。これが問題の核心だ。診療所は，通常計上される以外の多彩な医療を提供し，患者と診療所自体の効率を上げているのに，おかしな話ではないか。

出来高払いの診療所として評価されてしまうことを語るシャウナ・トーミのいら立ちが想像できるだろう。しかし，評価指標があるがゆえに，評価されるものと重要なものとがあっけなく混同されてしまうことを考えれば，そうなることも容易に理解できる。トーミは端的に締めくくった。「私たちはアクティビティ重視世界におけるアウトカム重視組織なんです」

インプット，アクティビティ，アウトプット，アウトカムを理解することは，インプットやアウトプットを測る指標をさっさと捨てて，アウトカムを究極の測定対象として採用すべきだということを意味するものではない。インプットとアウトプットの指標は，今後も使われるし，使うべきである。本書の後半で説明するように，これらの指標が望ましい場合もあるのだ。しかし，これらをアウトカムの評価指標と混同してはならないし，いかなる場合

でも無批判に評価指標として用いてはならない。それぞれの指標が，私たちをどのように誤らせ，また一般的にどのように誤用されているのかについて私たちは注意すべきである。

インプットの評価指標は，患者一人あたりに費やされる費用など，大きさを強調するために誤用される場合がある。逆に，企業や政府がその影響を理解せずに予算を削減する場合など，小ささを強調するために誤用されることもある。どちらの誤りも，アクティビティのインパクトやアウトカムに対する理解が不足しているために生じる。インプットの誤りが非効率をもたらすのは，結果としてのアウトカムの増加を考慮せずにインプット（効率方程式の分母）を増やそうとする，あるいはアウトカムの減少を考慮せずにインプットを削減するからである。アウトプットの評価指標は，通常逆効果が生じて非効率になる。アウトプットを望ましいアウトカムと明確に結びつけておかないと，アウトプットを最大化することが，無駄な努力や目標を台無しにする努力につながるのだ。

第3章　不確実な未来

異時点間の問題と時間の軽視

アメリカのほぼすべての会社を恐怖に陥れている暴君がいる——四半期利益報告書と呼ばれるこの暴君は，経営幹部，アナリスト，監査役の意思決定を支配し，歪めている。ところが事業の健全性についてはほとんど何も語らない。一つの数字が，どのようにしてこれほど巨大な存在になったのだろうか？

——ハリス・コリングウッド
「四半期ゲーム」の落とし穴

1980年代，アメリカの実業界には問題があった。少なくとも実業界のなかにいる者は，問題があると考えていた。

その問題とは，会社の業績と役員報酬がまったく連動していないということだった。CEOや経営幹部のほとんどは給与制度に基づいて報酬を受け取り，時にさまざまな賞与が上乗せされた。CEOは，会社が記録的な利益を上げようが，ひどく低迷していようが，同じように役員報酬を支払われた。会社の利益を最大限追求するうえで賞与は多少の動機づけにはなるだろうが，多くの者は経営幹部の報酬と業績が連動していないと感じていたのだ。

株主，エコノミスト，取締役，学者などがこの問題——「代理人問題」と名づけられた——に頭を悩ませた。会社は，簡単に言うと二つの要素から成っている。依頼人（株主）と代理人（経営者）だ。依頼人は投資から利益を得ることに関心をもち，その行為を代理人に委託して，投資から最大限の利益を得るよう最善を尽くさせる。それが経営幹部に求められている行動だ。つまり，会社を経営して株主のために金を稼ぐのである。問題は代理人が利己的だという点だ。代理人たる経営者が自らの利益のために行動し，株主の利益を損なうおそれがある。

この問題は，経営者のほうが株主よりも会社に詳しいためにいっそう深刻化する。ファンドマネージャーや個人投資家が，週次報告書を検討したり，戦略会議に出席したり，役員会議室で意思決定したりするはずもない。経営

者と株主の間には，もっている情報に質的な差があるのだ。株主はCEOの日常行動を一々監視できない。もし，会社を経営するために雇った経営幹部が，株価を上げるために働くどころか，ゴルフに興じ，3時間かけてランチを楽しんでいたらどうだろう。そうではないことを，取締役会や株主はどうやったら確信できるだろうか？　代理人問題を考える目的は，代理人が依頼人の利益のために働く方法を見つけることである。経営者が株主の利益のために行動することを，どうすれば保証できるだろうか？

その答えは，多くの学者，取締役会，企業人，そして経営幹部自身が述べているように，単純なものだ。役員報酬を会社の業績と連動させるのである。会社の業績に応じて報酬を受け取るのなら，経営幹部は全力を尽くして会社の業績を支え，投資家に利益をもたらすだろう。業績を測る正確な方法は，今なお議論の余地はあるが，一株あたり利益を用いることでおおむね合意が得られている。役員報酬を利益に連動させる方法はいくつかあるが，その一つは，ある利益目標を達成したら賞与を与えるというものだ。役員報酬制度で一般的になったもう一つの方法は，ストックオプションだった。

1990年代に取締役会が重視するようになった考え方は，ストックオプションが役員報酬の大きな要素であるべきだというものである。1998年までに，CEOの一般的な報酬制度のうち45%をストックオプションが占めるようになった。標準的なストックオプションは，会社が決めた一定量の株を，その後10年間の好きな時期に現在の株価で購入できる選択肢を経営幹部に与えるものである。したがって，株価が上がればCEOは時価より低い価格で株を購入し，売却して，利益を得ることができる（株を保有したままでもよい）。1980年代から1990年代にかけて，一株あたり利益とそれに連動するストックオプションは役員報酬を支払う方法の主流となった。2012年には，一株あたり利益は会社の業績の最も一般的な評価指標となり，全企業の半数で使われるようになったのである。

同時に，一株あたり利益と株価はほとんど同義語となった。一株あたり利益が大きいほど株価も上がる。もっと正確にいえば，一株あたり利益が株主の期待に一致するか，期待より大きいと，株価が上がるのだ。利益が市場の***期待***に応えられなければ，株価は必ず下落することになる。株価を左右するのは何よりも会社の利益だろう。こうして，利益と株価の連動が経営幹部の

行動の原動力となった。経営幹部は高い報酬を得るために会社の利益を改善する必要がある。そうすれば株価が上がり，ストックオプションの権利を行使する際に，経営幹部はより大きな利益を得るのである。

だが利益には問題がある。近視眼的なのだ。会社の価値は，本来ならば長期的な見通しに基づいている。現在だけでなく，将来にわたって利益を生み出すことが，会社に真の価値を与えるからだ。しかし，四半期ごとに生み出される一株あたり利益の増減と，会社の長期的な価値の創造の間には，ほとんど関係がない。

理想的な投資家であれば，割引キャッシュフローと呼ばれる複雑な分析を行って，会社の真の価値を判断するだろう。分析では，少し例を挙げるだけでも，市場シェア，利益成長率，競争優位性，研究開発，市場可能性，経営幹部の質，競争，リソースの可用性，市場の政治的変動による影響といったリスク因子を考慮する。しかし割引キャッシュフロー分析を行っても，費用と時間がかかる割には怪しげな答えしか得られない。この手の分析には，将来の生産性，市場シェア，競争優位性，経営者の能力，資本配分，労働力……といったさまざまな仮定が含まれている。割引キャッシュフロー分析は，退屈で，複雑で，科学というよりはお告げのように思われることが多い。そこで多くの投資家は，企業の将来性を評価するうえで必要な基本調査を行う代わりに，企業評価のベンチマークとして利益を用いるのである。

企業を評価する際に，利益を用いて短期動向に注目することは，株式市場自体が近視眼的であるという事実と相まって，代理人問題をいっそう悪化させる。現在，株主が株式を保持する平均期間は1年未満である。投資期間が短いということは，株主が短期間で利益を求めており，事業の成果が出るまで何年も，まして何十年も待つ忍耐力をもっていないことを意味する。こうした近視眼的な株主は，短期間で業績を上げた経営者には報酬を，それ以外には罰を与えるよう取締役会に圧力をかけ，短期的な利益を実現するよう迫る。ジョン・コフィーが述べているように，投資家とは「四半期ごとの利益にレーザー光線」を当て続け，「最短期間で最大限の利益を上げることに興味をもつ，根っからの金融技術者」なのだ。

株主の多くは会社の状況を的確に調査する時間も忍耐力ももたないため，この短い投資期間内に他人の考え方や意見に基づいて決断を下すことにな

り，多数派に従うことになりがちだ。そのため，利益を達成できなかったレポートが投資家の間に広がると，投資の抑制と価値の低下という負の連鎖が生まれる可能性がある。

利益は株価の評価に使われるだけではない。ファンドマネージャーが多数派に背を向けて会社を別の観点から評価し，利益の動向に逆らって顧客の資金を投資すれば，顧客が離れるか，悪くすれば投資家の圧力で解雇されるだろう。ファンドマネージャーの多くはS&P 500かそれに相当する株価指数で評価される。こうした株価指標の動きは短期の利益成績によって左右されるため，長期的には有望だが現時点の短期的な業績が悪い会社に投資するような常識外れのファンドマネージャーは，たちまち失職するだろう。多数派の力は強大で，その多数派は近視眼的なのだ。

利益の重視，その利益が株価を決定する役割，利益を上げようと投資マネージャーが加える圧力，利益の役員報酬への充当，さらに重要な要素として経営幹部のストックオプションの価値を間接的に決定する方法は，自己強化型のサイクルを形成する。多数派と距離を置きたくない投資マネージャーは，投資の意思決定をするための基本調査をあきらめ，代わりに，会社を評価するベンチマークを利益に頼る。経営幹部は，投資家が利益を重視していることを強調し，自身の利益に対する執着を正当化する。その結果，経営幹部は利益を重視する……。ところが，利益の重視によりCEOはおかしなことを始める。時には違法なこともする。

短期的利益を求める圧力に経営幹部が応える方法はいくつかある。一つ目は，事業に関しては基本的に何も変えず，数字を操作して短期の利益をよく見せかけることだ。この行為は「利益調整」として知られている。利益調整はさまざまな意味をもつ語句の一つだ。利益調整は，よくいえば，会社の長所を「強調」して欠点を目立たなくする無難な方法である。悪くいえば，***不正行為***を言い換えたものだ。

会計では，情報の提示のしかたによって，特定期間の利益や損失を強調し，報告する利益に手を加える方法がある。最も基本的な利益調整は，利益を早めに報告し，費用の報告を先送りすることだ。会計上，利益とは実現キャッシュフロー（所定の期間に出入りした現金）および将来の収入と支出に関する仮定（見越）の組み合わせである。見越には，機械や建物のような有形資

産の減価償却，無形資産の償却，売掛金，長期契約，従業員の年金，経営者と管理職のストックオプション，担保，買掛金，税金，環境的債務などがある。見越は会社の利益に影響を与えるが，その影響は将来に限られる。そこで会計士は，こうした将来の費用と収入をどのように計上するかについて，さまざまな仮定を立てる必要がある。経営者は，年金やストックオプションの金額，さらには売上高を見直すことで，この見越を現金化する方法を操作できるのだ。

多くの会社で利益調整が行われていることは間違いない。調査によれば，会社は現実的に予測される利益ではなく，アナリストが予測した利益にぴったりか，若干上下した額を報告しようとする。利益予想に応えることが株価に与える影響と，株価目標を達成する必要がある経営者の報奨を考えると，こうした報告書がたまたま期待どおりになっていたとしても驚くことではない。実際，報酬のうちストックオプションや株価に連動した賞与が占める割合が大きいほど，CEOは利益調整に力を入れ，報告する利益を膨らませる可能性が高まる。ここにもまた，グッドハートの法則が登場する。

見越は会社の価値の大きな部分を占める。売上高が会社の株式時価総額に占める割合は平均して5%程度でしかない。したがって見越の報告方法を操作すれば，会社の時価総額に大きな影響を与えることができるはずだ。そうした仮説に従って利益調整が行われる。たとえば，顧客と製品販売契約を結んでいて，その納期が今から6カ月後だとしよう。この場合，自分の会社は仕入れ先に費用を支払い済みなので，会計上は損失を生じていることになる。しかし受注額をすぐに計上し，仕入費用の報告を数カ月先延ばしすれば，会社を利益製造機のように見せかけることができる！　利益調整の問題点は，会社が何を行っていて，資産，売上，費用をどのように報告しているのかが，投資家にはほとんどわからないことだ。

もちろん利益調整の乱用を防ぐ規制は存在する。財務会計基準審議会（FASB）や一般に公正妥当と認められた会計原則（GAAP）は，利益をどのように報告すべきかを規制している。会計上，多少の利益調整は広く行われているが，そうした基準を軽視して一線を超えると，会社は面倒な事態に巻き込まれる。経費を先送りして利益を早めに計上できるのは，決算までの期間にすぎない。最終的に，計上できる利益はなくなり，経費だけが報告書に

残る。この会計ゲームがついに破局を迎えると，会社の株価は暴落し，関係者が刑務所行きとなる場合もある。エンロン，ワールドコム，ノーテル，イートイズの事件はすべて，会社が許容限度を超えた利益調整を行った例である。

経営幹部が利益を操作するもう一つの方法も，露骨な不正会計ほど衝撃的ではないが，同じように重大な影響を与える。経営者は利益を上げるために，会社の長期的な価値を犠牲にして，短期的な利益率を高める行動をとる可能性がある。学界ではこれを「短期主義」と呼ぶ。

短期主義とは，ごく簡単にいえば，会社が短期的には有利だが長期的には有害な決定を下すことである。短期主義は「異時点間の問題」だとされている。異時点間の問題が生じるのは，意思決定の結果生ずるコストと利益が時間的にずれて発生する事柄に対し，決定を下す必要がある場合だ。たとえば誰かに金を貸し，その誰かが数カ月後に返済すると約束した場合に，私たちは異時点間の問題に直面する。確実な未来など存在しないので，現在金を貸しているのは確かでも，それが戻ってくるかどうかはわからない。貸し手が（投資で利益を上げたいのに加え）利息を請求するのは，未来が予測できず，不測の事態に対していくらかの保険を掛けたいからである。プレレックとローウェンスタインが述べたように，「遅れるものは本質的に不確実」なのだ。人間はそもそも，仮に将来の不確実なもののほうが有利でも，目先の確実なものを好むのである。

これは，会社の長期的な存続に影響を与える意思決定を行う際に，すべての経営幹部が直面する課題である。新製品開発への投資を選ぶことはできるが，研究が成果を生む保証はない。新製品が売り出されるまでに市場が変化しないという保証もない。ビジネスの歴史には，新製品を開発して売ろうとしても，すでに消費者の関心が冷めていたり，競合他社がより優れた製品を開発していたりして行き詰まった企業の残骸がいくらでも見つかる。もっとも，新製品，新サービス，新市場に投資するリスクを冒すことを怠って破綻した会社は，さらに多いことだろう。

異時点間の問題は，経営者が経営に関与する期間の影響を受けていっそう困難になる。ほとんどの経営者の任期は短い。未来が不確実なだけではなく，数十年とは言わずとも数年はかかるプロジェクトや投資の成果が出るころには，経営者は会社を去っているだろう。会社の長期的な意思決定において，

異時点間の問題に不確実性が与える影響は，短期の利益に対して経営幹部に報いる賞与とストックオプションという報酬制度によってさらに深刻化する。短期業績と連動した報酬を受け取ってハイリスク・ハイリターンの勝負にかける短期雇用の経営幹部と，そうしたハイリスクの行動が最終的に自分たちの利益，つまり会社の長期的な利益に反すると考える会社の債権者の間には，根本的な対立があるのだ。

利益調整に関していえば，経営幹部は，長期的な価値の創造と競争優位性を犠牲にして短期利益を増やすように，さまざまな方法で会社の経営指標に手を加えることができる。経営幹部は利益ゲームに取り組むうえで，より早く回収できるプロジェクトや，短期的には成功するが長期的には芳しくないプロジェクトを選ぶ可能性がある。経営幹部によっては，短期利益を上げるために大きな価値のある資産を売却することを選ぶかもしれないが，会社の長期的な存続に悪影響が及ぶだろう。グラハム，ハーベイ，レイゴパルによる研究によれば，大多数の会社が，短期利益を上げるために長期的な経済価値をちゅうちょなく犠牲にすることがわかっている。

短期主義は特にアメリカとイギリスで広まった。両国の企業のほうが，ドイツや日本の企業より短期利益を重視している。ドイツや日本では株主が個人投資家や投資ファンドではなく銀行である場合が多く，長期的な見通しを重視するからだ。短期主義は報酬と連動している。ほとんどの経営幹部は，自社に長期的な投資を行っても，株価の上昇で報われることはないと考える。経営幹部は，事業運営の大半に株主の目が届かないことをよいことに，利益調整と同様，大々的に短期主義を導入することができるのだ。ところで，短期主義を理解するためには，レモン市場の問題を学ぶ必要がある。

1970年，ジョージ・アカロフは，商品の品質がその価格にどのように反映されるかを観察した論文を発表した。ほとんどの人は，当然のことながら，ものの価格には品質が反映されていると考えている。品質がよいほど価格も高い。高品質のナイフは低品質のナイフより値打ちがある。高性能のコンピューターはWordが使えるだけのコンピューターより価値がある。実にシンプルだ。しかし，そこに落とし穴があるのだ。

アカロフが観察した結果，重要なのは個々の製品の品質ではなく，その***類似***製品全体の平均的な品質であることがわかった。これはレモンの法則とし

て知られている。アカロフは中古車の例を用いた。誰にでも覚えがあるだろう。風采の上がらない販売員が，表示価格よりはるかに価値の低い車を売りつけようとしている。中古車を買う場合，買おうとしている車のことをほとんど知らない買手と，多くを知っている中古車業者の間では，もっている情報の差がきわめて大きい。買手には，これから買おうとしているマツダが，過去に数々のエンジントラブルを抱えていたかどうかわからない。目に止まったフォードが，発電機に問題を抱えているかどうかもわからない。さらに重要なのは，購入したいと思っているホンダが，実はまったく問題のない申し分ない車で，今後何年も修理が必要ないこともわからない点だ。買手は何もわからないので，自分が見ている車のほとんどに何らかの問題があると考える。ほとんどの車は，レモン（低品質）か，よくてレモンとピーチ（高品質）の間だと思うのだ。

しかし販売員はそうしたことを知っている。中古車店が売る車には何らかの問題があると，買手が想像していることを知っている。そこで販売員は，悪くても赤字にならないことがわかっている，本当のレモンを売ることに力を入れる。販売員はいい車を売ろうとはしない。仮にその車の状態がよくても，買手が信じないとわかっているので，状態に見合った価格をつけられないのである。レモン市場の問題は，販売員がレモンを売ることではない。売手と買手のもっている情報に非対称性があるために，ピーチを売ることができない点が問題なのだ。状態のよい車を売る場合でも，ほかの中古車の想定品質に「合わせる」ために値引きせざるを得ない。同様に，こちらが中古車販売店に状態のよい車を売ろうとしても，それに見合う値段はつかない。その車の品質がよいと思う買手など一人もおらず，状態がはるかに悪い車と同等の価格で売るしかないことが，販売員にはわかっているからだ。

レモン市場の問題は，売り手と対等な情報が得られないために，消費者が製品の品質を信用できなくなるすべての市場で生じる。高品質の製品と低品質の製品を正確に区別する方法がなければ，消費者はすべての製品が低品質だと考えざるを得ない。開発途上国の市場はこうした情報の不整合に悩んでいる。消費者が違いを見分けられない場合，影響を被るのは高品質の製品だ。価格に見合うよい製品だと信じてもらえないと，高い価格をつけることができない。そのためレモン市場では，製品の品質が改善されないのだ。

レモン市場の問題は，経営幹部の業績の問題でもある。多くの株主は経営幹部が経営する会社の情報を十分にはもっていない。経営幹部は，さまざまな投資や行動によって長期的な利益を重視することができるが，株主がそれを認識することは少ないだろう。ほとんどの投資家が利益だけを追求しているという事実によって，事態はさらに深刻になる。会社の長期的利益に対する投資は，中古車販売店における高品質な車のようなものだ。投資家にはそれがレモンなのかピーチなのか判断できない。その代わりに投資家が判断に用いるのは利益だ。株式市場の大部分が利益を重視しているため，経営幹部が自分の会社をピーチとして市場に納得させることは難しい。そこで，自らレモンであることに甘んじるのだ。

たとえば，アメリカの企業が工作機械，家電製品，複写機，半導体といった市場に参入することはほとんどなかった。こうした業界は非常に高い成長性を秘めていたにもかかわらず，利益率がかなり低いため，力強い利益報告書を示せなかったのだ。その一例が，産業用ロボットメーカーのシンシナティ・ミラクロンである。この会社はロボットの設計と製造に数年を費やしたのち，業界から撤退せざるを得なかった。短期利益を重視したため，先端技術への投資を正当化できなかったのだ。短期利益の重視は，アメリカ企業が，いずれ利益を上げることになる業界で競争力を失うことを意味した。こうした業界は長期的な投資を必要とするからである。

著名な経営専門家のピーター・ドラッカーがかつて指摘したように，「四半期ごとにより高い利益を求められる経営者は，自滅的とまでは言わないが，コストがかかるとわかっている誤った意思決定を迫られた」。四半期ごとの利益を改善しようとする圧力から生まれる短期主義は，過剰なリスク回避と，長期的な成果を生む投資の抑制によって特徴づけられる場合が多い。長期的な成長を犠牲にして短期利益を改善する一般的な二つの選択肢は，研究開発投資の削減とマーケティング費用の削減である。

研究開発とマーケティングは，事業が成功するうえで欠かせないものだ。研究開発と広告への投資は，事業を成長に導き，業績と価値に計りしれない影響を及ぼす二つの主要な原動力であることは間違いない。しかしマーケティング費は経営幹部が裁量する経費として扱われることが多い。費用削減が必要な場合，真っ先に標的となるのがマーケティング費だ。会社にとって

マーケティングが大きな価値を有することは考慮されない。マーケティングは，ブランド価値を生み出し，顧客ロイヤルティを高め，会社が新しい市場に参入して新製品を販売する助けとなる。それは，会社が長期的に成長し存続するために不可欠なものである。しかしマーケティングには実体がない。その恩恵は漠然として，長期的であることが多い。

一般に，研究開発および広告とマーケティングの問題は，典型的な異時点間の問題である。研究開発や広告に投資するとただちにコストが発生するが，その回収には投資後かなり時間がかかり，回収が保証されるものでもない。実際，会計では研究開発費を，慣例的に当期のコストとして扱うよう求めているが，利益は将来まで得られない。ジョンソンとカプランが論じたように，会計は「短期的な意思決定から生じる長期的な成果が判明する前の，あまりに短い期間」の業績を測るのである。これは会計モデルの根本的な問題である。会計モデルは近視眼的なのだ。

研究開発や広告活動が当期費用なのに，その利益は不確実で将来的だという事実に加えて，短期利益を求める圧力に直面すると，経営幹部はその状況に即した行動をとる。事業にとって最も基本的なものを削減するのだ。経営幹部はピーチを売りたいのだが，レモンしか売れないことを知っており，幹部の多くがそのことに甘んじている。グラハム，ハーベイ，レイゴパルが行った，ほぼ4000人に及ぶ企業経営者の調査によれば，短期利益目標を達成するために，80%近い経営者が研究開発費，広告費，保守費，労務費を削減していたことが判明した。一方，クリム，リム，キムによる研究では，（短期利益に対する賞与や短期間に行使されるストックオプションとは逆に）長期的な報酬を重視することで，研究開発費と広告費が増加することがわかった。同じことが，銀行のような機関投資家を多く持つ企業でもいえる。そうした企業が研究開発費をそれほど削減しないのは，事業の意思決定に関する監視と調査に投資家がより深く関わっているからだ。ブッシーの研究によれば，大規模な機関投資家を抱える企業は，研究開発費を削減する可能性が低いことが示されている。

経営者は研究開発とマーケティングに価値があることを理解しており，報酬と長期的な業績がより強く連動するほど，この分野により多くを投資する。このことは，経営者が研究開発費を削減するタイミングに顕著に現れる。ナ

タリー・ミジクが指摘するように，経営者は退任が近づくにつれ，長期的な利益を犠牲にして株価を引き上げる行動をとりたいという欲求が高まる。ミジクは，経営幹部が退任前の最終年度に研究開発費を削減する傾向があるというデカウとスローンの研究を引用している。ほかの研究者も同様に，CEOは退任が近づくか，会社の短期利益が減少すると，研究開発費を減らす傾向が増えることを見いだした。経営者は，そうした投資の長期的な価値を理解しているので，就任後の早い時期には研究開発とマーケティングに投資する。しかし任期の終わりが近づくと，自身の意思決定の負の側面だけを味わうことになるので，そのような支出を削減しがちなのだ。

利益重視の短期的な意思決定は，最終的に，長期的な競争力優位を損なうという影響をもたらす。主要100社のCEOに対する1986年の調査では，四半期利益の重視が長期投資の減少につながったと答えた者が82名にのぼった。ラーニーなどの研究によれば，アメリカ製品は不況時にマーケティング費用が削減されて市場シェアを失うことが多く，景気が回復しても元の市場シェアには決して戻らなかった。困難な時期に費用を低く抑えるために，企業は長期的な存続能力を犠牲にしたのだ。

これら二つの戦略――利益調整と短期主義――は，教師が試験結果を向上させる圧力に応えた方法とよく似ている。生徒の学びを犠牲にして，試験の点数を操作するか，評価指標の達成に励むのである。利益調整を行う経営者は，生徒の解答を改竄する教師のようなものだ。外からどう***見られているか***を意識して，話のつじつまが合うように情報を操作する。一方，短期的な経営判断を行う経営者は，試験対策を行う教師のようなものだ。何を評価するか（試験の成績や利益）の優先順位を変え，その過程で会社の基盤や生徒の学びの基本を変えるのである。二つのうち，より悪影響を及ぼすのは後者の戦略だろう。ミジクは，マーケティング費用と研究開発費用を削減した企業は，その後の株式市場の評価が低下し，利益調整をした企業より業績が低下したと指摘している。

企業における短期利益重視の影響を軽減する方法はある。報償制度に関していえば，取締役会，株主，その他会社に投資する人々が主導できる2，3の改善方法があるのだ。役員報酬は，基本給，何らかのアウトカムを達成した賞与，ストックオプション，制限付株式報酬制度，奨励金制度，その他年

俸の組み合わせである。基本給は経営幹部の業績に報いるものではないが，通常，現金賞与は短期のアウトカムに対する報酬であり，業績不振の場合，ストックオプションは価値を失う可能性がある。制限付株式，特に権利確定期間（株式を現金化できるまでにかかる時間）が長い株式は，よりよい長期的な意思決定を経営幹部に促す報酬となり得る。こうした期間をさらに将来に延ばすことで，研究開発の削減のような，将来の会社の価値を下げる意思決定を思いとどまらせることができるだろう。

もう一つの選択肢は，ストックオプションを，その会社の競合他社を集めたものに対して「指数化」するように構成することである。経営幹部に通常のストックオプションを提供すると，市場の変化によって二つの問題が生じる。一つは，経営幹部が積極的に関与していない事柄に対しても報酬が支払われる点だ。CEOたちは認めたがらないが，経営幹部の行動は会社の成功にほとんど影響しておらず，幹部には制御できない市場の因子が多くを決める。石油価格が1バレル100ドルを超えていた2000年代半ば，石油会社やガス会社で利益を上げるためにすることはたいしてなかった。逆に，原油価格が暴落した際，その業界の経営幹部が非難されることもなかった。

二つ目の問題は，株が「含み損」を抱えている場合に生じる。これは，現在の株価が，ストックオプションの行使価格を大幅に下回っている場合に生じる。含み損がある場合，経営者には迷いが生じる。株価を支えるために大胆な，時に危険な行動をとって，ストックオプションに少なくとも一定の価値を残すか，何もかも投げ出すかの，どちらかの道を選ぶことになる。株価の上昇を願う経営者は，買収（長期的な会社の利益を損なうことが多い）や事業売却といったリスクの大きいプロジェクトに手を出すかもしれない。資産売却は短期利益を増やす手っ取り早い方法だが，長期的には深刻な影響を及ぼすおそれがある。買収と売却のどちらの選択肢も大きなリスクを伴い，会社にとってリスクが大きすぎることも多い。しかし，経営幹部がそのような冒険で，損をせず，得するだけなら，どちらかの選択肢がとられることになる。

ストックオプションを指数化するという考えの裏には，経営幹部の報酬を，会社の絶対的な業績より***相対的な***業績に連動させようという意図がある。高い利益は上げたものの，その業績が業界最低だったCEOは，本当に報われ

るべきだろうか？　そのCEOは，業界が波に乗ったから利益を上げたにすぎない。一方，業界が大きな損失を被っているなかで，会社の業績が悪化しないように努力した経営幹部は，その行為に対して報われるべきではないだろうか？

会社は，経営幹部を短期間雇用し，その場しのぎの行動に報酬を与えることにも注意する必要がある。利益を増やそうと苦労している会社は，2年足らずで状況を好転させるためにCEOを雇うかもしれない。しかしこの戦略は破綻するおそれがある。新しいCEOは，短期利益を増やし，それによって十分な賞与を得るために，価値を生み出すのに不可欠なサービス（研究開発やマーケティング）を切り捨てるか，貴重な資産を売却する可能性がある。そして，そのCEOが賞与をたっぷりもらって去ったのち，会社は活力を失い，競争力を維持できなくなっていることだろう。逆に，長期間雇われる経営者が短期利益を追求する可能性は低い。

会社はまた，短期利益の過度な重視を抑えるために，会計慣行を改善することもできる。アルフレッド・ラパポートは企業に対して，短期的なキャッシュフローを長期的な見越から切り離し，見越を不確実性の程度で分類し，その分類ごとに不確実性の範囲と程度を見積もり，会社の価値に関係しない見越を切り離し，見越ごとに詳細な前提とリスクを示すように提案している。要するに，会社が意思決定の前提をより多く開示すれば，意思決定の影響を株主に隠すことがはるかに難しくなるのだ。

会社がとるべきもう一つの戦略は，製品品質，職場安全，顧客ロイヤルティ，顧客満足度といった非財務的な業績を測定し監視することである。会社の中核事業のさまざまな側面に，意思決定がどのように影響するかを理解することで，長期的な価値を犠牲にして利益を上げようとする傾向を抑えることができる。イットナーとラーカーの研究によると，非財務的側面を測定し，そうした側面が会社の価値に影響するかどうかを検証している会社は，そうでない会社よりも利益が平均1.5倍多かった。

会社は，性格の異なる投資家を受け入れることで，短期的な意思決定と長期的な意思決定のどちらに重点を置くかを変えることもできる。すでに述べたように，銀行のような大規模な機関投資家は，会社の長期的な利益を損なうような，リスクの大きい短期的な取り組みを避ける傾向がある。個人投資

家に適しているのは，近視眼的な多数派から距離を置き，銀行のような，動きは遅いがリスクを回避する機関投資家にならって安定性を高める戦略である。

最後に，株主や取締役会は，CEOに対する報酬を減額することもできる。CEOが高給なのは，取締役会を構成する経営幹部が概して高給取りであり，CEOには高額の報酬が支払われるべきだと考えているからにすぎない。エドワード・ラジアが指摘するように，経済学の文献の多くが，CEOの報酬が上昇していることを示している。CEOの高額な報酬が，経営する会社の業績向上の結果だということを示す証拠は多くない。直感に反することだが，CEOの報酬を会社の上位5名の経営幹部の報酬と比較した場合，CEOの報酬が高いほど会社の利益と効率は低い。つまり，あきれるほど高額なCEOの報酬は非効率なのである。

2013年，ランディ・シェクマンは，科学研究の学術雑誌である*Nature*, *Cell*, *Science*の3誌を非難する記事を*Guardian*に寄せた。3誌はただの学術雑誌ではない。*Nature*, *Cell*, *Science*は学術雑誌のなかの学術雑誌だ。科学者なら誰でも，このうちのどれかに論文が掲載されることを目指している。*Nature*は世界で最も歴史のある科学学術雑誌の一つで1869年に創刊された。*Science*は1880年に刊行を始め，現在，さまざまな学術機関を含む13万人の定期購読者を抱えており，推定読者数は約57万人にのぼると見られる。*Nature*や*Science*は科学研究の非常に幅広い分野の論文を掲載している。研究成果が大勢の読者の目に触れ，広く知られ，尊敬を集めることを望むのであれば，科学者は論文を*Nature*か*Science*に発表するのがよい。

したがって，ランディ・シェクマンが2013年の記事でこれらの学術雑誌を批判すると，大騒ぎになった。ただし騒ぎの理由は，世界で最も尊敬され，権威があり，広く読まれ，影響力の大きい学術雑誌が批判されたことだけではなかった。批判したのがシェクマンだったからだ。その年，ランディ・シェクマンはノーベル医学生理学賞を受賞していたのである。

研究大学は20世紀最大の成果の一つだ。研究大学の背後にある基本的な考え方は，科学的発見が公共財であり，研究大学が提供する教育，発見，革

新は，社会全体の役に立つというものである。大学レベルの研究は最も有利な長期投資対象の一つだろう。公的資金による研究は，さまざまな発見による恩恵を社会にもたらしてきた。そのごく一部を挙げるだけでも，ブライユ点字，RNAスプライシング，アスピリン，細胞分裂，気候変動の科学，核磁気共鳴画像法（MRI），ビタミン，電子の発見，原子炉，放射性炭素年代測定法，化学結合，レーダー，GPS，ペニシリン，DNAの発見，インターネット，コンピューターなど多岐にわたる。私たちが，民間で開発されたと考えている革新技術の多くも，実は公的研究の成果だ。Googleのアルゴリズムは，もともとスタンフォード大学で開発されたものである。

公的研究は，第二次世界大戦後，ルーズベルトとトルーマンの両大統領の下で主任科学者兼政策立案者を務めたバネバー・ブッシュが熱心に推進し，大規模に展開した。ブッシュは科学的研究開発を奨励し，その恩恵は，連合軍の勝利を支えた第二次世界大戦中の軍事や通信面における数々の進歩を上回ると主張した。また，恩恵が広く行き渡ったので，研究を体系的に評価する必要性はほとんどなかったとも述べた。しかし時が経つにつれ，適切な種類の研究開発をどのように助成，促進するかを厳格に評価する必要性（少なくとも必要だという認識）が生じた。研究助成金には限りがあるので，政府の部局や非営利助成団体などの組織は，科学研究を評価する方法を考え出す必要があったのだ。

科学研究を評価する基準を確立する議論は，最終的に一つの考え方に落ち着いた。研究論文がより広く知られ，ほかの研究者に引用される回数が多いほど，影響力が大きいというものだ。学者を出版物で評価するこの方法論は，***計量書誌学***と呼ばれる。

さて，誰もが学術研究の仕組みに詳しいわけではないので，学術雑誌，論文，引用がどういうもので，どんな役割を果たしているのか，簡単に説明したほうがよいだろう。研究成果を共有したいと思う学者や研究者は，通常，学術雑誌に研究を発表する。どの学術雑誌にも委員会（あるいは複数の委員会）があり，研究者が掲載してもらうために提出した論文を審査し，雑誌の最新号に掲載する論文を選定する。さまざまな雑誌が，あらゆる種類のテーマを扱っており，その発行部数，読者層，権威は大きく異なる。ほぼあらゆる科学分野の論文を掲載する*Science*から，その名が示すとおり掲載対象範

囲がごく狭く読者も限られる*American Journal of Potato Research*（アメリカジャガイモ研究ジャーナル）まで，雑誌の種類は多岐にわたる。現在，約五万種類の学術雑誌が流通している。（アカデミア・オブスキュラは「超専門的学術雑誌5選」のリストを作成し，*American Journal of Potato Research*はその筆頭にあった。残りの4誌は，*Rangifer: Research, Management and Husbandry of Reindeer and Other Northern Ungulates*〈トナカイ族：トナカイおよびほかの北方有蹄類の研究，管理と飼育〉というトナカイに関する論文の出版物，その名が示すとおりの*Journal of Near-Death Studies*〈臨死研究ジャーナル〉，地球が科学的に合意されているより若いことを示す記事のみを掲載する*Answers Research Journal*〈天地創造研究ジャーナル〉，および*Journal of Negative Results in BioMedicine*〈生体臨床医学反例ジャーナル〉である）。

科学者が研究論文を書く場合，論文には研究手法と結果の説明に加えて，研究で参考にしたり，刺激を受けたり，利用したりした以前の研究を引用することが多い。そうした引用は，出版物ごとに追跡され記録される。

計量書誌学における二つの主要評価指標は，インパクトファクターとh指数である。ジャーナルインパクトファクター（JIF）は，その雑誌が過去2年間に掲載した論文が，ほかの論文に引用された件数の単純な平均値である。インパクトファクターは1975年からWeb of Science Journal Citation Reportsで集計されている。このサイトでは大量の雑誌が評価されており，雑誌の読まれ具合と影響度の観点から評価結果を提供している。*Science*と*Nature*は，雑誌に掲載された論文が基本的に将来の研究で引用されるため，きわめて高いインパクトファクターをもつ。一方，非常にニッチな科学分野を扱う雑誌のインパクトファクターは概して低い。たとえば*Nature*の2018年のインパクトファクターは41.577だったのに対し，*Romanian Journal of Information of Science and Technology*（ルーマニア情報科学技術ジャーナル）のインパクトファクターは0.288だった。

h指数も，引用件数を利用した研究者個人の影響度の指標である。「個人の科学的研究成果を定量化する指標」と呼ばれるh指数は，ある研究者が発表した論文のうち，h回以上引用された論文がh本以上あるという条件を満たす，最小のhを見つけることで計算される。したがって，研究者が15回

以上引用された論文を15本発表していれば，その研究者のh指数は15となる。研究者が論文を1000本発表していても，20回以上引用された論文が20本しかなければ，その研究者のh指数は20となる。h指数は科学分野ではかなり普及している評価指標で，高いh指数を達成した研究者には，昇進，金銭的報奨，その他の特典が与えられる。

学者の評価，報奨，動機づけには，これら二つの評価指標の組み合わせが用いられる。助成金の査定者は，助成金を申請する研究者のh指数を調べ，助成金に関する決定を通知する。研究で一定のインパクトファクターに達した研究者には，金銭的報奨が与えられる。なお，インパクトファクターとh指数とは別に，研究機関に研究費をもたらした教授には，賞与，昇給，昇進，その他あらゆる報奨が与えられる。ある調査（*Nature*）によると，科学者の大部分が，採用決定，終身雇用の決定，昇進，給与，賞与，業績評価に，計量書誌学が使われていると信じていることがわかった。

計量書誌学もグッドハートの法則から逃れられない。論文発表と引用件数の重視は，学者や研究者の間に「過当競争」の環境を生み出す。定量的な計量書誌学と研究費が重視されることで，研究の目的は，社会に関わるアウトカムや品質から，単に引用件数を増やすことにシフトした。資金をかけた研究では，広く読まれている雑誌に論文が掲載されることが何よりも重要視される。そして，研究者は統計を操作する方法を知っている。*Nature*の調査では回答者の71％が，よりよい評価を得るためにこれらの評価指標を「操る」か「ごまかす」ことができると考えていた。

研究者や大学は，あらゆる方法で引用件数を増やす方法を探す。関連分野の研究者に接触し，その研究者が研究発表する際に，自分たちを「関係者」として含めてくれるよう報奨を提供する大学もある。そうして研究成果を人為的に増やすのだ。十分な研究資金を投じる余裕がない小規模な機関は，そうすることで，あたかも研究しているかのように見せかけ，権威を高めることができる。論文の審査員が，自分が審査する論文に，引用文献の一部として自分の論文を引用するよう要求することさえある。

計量書誌学の重視は，本書で論ずるほぼすべての評価指標と同様，単に論文の引用件数を「増やす」ために存在する，学術雑誌と研究者と出版活動の生態系（エコシステム）を生み出した。学界における引用件数は第二次大戦

後，9年ごとに倍増し，「学者はより忙しく，論文はより短く，包括的な論文はより少なく」なった。コンピューター科学者のシリル・ラブは，引用の評価指標のばからしさと，その水増しに対する脆弱性を示すために，イケ・アントカレという架空の人物を生み出した。アントカレはコンピューターで捏造《ねつぞう》した102の偽論文を発表し，Google Scalarでアルバート・アインシュタインを上回るh指標を達成したのである。

エドワーズとロイは，引用の重視が「水準以下の論文の雪崩」を引き起こしたと書いている。研究者は，重要で，有益で，参照するに足る研究の代わりに，取るに足らない，あやふやな，影響力のまったくない研究論文を大量生産することで，論文の引用件数と発表件数を増やす要求に応えた。学術雑誌の数も急増し，その多くが，単に研究者の引用件数を増やすためだけのいい加減な研究を掲載している。2004年，チェコ政府は研究成果に対するポイント式助成金制度を導入した。すると，ただポイントを獲得するだけのために，影響力の乏しい学術雑誌への論文発表が急増した。同様の状況はオーストラリアでも起こった。発表件数に対する研究者への報奨により論文数は増加したが，同時に，研究の全体的な影響力は低下してしまった。また，量の優先による研究の質の低下は，学術雑誌における大量の論文撤回をもたらした。1975年以来，生命科学と生物医学の研究で撤回された論文の割合は10倍になった。撤回理由の2/3は，研究者の不正行為によるものである。科学的不正行為を調査するコストは，年間1億ドル近くに達している。

インパクトファクターのもう一つの明白な欠点は，論文が出版され，読まれ，引用される件数の多い科学分野が一部の分野に偏っている点である。そうした件数は，その分野で活動している人数にほぼ比例する。医学分野では，大勢の研究者，医師，その他の開業医が，絶えず研究し，論文を発表し，お互いの論文を読んでいる。それを，たとえば理論物理学と比べてみよう。医師は何人いるだろう？　一方，理論物理学者は何人いるだろう？

計量書誌学も，助成金と論文発表というアウトプットを偏重している。研究成果が社会に及ぼす影響や社会的な意味は考慮されない。しかし，レキとレーンが指摘するように，科学研究の真の価値は「ドルやセントにうまく金額換算する」ことはできないのだ。生物多様性に，どのような金銭的価値をつけることができるだろう？　きれいな海を，仕事や収入の観点から表現す

る方法はあるのだろうか？

研究論文，引用，劣悪学術雑誌の氾濫は科学の評判を傷つける。疑わしい研究の発表が増え，撤回や捏造が増えるにつれ，研究機関に対する人々の信頼が失われる。助成金を増やすこと自体を目指すと，思いもよらぬアウトカムが増える。研究者は，助成金の申請書類を書くために研究時間を減らし，研究時間を確保するために教育時間を減らす。オランダの例では，4000万ユーロの助成金を申請するために，研究者は930万ユーロを費やす必要があった。2012年，オーストラリアの科学者全員を合わせると，助成金申請書を書くためだけに，550年に相当する労働時間が費やされた。

その結果，教育の役割を担うのは終身資格がないか補佐の教員となり，上級研究者は，助成金の調査や申請書の作成に多くの時間を割くことになる。大学は，公共財としての科学の提供や，商業的な用途はないが公衆に恩恵をもたらす発見をなす代わりに，新製品や特許を生み出す「事業部」となってしまった。

シェクマンはそうした点を批判したのだ。科学界は，科学的な研究をどのように評価して報酬を与えるかという点で歪んでしまった。研究者の世界には，ある関心事を取り巻く生態系がある。それは，論文をどの学術雑誌に発表し，何件引用されるかという関心だ。*Nature*や*Science*のような雑誌に論文を掲載することは，たとえば*Journal of Biological Chemistry*（生物化学ジャーナル）のような雑誌に掲載するより重みと権威をもつ。*Nature*と*Science*はより多くの読者を持ち，当然広く行き渡る。論文が掲載される学術雑誌に対するこだわりは，科学的な研究制度全体に波紋を広げる。助成金を審査する委員会は，研究の重要性を見極めるために，研究者が過去に研究をどの雑誌に発表したかを調べる。教授職は，研究者がどこに論文を発表したかに基づいて授与されるのだ。

計量書誌学には，引用の水増し，劣悪な雑誌，撤回率の増加といった問題がある。また，学界が論文発表の件数と影響範囲を重視する裏には報奨の問題もある。しかし，計量書誌学はより深刻な欠陥を抱えている。それは，ある論文がより広く読まれ，より多く引用されれば，その論文は科学の進歩にとってより重要であるという考え方自体が，科学が機能する仕組みとまったく異なっているという問題だ。

科学研究には二つの捉え方がある。一つは，研究が漸進的で，予測可能で，リスクが低く，継続的だというものだ。進歩は漸進的に進み，いずれの段階も，その前の段階から論理的に展開される。研究は成果を生むものであり，成果は決められた期間内に得られることが期待される。iPhone 5ののちにiPhone 6が続き，さらにiPhone 7が続くというように，それぞれが前のものより少しだけ改善されている。

科学研究のもう一つの捉え方は，研究を，断続的で，予測不可能で，リスクが高く，散発的なものだと考えるものだ。研究がたどる道は予測できず，まったく予期しない方向に向かう可能性がある。その道は行き止まりのことも多いが，画期的な発見につながっている可能性もある。それは本からラジオへ，ラジオからインターネットへと移り変わるようなものだ。

どちらの考え方も正しい。科学的発見はゆっくりと漸進的に進み，予測できる場合もある。逆に，予測不可能で実を結ばないことが多い反面，画期的なものになる可能性もある。計量書誌学は，前者を評価するのに適しており，後者を評価するにはまったく不適切だが，それは，科学がどのように進歩するかに対する二つの考え方の違いによるものなのである。

真に画期的な科学研究は，継続的，定期的で頻繁な成果発表で表すことはできない。新分野における基礎研究の初期の結果は，失敗の繰り返し，予期せぬ結果，数々の挫折と障害，方向転換，全般的な不確実性によって特徴づけられる場合が多い。ホルムストームが指摘したように，革新的なプロジェクトのほとんどは，リスクが高く，予測不可能で，長期的で，労働集約的で，特異なものである。しかし，計量書誌学は研究者に，予測可能な結果を示した論文を提供するよう求める。基礎研究は本質的に長期的な事象である。計量書誌学は，研究者のアウトカムが何年も出ないかもしれないのに，継続的な論文発表を求めるのである。

計量書誌学には，研究で報いられるのが，通常，論文の筆頭著者とその他数人だけだという欠陥もある。エド・ヨンが言ったように，現代の科学は「チームスポーツ中のチームスポーツ」だ。研究が個人で行われることはめったにない。むしろ研究者，ポストドクター，学生，技術者，その他の協力者のチーム全体が，数年にわたってプロジェクトに取り組むほうが普通だ。近年行われた最大級の研究プロジェクトは，物質が質量をもつ理由を説明する

のに不可欠な素粒子であるヒッグス粒子の発見で，その論文の執筆者は5000名以上だとされている。まったく新しい技術，プロセス，あるいは世界の見方につながるような画期的な基礎研究の場合，最初の提案には，期待される成果に関する整然とした切れ目のないスケジュールはおろか，研究がどこにたどりつくのか明確な考えさえ見られないのが普通だ。基礎研究は「Xをしたら何が起きるか試してみよう」という感じで語られる。商業的応用の可能性を秘めている発見でさえ，その成果が市場で実を結ぶまでには数十年かかる場合があるのだ。

さらに，画期的な科学研究はたいてい不人気である。そうした研究は不可解で，最初の発見が論文になっても，わずかな人にしか理解されない。ノーベル賞を受賞するような研究が*Nature*や*Science*のような大きな学術雑誌に掲載されることは稀である。むしろ，読者が数十万名どころか，数千名でも，数百名でもなく，数十名しかいない地味な雑誌に掲載される。ノーベル賞を受賞するような研究論文の多くを最初に読む人の数は，おそらく100名にも満たないだろう。ひも理論や部位特異的突然変異のようなアイデアの複雑な詳細と基本的な重要性を理解している人の数は，両手で数えられる程度かもしれない。現代科学のブレークスルーの多くは，十分理解されるまでに，最初の研究から数十年とは言わずとも数年はかかっているのだ。

結論をいえば，基礎研究はそもそも一か八かの試みである。すべてのプロジェクトが成果を上げるわけではない。結果の確実性を重視するなら，ハイリスクな研究を追求してはならない。ノーベル賞受賞者のロジャー・コーンバーグが言ったように，「提案しようとしている研究の成功が事実上見込めないのであれば，資金は提供されない」のである。

政府は従来から基礎研究に対する責任を負ってきたが，これは，リスクが大きく長期的な作業の性質を考えれば当然と言える。民間企業は，短期間に明確で確実な成果が得られないのならば，この手のハイリスク・ハイリターンの研究に取り組むことをためらうからだ。しかし，計量書誌学の出現と普及により，基礎研究に不可欠な要件が損なわれている。発表される論文の多くが，結果は保証されているものの影響力が小さい，漸進的な研究にシフトしているのだ。誰かの先行研究を利用できるのなら，どうして未知の方法を試す必要があるだろう？　研究の焦点が影響力の小さい漸進的なものに移っ

ただけでなく，研究開発への助成金も1960年代以降概して減少しており，アメリカ連邦政府の助成金のGDP全体に占める割合は，当時の2%から，2014年には約0.78%にまで低下した。

科学への資金提供と評価の方法は，科学が生み出す成果に影響を与える。ピエール・アズレー，ジョシュア・グラフ，グズタボ・マンソは，科学研究に異なった方法で資金を提供している二つの機関――アメリカ国立衛生研究所（NIH）とハワード・ヒューズ医学研究所（HHMI）――を比較した。どちらの機関も医学研究を助成しているが，その方法は大きく異なる。NIHが3年間続く助成金を提供するのに対し，HHMIは5年間続く助成金を提供する。しかし二つの機関が根本的に異なっているのは，助成した研究を評価する方法である。NIHではリスクを極端に嫌う。NIHは失敗を許さず，結果が思わしくなければ，助成金の申請が更新されることはほとんどない。また，申請者にプロジェクトが生み出す成果を明確にするよう求める。申請者は助成金を受け取る前に，予備的な証拠を提出するよう求められることも多い。実験は綿密に計画する必要があり，プロジェクトの方向を簡単には変えられない。

一方，HHMIは非常に柔軟で変更も受けつける。この機関は，資金提供する研究者に，「それが不確実で失敗の可能性があっても，リスクを冒し，証明されていない道を探求し，未知のものを受け入れる」よう推奨している。HHMIは「プロジェクトではなく人」を助成しているので，研究の初期の成果が乏しい場合，研究者はコースを変更してリソースを別の方向に割り当てることができる。また，通常ほかの科学者が助成プロセスに関するフィードバックを提供する委員会を立ち上げて，より詳細で有用な意見を研究者に提供する。HHMIが助成する研究者は，NIHから助成を受けている研究者ほど論文を出さない。実際，前者は失敗しがちで研究に行き詰まることが多いが，より革新的なブレークスルーを生み出すのである。

研究のアウトカムを期待するなら，直感に反して，研究者に賞与のような大きな報奨を与えるよりも，基本給のようなごくささやかな報奨を与えるほうがよい。賞与を与えることで，研究者の関心を，長期的でリスクの大きいプロジェクトではなく，評価が容易な研究に向けてしまうからだ。基礎研究では，結果を生み出すための報奨を設ける代わりに，研究に対するインプッ

トが最適化されていることを確認するほうがよい(第2章で，インプットを評価するほうが望ましい場合があると言ったのがこれだ)。基礎研究は長期的でリスクが大きいため，成果を保証しようとすることは，研究の成功に逆行する行為となる。冒険的で画期的な研究の「成果」が出るまで報酬を払わないというのは，家が火事になるまで火災保険料を納めないというようなものだ。基礎研究は，発見のための確率論的な方法である。すべての研究が成果を生み出すわけではないが，いくつかは画期的な成果を上げるのだ。

助成機関は，基礎研究のアウトカムや時間的経過が予測できないことを認識すべきである。助成する研究が，世界を変えるような発見を導くのか，単に行き止まりの失敗に終わるのかを知ることはできない。逆に，助成機関にできるのは，研究が実行できる環境を保証することだ。助成機関が行うべきことは，研究者の活動環境の整備である。研究者が，適切な人材と十分なリソースを確保し，目標を的確に定義する方法を採用し，時間を適切に配分できるようにする。研究を奨励し，協力の文化を育む環境を整えられるようにするのだ。

基礎研究の目標がすべてのプロジェクトで成果を出すことであってはならない。むしろ，全体として最も影響力のある成果が達成されるようにすべきである。研究プロジェクトのうち成果を生むのが80%，いや，わずか5%だとしても，得られた成果が大きければコストは見合う。これは宝くじを買うようなものだ。購入したくじが全部当たる必要はなく，大当たりが1枚あればよい(注：慈善目的以外に宝くじを買ってはいけない。金を失うだけだ)。研究評価の単純すぎる定量的評価指標を，定量的評価と定性的評価を組み合わせた，より確実な評価に置き換えることもできる。たとえばオーストラリアでは2008年，研究評価の定量的な指標を「研究品質体系」に置き換えた。この体系には，商業的応用だけでなく，研究の社会，経済，環境に対する利益の影響を評価する委員会が含まれている。

研究の世界では計量書誌学に反対する動きが高まっている。ランディ・シェクマンによる*Guardian*の記事は，学界を去ろうとしているか，引用件数で評価されることを拒否している研究者によって書かれた，増え続ける「反対」記事の一例にすぎない。ある研究者グループは，科学研究の評価方法を変える必要があることを認識してDeclaration on Research Assessment(研究

評価に関するサンフランシスコ宣言：DORA）の活動を始め，2016年8月までに871の組織と1万2788名の個人の署名を集めた。ランディ・シェクマン自身は，引用件数を増やすだけではなく，研究の質を重視したオープンアクセスの学術雑誌を提唱し，現在は，インパクトファクターを意図的に勧めない学術雑誌*eLife*の編集者をしている（インパクトファクターがつけられてはいるが）。基礎研究が成功するために必要なものを，政府，研究機関やほかの研究資金提供者が認識するまで，より多くのシェクマンが必要となるだろう。

計量書誌学は，基礎研究の複雑な現象を一つの数字で把握しようとする。しかしそうすることで，世界について思考し，理解する新たな方法を発見するという科学研究の基本的な目標を歪め，損なうことになった。科学研究には，失敗が許されることと長期目標を追求できることが必要だ。研究に対してあらゆる段階で結果を求め，それが当然のようになっているのは完全に間違っている。

短期的な見方の影響を受けやすいのは，役員報酬や学術研究だけではない。短期的な思考は私たち全員に染みついている。長期的な満足を犠牲にして短期的な満足を得ようと努めるのは，一般的な習性である。ジョン・スチュアート・ミル，デイビッド・ヒューム，ジェレミ・ベンサムのような哲学者は皆，私たちが将来を過小評価し，現在を重視する傾向に言及している。そうした悩みは至るところで見られる。高等教育を受ける多くの人々は，将来のより高い報酬を期待して，現在の収入をあきらめる意思決定をする必要があるが，その決定が確実に実を結ぶとは限らない。薬物中毒に苦しむ人は，短期的な悦楽と，その判断がもたらす長期的な影響との間の葛藤をよく知っている。ビジネスの世界では，会社が技術に投資し，より多くの従業員を訓練し，新しい市場に参入し，新製品開発に投資する意思決定をするたびに，そうした矛盾に直面する。

評価指標の問題は，本質的に異時点間の問題である。現在起きていることや直近に起きたことを知り，測ることはできるが，将来起きることについて

同じようにできるわけではない。四半期利益や学術論文の発表件数，試験の点数，短期的な生産額，活動完了件数，医師が診察した患者の人数を数えることはできる。しかし将来は常に未知である。将来起きることについて，詳細な測定値を得ることはできないのだ。研究開発への投資が，将来の利益を増やすことになるのか，あるいは研究者の仕事が画期的な発見につながるのかどうかわからない。医療専門家は，患者に教え込んだ習慣や理解が，10年あるいは50年先の健康的な生活習慣に結びつくかどうか確信をもてない。教師は，生徒の創造的な思考を育むために行った授業が，生徒の数十年先の仕事で複雑な問題を解くのに役立つかどうかを，確実に知ることはできない。そこで私たちは，経営幹部を直近の四半期の利益で評価する。学者を，昨年発表した論文件数で評価する。医師を，何人の患者を診察し，何件の治療を行ったかで評価する。教師を，生徒が――3カ月経てば忘れてしまうような試験で――どれほど好成績を収めたかで評価する。

評価指標を重視し，数字に表せるものだけで評価する傾向が強まるほど，将来について考え，備えることがないがしろにされる。異時点間の問題は，結局のところ，情報と確実性に関する問題である。私たちには，今日の情報はあるが，将来の情報はない。だから，推測しかできない将来のことではなく，現在わかっていることを基に意思決定する。私たちは，将来の不確実性に翻弄されているのである。

第４章　分母と分子

比率の過ち

バンクーバーは，カナダどころか，おそらく北米で最悪の交通渋滞を抱えている。2016年3月初旬，そうしたニュースがバンクーバーの各地元メディアの見出しを飾った。Huffington Postの見出しは「バンクーバー，国内最悪の交通渋滞」だった。翌年も状況は変わらなかった。2017年，CTVは，バンクーバーの交通事情が100都市中いかにしてよいほうから71番目となったかを示す記事を掲載した。2018年も同様だった。「バンクーバー，世界渋滞ランキングで上位から脱出」というのは2018年2月6日付のCityNewsの見出しだ。もう十分だろう。

毎年同じ話が繰り返された。2013年，通勤に30分をかけるバンクーバー都市部の平均的な住民は，渋滞のせいで１年に93時間を無駄にした。バンクーバーのラッシュ時の平均通勤所要時間は，流れのよいときに比べて36％延びるといわれていた。バンクーバーは明らかに北米で「最悪」の交通渋滞を抱えていたのである。

毎年，同様の記事が，カナダ中，アメリカ中の何十紙という新聞に掲載され，それぞれの地元で独自の解釈が与えられる。そうした調査結果を公表しているインリックス，トムトム，テキサスA＆M交通研究所という三大機関からは，最新の渋滞報告書が数カ月ごとに発行される。そして地元メディアは数カ月ごとにそれらの調査結果を伝え，その結果を基に，自治体が多くの時間を費やす重要課題である交通問題について，政治的不作為や施策を非難したり賞賛したりする。

そうした記事は，その後TwitterやFacebookといったソーシャルメディアで共有される。記事には意見が寄せられ，議論，討論，論争が何度も繰り返される。このときとばかりに政治家とその交通政策を糾弾する者もいれば，弁護する者もいる。ほかの都市やその渋滞がどれほどひどいかを「こき下ろす」種にする者もいる。

何が起きているかを本当に理解している者はほとんどいない。バンクーバーは，過去数十年間で市民の平均通勤所要時間を減らすことに成功した数

少ない北米の主要都市である。バンクーバーでは，市中心部の成長を促し，職住近接を可能とし，便利で効率的な交通システムに投資することで，平均通勤所要時間の短縮を実現したのだ。それなのに報道は，バンクーバーが北米で最も渋滞のひどい都市だと主張し続ける。平均通勤所要時間を減らした都市が，どうして北米大陸で交通渋滞が最悪の都市だとみなされているのだろうか？

都市間の比較，通勤所要時間，遅延率，あるいは渋滞で人生をどれだけ無駄にしているかといった記事の背後には，信憑性に欠けるデータがあり，かなり単純化された評価指標がある。そしてそれが誤解を招いているのだ。

テキサスA&M交通研究所は1982年以来，毎年アメリカ全域で交通渋滞に関する指標を提供してきた。研究所の報告書には次のように書かれている。「テキサスA&M交通研究所は，渋滞と移動に関する情報を提供する全米有数の研究機関であるとみなされています。都市交通報告書は，全米各都市の交通渋滞とそれに関わるコストについて，最も広く引用されている報告書です」。この研究所が開発したのが所要時間指標である。

所要時間指標（TTI）は，データを収集するのがきわめて難しい評価指標だが，指標自体は驚くほど単純なものだ。TTIは，ラッシュアワー（通勤ピーク時間帯）の通勤所要時間と，渋滞がない場合の所要時間の単なる比率である。道路がすいている状態の通勤所要時間が1時間で，ラッシュアワーに1.5時間かかるとすれば，TTIは1.5となる。この場合の1日の「損失時間」は（片道30分ずつで）1時間となる。トムトムやインリックスがカーナビ搭載車からのデータを使って同様の報告書を発表する場合や，ほかの機関が同様の渋滞ランキングを発表する場合でも，同じ数式が使われている。データの収集方法は異なるが，考え方は同じである。

TTIの数式は一見理にかなっているように見える。通常1時間かかる通勤が，ラッシュアワーに1時間半かかるとすれば，ラッシュアワーに1時間10分で通勤できた場合より悪い値となる。しかしよく調べてみると，何かがおかしい。バンクーバーはこの指標では悪く評価されるのに，人々が交通に費やす時間をどうやって削減できたのだろう？　その理由はTTIの算出方法にある。TTIは実態をまったく反映しないおそれがあるのだ。過去10年間で平均通勤所要時間を減らした都市の点数がそれほど悪いのはなぜだろ

うか？

ここで，同じ都市に住み，都市中心部の同じ事務所で働く二人の通勤者，モニカとリチャードを想像してみよう。モニカは中心部近くに住んでおり，リチャードは郊外に住んでいる。モニカの住居はリチャードの通勤経路から1ブロックしか離れていないので，中心部からモニカの家まで，二人はまったく同じ道路を利用する。モニカの家を通り過ぎると，リチャードは家に帰るまでに，さらに長く運転しなければならない。

交通渋滞がない場合，モニカの家から中心部まで（その逆も）10分かかるとしよう。リチャードの家からは40分かかる。しかし普段の平日の交通状況は非常に悪いため，モニカの家から中心部までは約20分，つまり渋滞がない場合の2倍かかる。したがって，リチャードとモニカは二人とも帰りの通勤で，職場からモニカの家に向かうまでに最初の20分を費やす。モニカの家を過ぎると交通量は少し減り，リチャードの残りの通勤所要時間は，すいている場合の30分に対して40分となる。したがって帰宅までにリチャードは1時間かかり，モニカは20分で済む。ところがTTIによれば，モニカの通勤のほうが悪いと判断されてしまう。

その理由を考えてみよう。モニカの通勤所要時間は渋滞がない場合の2倍なので，TTIは2.0となる。リチャードの場合は，40分の通勤所要時間が1時間となるのでTTIは1.5だ。TTIの歪んだ世界では，リチャードのほうがモニカより快適な通勤をしていることになる。しかしリチャードの全体の通勤所要時間は，モニカの3倍にもなる。

この考え方を都市全体に広げてみよう。数百万人の通勤者とその総通勤所要時間が，TTIのような評価指標でどのように評価されるかを考えよう。TTIを使うことで，平均通勤所要時間の長い都市がよさそうに見え，通勤所要時間が短くても渋滞のある都市が悪く見える可能性はないだろうか？TTIが1.2の都市Aは，TTIが1.3の都市Bより通勤事情がよいのだろうか？　それとも，都市Aに住む人の毎日の通勤所要時間が長いのだろうか？つまり，都市Aの通勤所要時間が全般的に長いため，渋滞のなかで過ごす時間の割合が，都市Bより少ないのだろうか？　そうした疑問に答えるには，報告書の数字を掘り下げて，各都市の平均通勤所要時間を計算する必要がある。それが，まさにジョー・コートライトがしたことだった。

市の非営利CEOの下で働いていたコートライトは2010年，TTIと都市交通報告書（TTIの結果が掲載されている年次報告書）に対する痛烈な批判を発表した。そこには，TTIがデータを収集する方法や，車両の平均速度と燃費の決定に使われるモデルに数々の欠陥があることが示されている。しかし最も重要なことは，コートライトの批判がTTI自体の歪んだ性質をあぶり出している点である（ここではわかりやすくするために，コートライトが方法論のなかで指摘した数々の欠陥は無視する。TTIが用いている車速データは正確であると仮定し，評価指標自体の批判にだけ注目する）。

コートライトはTTIが通勤の実態を歪めている数々の事例を指摘した。オレゴン州ポートランドもバンクーバー同様，TTIの観点からは悪く見える。ポートランドのTTIは，1982年から2007年にかけて1.07から1.29に悪化した（通勤所要時間に占める渋滞時間の割合が7％から29％に増えたことになる）。しかし，この期間のポートランドの平均通勤所要時間は，優れた都市計画と交通政策のおかげで，1日あたり54分から43分に減少していた。平均通勤距離が32kmから26kmに減ったのが主な理由だ（職場近くに住む人が増え，平均通勤距離が短くなった）。

TTIは各都市の遅延時間を重視する。つまり，年間の遅延時間が長い都市は，遅延時間が短い都市より何らかの意味で「悪い」としているのだ。しかしこれは通勤の実態を完全に歪めている。コートライトはこの不合理さを示すために，サンフランシスコとカンザスシティを比較した。サンフランシスコでは，1年間に通勤者一人あたり55時間遅延していたが，カンザスシティの遅延は15時間にすぎなかった。しかし合計の通勤所要時間を見ると，サンフランシスコは186時間で，カンザスシティの229.6時間と比べるとはるかに通勤しやすい場所ということになる。

実際，TTIが最悪の都市と最良の都市を調べ，その平均通勤所要時間を比較すると，通勤しやすい都市と通勤しにくい都市の順位は，TTIと完全に逆転しているように見える。TTIが最悪の都市を見てみよう。ニューヨーク市はTTIが1.37，年間遅延時間が44時間だった。シカゴはそれぞれ1.43と41時間，サンフランシスコは1.42と55時間だった。一方TTIが最良だった都市を見ると，バッファローのTTIは1.07で年間遅延時間はわずか11時間，クリーブランドは1.08で12時間，カンザスシティは1.07で15時間，

ロチェスターは1.06で10時間だった。

ここで興味深いことがある。バッファロー，クリーブランド，カンザスシティ，ロチェスターの平均通勤所要時間は，それぞれ168時間，162時間，229時間，177時間である。「渋滞の激しい」都市だとされるニューヨーク，シカゴ，サンフランシスコの平均通勤所要時間は，それぞれ163時間，136時間，186時間だった。シカゴの通勤者のTTI値は全米で最悪だが，平均通勤所要時間は短い。それも，全米で最良のTTI値を誇るカンザスシティの住人よりも通勤所要時間が大幅に短い――1年間でほぼ100時間も短いのだ。しかしTTIによれば，シカゴはカンザスシティよりはるかに通勤しにくい場所となる。シカゴの人口が840万人で，カンザスシティの人口が150万であることを考えると，合理性はさらに失われる。カンザスシティに比べて，規模が5倍近く大きく通勤所要時間が60％程度のシカゴには，渋滞に関して，悪いというよりも悲惨な点数が与えられるのだ。

TTIは通勤の三要素である速度，距離，時間の関係を歪める。TTIは速度の違いのみに基づいた評価指標で，方程式における距離の要素を無視している……。この評価には距離の要素が入っていないのだ。したがって，通勤距離が平均より短い都市と長い都市では，指標が歪んでしまう。コートライトは次のように指摘した。「一部の都市では通勤所要時間を何とか短縮し，実際，ラッシュ時の通勤所要時間を減らした。重要なのは，住民の***通勤距離を短縮してラッシュ時の通勤所要時間を最小限に抑える***土地利用のパターンと交通システムをもつ大都市圏をつくることができるということである」

TTIが評価指標として機能しないのは，分母の使い方を間違えているからだ。仕事に行く場合，短縮したいのは通勤所要時間であって，(標準化されていない)概念上の理想と比較した時間ではない。渋滞がないと仮定した理論上の(しかも不完全な)通勤所要時間に対して，渋滞で増えた時間だけを測定すると，分母に含まれていた通勤所要時間の大部分が無視されてしまう。TTIでは特定の時間だけが重要で，それ以外は考慮されない。そのように数値化することで，短距離通勤より長距離通勤のほうが快適だと評価されてし

まうのだ。

TTIを用いると，実際には通勤問題を解決しているにもかかわらず，状況が悪化しているように見える。TTIでは速く移動することを重視し，移動距離や時間をほとんど考慮しない。この指標が追求しているのは，最高速度に達することであって，通勤に費やす合計時間の削減ではないのだ。だから，（職場の近くに住むか，職場が家の近くに移った人が増えて）平均通勤距離が短くなると，渋滞が悪化したように見える。しかし，これはばかげている。職場まで3kmしか運転しない人は，30km運転する人よりも渋滞に及ぼす影響がはるかに少ないのに，TTIでは前者のほうが悪く見えてしまうのだ。

この誤りは，TTIがその値を計算するのに，比率——ラッシュアワーの通勤所要時間と「渋滞がない」場合の通勤所要時間の比率——を用いたことで生じた。そこで前提となっているのは，渋滞（ラッシュアワーの通勤所要時間）を減らせば指標が改善される，つまり分子が比率を下げるという考え方だ。比率が下がるもう一つの理由，つまり分母が大きくなる状況——渋滞がない場合の通勤所要時間が延びる（基本的には通勤距離が長くなる）状況——は考慮されていない。しかし，コートライトが指摘するように，多くの場合まさにそうしたことが起きているのである。通勤距離（通勤所要時間）が増えても，TTIでは渋滞が改善したように見える。渋滞を抜けたのち，何時間も運転を続けることが「渋滞を減らす」最善の方法であるかのように見えるのだ。

TTIの問題は，渋滞のない理想的な通勤状況に対する時間しか測っていない点にある。使ってはならない場面で分母を使った。「～あたり」を間違えたのだ。都市における毎日の平均通勤所要時間が2時間もかかるとすれば，それが渋滞のせいかどうかはたいした問題ではない。2時間は，速く走っていようが，信号にひっかかっていようが，運転に費やす時間としては長い（走っている場合より待たされている場合の時間のほうがずっと長く感じられるものだが）。渋滞のよりよい評価方法は，単純に各都市の平均通勤時間を示すことだろう。できれば標準偏差のような，ばらつきを表す尺度もつけ

る（住宅の質，費用，広さの観点から，長時間の通勤もやむを得ないと主張する人も多いはずだ。しかしその場合でも，通勤所要時間が長いほど住宅の満足度が高いと仮定するのではなく，住宅の満足度を別に測るべきではないだろうか？）。

TTIに似た評価指標はそれほど多くないかもしれない。渋滞のピーク時とそうでない場合の通勤の比較のような事例はあまりないからだ。しかしTTIの批判には，ほとんどすべての評価指標に適用できる教訓がある……。評価指標に対するもう一つの教訓，それは適切な「～あたり」を使う必要があるというものだ。

指標の「点数」が改善したのに，評価対象の状況が悪化しているのなら，間違った評価指標を使っている可能性がある。TTIは比率を使う指標を教えてくれた。TTIの比率は独特のものだが，比率を用いた評価指標は珍しくない。実際，比率はきわめて一般的なのに誤解されることが多い。それがこの章の主題である。

次の二つの質問を考えてみよう。ミレニアル世代はその上のX世代よりも車を運転しなくなったのだろうか？　車の所有も減ったのだろうか？　ここでは，そうしたことをどのように測ればよいか考えてみよう。

2015年の*Bloomberg Businessweek*の記事と*Atlantic*の記事によれば，二つの質問に対する回答は，圧倒的にノーだった。それらの記事によれば，実際，若いミレニアル世代の車の所有は増えていた。両誌とも，ミレニアル世代が2014年に370万台の車を購入したのに対し，X世代は330万台しか購入しなかったと述べている。ミレニアル世代がその上の世代より多くの車を購入したのは明らかだ……。この主張は正しいだろうか？

この比較の問題点は明白である。ミレニアル世代の人口は7800万人で，4900万人のX世代よりはるかに多数派なのだ。この差は主に世代の線引きの違いによる。記事中の定義では，ミレニアル世代は1977年から1994年生まれで，X世代は1965年から1976年生まれとされている。ミレニアル世代が17年間でX世代は11年間だ。ミレニアル世代は，より多くの年齢層

を含んでいるため，大きくなっているにすぎない。データによれば，ミレニアル世代が1000人あたり47.5台の車を購入したのに対し，X世代は1000人あたり67.1台を購入していた。都市と都市問題に注目する*City Observatory*は，この明白な誤りに気づいて反論を公表した。*Bloomberg Businessweek*と*Atlantic*の回答は，それぞれの記事の執筆者が単に割り算を忘れたというものだった。

この問題はTTIと正反対だ。今度は指標に分母を含めるのを忘れたのだ。人々が答えようとした質問は，ミレニアル世代が購入した車の総数がX世代より多かったかではなく，一人あたりの購入台数が多かったかどうかだった。割り算を忘れるなどお粗末な話だと思う人は，同じ過ちを犯している評価指標の多さに驚くことだろう。うっかり「～あたり」を忘れた指標は，驚くほど一般的なのだ。

この話は，少々間が抜けているかもしれないが，指標に関する重要な問題を提起している。その指標は何を語ろうとしているのだろうか？　程度に関する質問だろうか？　それとも大きさ自体に関する質問だろうか？　そうした概念は混同されやすい。あることを言うつもりで示された指標が，実際には別のことを述べていることも多い。今回の例では，ミレニアル世代が，それ以前の世代より車を買わなくなっていることを示すために，ある指標を使おうとした。しかしその指標が示したのは，ミレニアル世代の人数が前の世代より多いということだけだった。

こうしたことは，わかりきった，めったに起きない問題だと思うかもしれない。しかし注意深く見れば，そうした過ちが何度も繰り返されていることがわかる。それも至るところで起きている。ある特定の事実を表すように選択された評価指標が，実はまったく別のことを示していることも珍しくない。そうした問題は，科学研究における解析単位の誤りと呼ばれるもの，つまり必要な分母を無視したり，不要な分母を追加したりすることに似ている。筆者はそれを「～あたりの問題」と呼びたい。多くの場合，そうした誤りは分母，つまり「～あたり」が無視されるか，間違って選ばれるか，時には意図的に操作された場合に起きる。うっかり分母が忘れられる場合もある。分母が省略されてしまうのは，指標の重要性を意図的に強調するとか，公正な比較を阻むとか，（ミレニアル世代の車の購買に関する*Bloomberg Businessweek*の

記事のように）怠慢のためという場合もあるが，ほとんどの場合，人々が分母について考えたことすらないのがその理由である。評価指標が示された場合に，「何に対して？」という重要な質問が，しばしば抜け落ちてしまう。

「～あたりの問題」は「中国と比較する誤り」と呼んでもいい。政治評論家やジャーナリスト，あるいは平凡な一般人でもよくやることで，自分が望むことを，それが何であれ，中国と比較するのだ。自国の大気汚染は深刻でないと主張したいなら，国内の汚染物質の総排出量を中国と比較すればよい。中国のほうが多いのは間違いない。道路，鉄道，建物の建設が不足しているとか，自分が提唱する分野の投資が不十分だとか，あるいは携帯電話の販売台数であるとか……比較してみれば中国のほうが多いに違いない。主張者はそうした比較のほとんどで，各国が一人あたりでどれだけ持っているかを無視する。中国が10億人以上の人口を抱えていることを無視して，総量だけを述べるだろう。割り算をうっかり忘れてしまうのだ。

程度や効率を測る評価指標には分母が必要である。多くの場合，分母として最も適切なのは人数である。つまり一人あたりだ。しかし，これほど単純な方法でもおろそかにされることが多い。都市は，それが暴力犯罪件数であれ，本社の数であれ，公園の数であれ，総数で比較される（記事の多くは各都市を1000人あたりの殺人率ではなく殺人総件数で比較している）。国々を比較する場合も，経済規模そのものや，ノーベル賞受賞者や「有名人」の人数そのものを用いることが多い。指標の目的が，単にそうしたものが最も多い国を示すことであれば，そうした指標でも構わない。しかし，どの国が最も豊かか，賢明か，有名かを調べたいのなら，一人あたりで見る必要がある。ところで，問題となるのは分母の省略だけではない。間違った分母の使用が誤解を招くこともある。

ニューヨーク市は，歩行者にとって危険な場所のように思われる。ビッグアップルという愛称で知られるこの街では，平均して三日に一人，歩行者が死亡する。アメリカ運輸省道路交通安全局によれば，2012年，ニューヨーク市はアメリカの人口50万人以上の都市で歩行者の死亡者数が最も多かっ

た。その年，127人の歩行者が死亡したニューヨークは，ロサンゼルス（99人），シカゴ（47人），サンフランシスコ（14人）や，車への依存度が高いヒューストン（46人），フェニックス（39人）を上回った。しかも，ニューヨークが各都市のなかで最悪だったのは，死亡した歩行者の総数だけではない。交通事故による死者全体のうち，歩行者が占める割合が最も高いのだ。交通事故死全体を見ると，ニューヨークの歩行者はほかの都市の歩行者より，衝突事故の犠牲になる可能性がはるかに高い。すべての交通事故死に歩行者が占める割合は，全米平均が14％なのに対し，ニューヨークでは47％だ。

いや，先走ってはいけない。2012年に人口が830万人を超えていたニューヨークのような場所を，人口150万人のフェニックスのような都市と比較するのが不公平なのは明らかだ。歩行者の安全の評価は程度の問題であり，それを反映するためには一人あたりの指標を使うべきだ。歩行者の死亡者数が全米で最も少ない街を歩いていたとしても，総人口に対する歩行者の死亡数の比率が全米で最も高いとすれば，安心できるはずがない。人口1000人の街で，毎年5人の歩行者が死亡しているとすれば，恐ろしくて暮らせないだろう。程度を評価するのであれば，少なくとも各都市における一人あたりの歩行者死亡率を確かめる必要がある。

これを考慮するとニューヨークは相当ましになるが，まだ良好とはいえない。ニューヨークでは人口10万人あたり1年間で1.52人の歩行者が死亡している。ボストン（0.79），ワシントンD.C.（1.11），サンノゼ（1.22），ボルチモア（0.97）には及ばない。しかし，ロサンゼルス（2.57），ダラス（3.22），オクラホマ（3.34）や，毎年人口10万人あたり3.99人の歩行者が死亡している最下位のデトロイトほど悪くはない。ニューヨークは全米平均（人口50万人未満の都市，町，農村をすべて含む）の人口10万人あたり1.51人という値より若干悪い程度だ。

しかし，ニューヨークはアメリカの歩行者にとって最も安全な場所の一つである。なぜか？　答えは簡単だ。ニューヨークには歩行者が大勢いる。

一人あたりの評価指標を用いても，評価しようとしている程度が適切に反映されない場合がある。歩行者の死亡率はその典型だ。ニューヨークの人口10万人あたりの歩行者の死亡者数は全米平均とだいたい同じだが，この都市にはアメリカのほとんどの都市よりはるかに多くの歩行者（と自転車）が

存在するのだ。実際，その数は信じられないほど多い。

約10％の人が徒歩で通勤するニューヨークは，徒歩通勤者の占める割合がアメリカで最も高い都市の一つである（ニューヨークより割合が高いのは14％のボストンと11％のワシントンD.C.の2都市だけだ）。公共交通機関の利用者数（ほとんどの公共交通機関の移動は歩行で始まり歩行で終わる）を加えれば，ニューヨークの歩行者や公共交通利用者の割合は65％で首位に踊り出る（ボストンは49％，ワシントンD.C.は48％）。

自分の住む街では，人口10万人あたり0.5人の歩行者しか死亡していないとすれば安心するかもしれないが，もし誰も歩いていないのであれば，それほど安全だとは思えないはずだ。歩行者の安全性の分析で着目すべき点は，総人口に対する死亡者数ではなく，歩行者数に対する死亡者数なのである。

バンクーバー市は実際にこの分析を行った。バンクーバーは，2020年までに世界で最も環境に優しい都市になるという，2009年に設定した目標に向けて，徒歩や，自転車や，公共交通機関で通勤する人を増やす必要があることを認識していた。より多くの人に歩行を促すためには，歩行を安全にする必要がある。そこでバンクーバーでは，歩行者がどこで，なぜ，どのように危険なのかを知るために，徹底的な調査を実施した。さらに重要なのは，歩行者の安全性を測るためには，総人口に対する比率ではなく，歩行者に対する比率で測る必要があることを，バンクーバーが理解していたことだ。

バンクーバーは，歩行者の交通事故の総件数が1996年以降ほぼ一貫して減少していると報告するとともに，同市が徒歩通勤100万回あたりの死亡率が最も低い都市の一つだとも述べている。ニューヨークも同じだ。徒歩通勤100万回あたり，バンクーバーで車にひかれて死亡する歩行者は1.0人だ。ニューヨークでは1.5人，ロサンゼルスでは5.2人である。

もっとも，徒歩通勤100万回あたりの死者数が1.5どころか1.0であっても，誰もがそれで納得するわけではないだろう。歩行者の死亡事故は起きてはならない。しかし歩行者の安全性に着目するのであれば，安全性の度合いを測る必要がある。そして，そこに自動車通勤や在宅勤務の人を含めてはならない。在宅勤務の人が車にひかれないからといって，安全性が高まったと安心することはできない。逆に，大勢のニューヨーカーが徒歩通勤を始め，その結果死亡事故が若干増えたとしても，ただちに歩行者の安全性が低下し

たとはいえないのである。

さて，ニューヨークは歩くのに危険な場所だろうか？　データを精査した後の答えは，死亡者数を見ただけの答えとは大きく異なる。実際，その都市における歩行者数と歩行移動回数を考えれば，ニューヨークは歩行者にとってアメリカで最も安全な場所の一つだ。事実，ニューヨーカーが交通事故で死亡する確率は，アメリカ人全体より75％も低い。交通事故の犠牲になる可能性は，ニューヨークを普通に歩くほうが，たとえばダラスで歩くよりはるかに低い。ニューヨークの歩行者の安全性をこれ以上改善する必要がないというわけではない（改善すべきだ）。しかし，歩行者にとってダラスよりニューヨークのほうが危険だというのは，明らかに間違っている。

計算方法のせいで誤解されているもう一つの評価指標は，病気に関するものだ。ただし，そこでものごとを歪めているのは，分母ではなく分子である。人口に対する疾病の影響を測るには三つの指標がある。有病率，罹患率，死亡率だ。有病率は所定の人口のうち，特定の病気（または症状）を抱えている人数である。たとえば10万人あたり50人が腺ペストにかかっているとか（そうでないことを祈ろう），10万人あたり10人が梅毒だとか，10万人あたり120人が緑内障だというものだ（これらの数字は架空のものである。10万人あたり50人が腺ペストにかかっているとは思わないでほしい）。罹患率は，所定の人口のうち所定の期間に病気にかかった人数である。1年間に10万人あたり10人が鳥インフルエンザにかかる，10万人あたり65人がマラリアにかかるといったものだ。死亡率は所定の人口のうち，その病気で死亡する人数である。10万人あたり100人ががんで死亡する。明らかに，どの数値も減ることが望ましい。私たちは，病気にかかる人を減らし，病気を抱えて生きる人を減らし，病気で死ぬ人を減らしたい。しかし，これらの指標で興味深いのは，ある指標の望ましい変化が別の指標での悪化を引き起こす可能性がある点だ。

たとえば，マラリア患者を延命する治療法が発見されたとする。そうした改善は，罹患率が一定であれば有病率を高める可能性がある。マラリアにか

かった患者がすぐに死亡しないということは，長生きするということだ。長生きすれば，どの年にもマラリア患者として計上される人が増える。したがって病気の有病率は増加する。有病率は，実際には病気の影響が減っているのに，気の滅入る話を伝えるのだ。逆に，罹患するとすぐ死亡してしまう病気の場合，有病率は減少する。病気を抱えて何年も生き永らえる人はめったにいない。病気にかかっている人が減ったからではなく，人々が早く死亡するために有病率が減る場合もあるわけだ。ある病気にかかっている人の数が，以前より減ったことを祝う記事は，実はよい知らせではない可能性がある。患者の多くが死にかけているかもしれないのだ。

分母は，評価する個々の目的や目標に合致しているだけでなく，意味を成さなければならない。分母は何らかの目的，効果，影響と合理的に結びついている必要がある。教育費を，教育制度にかかる教科書1冊あたりの費用から算出しても無意味だろう。会社の人件費を，従業員のトイレ一つあたりで評価するのもばかげている。そうした例はもちろん突飛ではあるが，「～あたり」が意味を成す必要があることを示している。残念ながら，そうなっていない例が多いのだ。

分母を誤用した例の一つに，バリー・ゴールドスタインが2015年6月3日の*Toronto Sun*に書いた記事があり，いくつかの教訓を与えてくれる。ゴールドスタインは記事のなかでカナダの温室効果ガス排出を擁護した。ゴールドスタインの主張は基本的に，世界で最も多いとされるカナダの「一人あたり」の排出量に対する批判は不当だというものだった。ゴールドスタインによれば，カナダは温室効果ガスの排出量が最も少ない国の一つである。なぜなら，1km^{2}あたりの排出量が最も少ないからだ。ゴールドスタインは，一人あたりではなく，面積に基づく排出量のほうが排出程度のより有効な尺度だと主張しているのである。これから，その主張が間違っている理由と，そこから学ぶ方法を見ていこう。多くの人が「～あたり」の問題で犯したように，ゴールドスタインがどのようにこの過ちを犯したかは簡単にわかるだろう。

カナダは一人あたりの排出量が世界で最も多い国の一つである。ゴールドスタインは，年間一人あたり17.91トンの炭素を排出するカナダは，アメリカの19.74トンに次いで世界第2位だと述べた。ちなみに，日本は10.23，ドイツは10.22，ブラジルは1.94，インドネシアは1.77，インドは1.38だった。しかしゴールドスタインによれば，カナダが非常に広く非常に寒いことで，その巨大な排出量は正当化される（カナダと同じように広大で寒いロシアの排出量が，年間一人あたり11.13トンであることには目をつぶろう）。

ゴールドスタインの主な論点は，国土が大きければ，主に交通機関の利用が増えるため，より多くの温室効果ガスを排出してもおかしくないというものだ。ドイツの一人あたりの排出量が低いのは，人口がカナダの2.3倍なのに，国土面積がカナダでも大きなオンタリオ州の2/3しかないからだと指摘する。ゴールドスタインの主張によれば，貨物や人員の輸送に使うエネルギーが少なくて済むドイツは，国に必要なエネルギー量の点でカナダよりはるかに有利だという。

ゴールドスタインが指摘したいのは，人口密度の低い国は，貨物の輸送により多くのエネルギーを使う必要があるということだろう。しかし，輸送が温室効果ガス排出量の差の要因かどうかを判断するには，いくつかのことを調べる必要がある。第一に，国の排出量のうち，輸送，特に長距離貨物輸送に起因するものはどの程度あるのだろう？　貨物輸送は，人口密度が低いか，少なくとも人口密集地域がお互いに分散していることに影響を受けるだろう。輸送に起因する排出量の割合が高い国であれば，貨物を長距離輸送することが排出量の増加に影響を及ぼすかもしれない。

第二に，各国の一人あたりの貨物輸送量を，トンキロ（t・km）の値で確認する必要がある（大きな国で実際に貨物を遠くまで運ぶ必要がある場合には，一人あたり何個ではなく，一人あたり何トンの貨物がどれだけの距離を移動したかを測るべきだ）。輸送によって排出量が増えるのは，おそらく，都市間で貨物を長距離輸送するためではなく，公共交通機関を使わずに車で長距離移動する運送業者によるものだろう。

第三に，各国の貨物輸送の，トンキロあたりの平均排出量を調べる必要がある。排出量が多いのは，一人あたりの貨物の輸送距離や都市内の人々の移動距離によるものではなく，単に貨物輸送に非効率な手段が使われているせ

いかもしれない。船や列車で貨物を輸送すればトラック輸送より効率的だ。では，調べてみよう。

第一に，炭素排出量の全体像を見てみよう。カナダ環境・気候変動省によれば，2014年，カナダの一人あたりの排出量は1年で20.6トンだった。このうち輸送に関わるものが23％を占める。輸送全体のうち乗用車とピックアップトラックが50.1％を占め，貨物輸送は39.6％だった。ドイツの場合，プライスウォーターハウスクーパースの報告書では，国全体のエネルギー消費量の28％を輸送部門が占め，そのうち貨物輸送が占める割合は28％だった。ちなみにアメリカでは排出量の26％を輸送が占めていた。

カナダが広い国なのは確かだが，その人口はオンタリオ州南部など，比較的密集したいくつかの地域に集中している。温室効果ガスの排出量に影響を与えそうな，北限まで向かう貨物輸送はそれほど多くない。カナダが非常に広いとしても，一人あたりの貨物輸送は他国に比べてそれほど多くないということはおおいにありそうだ。ゴールドスタインが，カナダは広い国であり，貨物輸送により多くのエネルギーを必要とすると主張したいのであれば，ここに示したような各国の輸送に起因する排出量の相対値を比較し，それがトンキロあたりの排出量ではなく，一人あたりのトンキロの排出量にどう影響しているかを示すべきである。

ここにも参考となるデータがある。カナダ鉄道協会によれば，2013年，カナダの鉄道は4251億トンキロの貨物を運び，それに加えてトラックが2541億トンキロを運んだ。ドイツの鉄道は1130億トンキロ（それに加えて道路が3100億トンキロ，水路が590億トンキロ）だった。全体として一人あたりの貨物輸送は，ドイツで5951トンキロ，カナダでは1万517トンキロだった。したがって，カナダの一人あたりの貨物輸送はドイツの約2倍となる。

両国の温室効果ガス排出を詳細に比較分析するまでもなく，輸送分野に起因する排出量を見るだけでわかることがある。輸送がカナダの温室効果ガスの総排出量に影響しているのは確かだが，カナダの貨物輸送が遠距離だとしても，カナダが総量でドイツの2倍近い温室効果ガスを排出することを説明できないのは明らかだ。そうすると，貨物をより遠くまで輸送するせいで，カナダの一人あたりの排出量がドイツより多いのだろうか？　それとも何か

別の理由があるのだろうか？

数値を詳しく調べると，貨物輸送が一人あたりの排出量に及ぼす影響は，カナダのほうがドイツより大きいのは確かだが，それは全体像の一部であることがわかる。それはともかく，この記事から学ぶことができる最大の教訓は，一人あたりの排出量の指標の代わりに何を使うべきかに関する，ゴールドスタインの提案である――「しかし，国の温室効果ガスを測るうえで，人口に基づいて測るのと同じぐらい合理的なもう一つの方法がある……。それは，国の大きさに基づく方法だ」

ゴールドスタインは，国連の統計部門が実際に土地面積あたりの排出量を計算したと説明する。当然のことながら，カナダの面積あたりの排出量は世界で最も少なく，1km²あたり59.11トンだった。中国は681.3トンと多く，アメリカは623.91トン，インドは489.77トン，ロシアは92.40トン，インドネシアは213.4トンだ。それどころか，人口密度が高いドイツと日本は，1km²あたり，それぞれ3449.80トンと2355.42トンである。

そうした数字を見て「閃いた」ゴールドスタインは，あっさり勘違いしてしまう――排出量に関して，ドイツと日本こそが一番の悪役なのだ。両国の1km²あたりの排出量は，信じられないほど高いではないか……。しかし，ドイツと日本は，一人あたりの排出量が世界で最も少ない国である。いったい何が起きているのだろう？

ゴールドスタインの記事の論理には欠陥があるが，その理由はすぐにはわからない。しかし，じっくり考えれば，ゴールドスタインの主張の誤りがわかるだけでなく，評価指標を理解するための重要な方法を見つけることができる。どの評価指標にも，詳しく調べると，世界がどのように機能するか，因果関係がどこにあるのか，そして何より重要なこととして，どのように変化を起こし，改善するかについての暗黙の仮定が含まれている。ゴールドスタインの例では，土地面積あたりの排出量が，炭素排出量を測る最善の方法であると仮定している。つまり，土地面積あたりの炭素排出量を減らせば状況を改善できるというのだ。これは正しいだろうか？

評価指標が意味を成すかどうかを確かめる方法は二つある。一つは，指標を改善する方法を分析して，そうした方法が合理的か，実現可能か，実は副作用をもっていないかということを批判的に検証することである。二つ目は，

指標が改善したのに実際のアウトカムが乏しい例を見つけることである。それでは，ゴールドスタインが主張した土地面積あたりの排出量を改善する方法を考えてみよう。

各国の土地面積あたりの排出量を改善する基本的な方法は三つある。まず単純に，一人あたりの平均排出量を減らせばよい。土地の面積が同じならば，一人あたりの排出量を減らすことで評価指標は改善する。何の問題もない。次に，国の人口を減らす方法がある。同じ土地面積では，人口が少ないほど面積あたりの排出量は減る。最後に，国の土地面積を増やす方法がある。土地が広いほど面積あたりの排出量は減る。

これらの戦略のなかで，逆効果を及ぼすか，達成不可能か，ばかげているものはあるだろうか？　一番目はごくまともだ。一人あたりの排出量を減らすことは，ほとんどすべての炭素排出対策で有効だろう。二番目はそれほどはっきりしない。国の人口を減らすことで面積あたりの排出量は減る。それは確かだが，この評価指標をそういうことに使いたいのだろうか？　ゴールドスタインは本当に，どこかの国に人口を減らすよう提案したのだろうか？そうかもしれないが，記事からははっきり読み取れない。最後に，国の面積を増やすということは，排出量を減らすうえでは疑わしい方法である。これを成し得る方法は二つしかない。国が新しい土地をつくり出すか（前例はある。オランダの国土のほとんどは，海を干拓した土地で構成されている），他国から人口の少ない土地を取得するかだ。どちらの場合も，実質的に排出量を削減する改善はできない。他国の土地を取得しても，排出量がある国から別の国に移るだけであり，新しい土地をつくっても，気候変動を抑制するのに必要な総排出量の削減はできない。

つまり，ゴールドスタインの主張における評価指標をじっくり検討することで，ゴールドスタインは，実は，土地面積あたりの排出量を減らすべきだと主張しているのではないことがわかる。それはゼロサムゲーム（土地を増やすことは不可能）だからだ。ゴールドスタインは，（意図的ではないにしても）単に，世界の人口を減らすべきだと主張しているのだ。ゴールドスタインが，たとえば，ヨーロッパ人の1 km^2 あたりの炭素排出量をカナダと同等にすべきだと主張することは，ヨーロッパが大きくなるか（大規模な地球工学プロジェクトに頼る以外不可能だ），ヨーロッパの人口を減らすべきだ

というのに等しい。同じ理屈からカナダ人も減らす必要がある。そして，排出量削減の戦略で人口削減が必要ならば，むしろカナダの人口を減らすほうが，ドイツや日本の人口を減らすより効果的ではないか？（カナダ人は善良だが）カナダはどちらの国よりも一人あたりの炭素排出量が多いのだ。

次に，二つ目の検証方法を確かめてみよう。評価指標は改善したのにアウトカムが悪化する例だ。そのために，普通あり得ない極端な例を考えよう。一人の人間が地球の半分を占領していて，地球上のほかのすべての人を合わせたよりわずかに少ない炭素を排出しているとする。この人物の面積あたりの炭素排出量は，地球上のほかの80億人より少ないが，一人あたりの炭素排出量はほかの人の80億倍近くになる。しかしゴールドスタインの評価指標によれば，この人物はほかの80億人より気候によいことをしている。この考え方は合理的だろうか？

この思考実験の要点は，こうした極端な事例があり得るかとか，もっともらしいかということを評価することではなく，思考実験を通じて，条件を極端に振っても意味を成すかどうかを理解することにある。もし，同じ面積の土地に，一人あたりの排出量の多い人が少人数暮らすことが，一人あたりの排出量の少ない人が大勢暮らすことより望ましいのであれば，世界の半分を占有する人物が，世界の残りの半分に暮らす人々が出す総排出量よりわずかに低い排出をしても構わないことになる。それは明らかに間違っている。

誰かが地球の半分を占める土地に住んでいて，世界の炭素の半分を排出していると想像するのは非常に不自然なことだ。しかしカナダのように，少数の人々が広い土地に暮らし，より多くの炭素を排出している状況は，不自然だとは思われない。また，ドイツや日本のように，大勢の人々が狭い土地に暮らし，一人あたりの炭素排出量は少ないものの，面積あたりの炭素排出量が多い状況も，不自然だとは思われない。つまり尺度を極端に動かすことで，それに伴う小さな変化をよりよく理解できるのである。

評価指標を改善する方法を考えたにもかかわらずアウトカムが悪化した場合，評価指標の背後に実は何が潜んでいるかがよりよく理解できる。どんな評価指標でも，その指標の真の目的を達成しなくとも指標の値を改善する方法が考えられる場合，その評価指標はおそらく間違っている。また，評価指標を改善する唯一のそれらしい方法が，実現不可能か，ばかげているか，逆

行的か，あるいは別の評価指標で補う必要があるのなら，その評価指標は適切に設計されていない可能性がある。

しかし，適切な分母を使っている評価指標でも，指標を改善することで逆効果となる行動をもたらす場合がある。そうした状況は，複雑なシステムの一部だけを測定し,残りを無視した場合に起きる。それが次章の主題である。

第5章　木を見て森を見ず

複雑なシステムの単純化

5月のある晴れた日の午後，私はカルガリーのベルトライン地区にあるコーヒーショップのテラスに座っていた。2012年のことだ。銀行に雇われて住宅ローンを販売する「住宅ローン外交員」と打ち合わせているところだった。私の職場の近くで会っていたのは，外交員が私の都合に配慮してくれたからだろう。私は打ち合わせに先立って，過去2年の査定税額，給与明細，その他収入に関する情報を持参するように言われていた。

私たちはコーヒーを飲みながら，私に申込資格がある住宅ローンのタイプや，頭金，最初の5年間の固定利率，カナダ抵当住宅公社から加入を求められる保険といった詳細事項について話し合った。私の収入，支出，借金といった家計状況を説明し，マンションの管理費，光熱費，固定資産税など，私の支払い能力に影響を与えると予想される諸費用についても検討した。

銀行や住宅ローン会社にとって，私に貸し出せる金額を判断するうえで必要な関連情報は，純粋に財務的なものだ。そこには，私の収入，クレジットカードの返済履歴，現在の借金，予想されるマンションの管理費，光熱費，固定資産税，そしてもちろん，ローンやほかのクレジットをどれだけ順調に返済しているかを反映した私の信用度が含まれる。そうした情報はすべて，私の住宅ローンの借入額，月々の返済額，利率，その他詳細を計算する公式に入力される。住宅の購入は私がそれまでに行った最大の投資となる。住宅ローンの返済額は，私が毎月抱える最大の支出となるだろう。その点で，私は世間の例外ではなかった。

私がマンションを購入した前年の2011年，カナダの平均的な家庭の総支出は7万3457カナダドル（税金と保険料を含む）で，うち5万5151カナダドルが物品やサービスに対する支出だった。そして，物品やサービスに対する支出の27.6％にあたる1万5198カナダドルが，主要な住居費（家賃，住宅ローンの返済など）に費やされた。ほとんどのカナダの家庭にとって住居費は最大の支出である。なお，当時の私のような単身生活者の場合，主要な住居費は，平均的な総支出4万915カナダドルの24.7％に相当する1万

125カナダドルだった。

住宅ローンに関して私が受けた質問は，私にも，私以外の関係者にも重要なものだった。融資してくれる銀行にとって，私がいくらの家を購入できるかを知ることは非常に重要だ。私が住宅ローンを返済できなくなった場合に債務を保証するカナダ抵当住宅公社にとっても重要だった。政府と一般のカナダ人にとっても他人事ではない。2008年に多くの人が学んだように，住宅危機ほど経済を悪化させるものはないからだ（カナダ抵当住宅公社の働きもあって，カナダは2008年の金融危機に南の隣国よりもはるかに適切に対処したが，本書では立ち入らない）。このように，家を買うという私の決断は多方面に影響を与えるのに，住宅ローン会社が「どこに住みたいのですか？」と聞かないのは不思議だった。

そのような疑問を抱くのは変だと思う人もいるだろう。住宅ローンの貸し手は，私がどこに住むかにはたいして関心がない。どこに住むかを決めるのは私の選択であり，近隣施設，通勤距離，学校への近さ，つまり「よい」周囲環境に対する私の個人的な好みにすぎない。銀行が気にするのは，私がその物件を買えるかどうかだけだ。

しかし，家計で二番目に大きな支出である交通費のことを考えると，どこに住むかは重要である。2011年，平均的なカナダ人世帯は，驚くべきことに，家計全体の20.4％にあたる1万1229カナダドルを交通費に費やした。これは，健康保険料，教育費，食費を合わせた支出の税抜金額を超えている（ただしカナダでは，教育費と健康保険料のほとんどは，政府が所得税などの税金から支出する）。言うまでもなく，交通費はほとんどの世帯にとって大きな支出なのである。

住居の場所は，交通費がいくらになるかを決める最大の要因なので，どこに住むかの選択は重要だ。私にとって，カルガリーのベルトライン（中心部に隣接するトレンディで都会的な地区）のマンションと，マホガニーやロッキーリッジといった遠く離れた郊外のどちらを選ぶかは，ライフスタイルの違いだけでなく，年間数千カナダドルの交通費の違いをもたらす問題だった。ベルトラインに住むことで，徒歩で通勤できるだけでなく，食料品を買い，夕食に出かけ，家庭用品をドラッグストアで購入し，散髪し，銀行へ行き，衣料品を買い，友達を訪ねるといったすべてが，車を使わずにできるのだ。

また，カルガリーは人口100万人強の都市にすぎないのに，中心部の平均駐車料金が北米でマンハッタンに次いで高い（中心部の駐車料金の平均は月500ドルに近い）ので，車で通勤する必要がないことはますます理にかなうことになる。

両親から譲り受けた10年もののセダンの変速機は2カ月前に壊れていたが，私は新たに車を買わないことにした。代わりに徒歩，公共交通機関，カーツーゴー（カルガリーで数カ月前に始まっていたライドシェアサービス），たまに週末のレンタカーに頼り，当然ながら両親の車も借りて，1年以上をしのぐことにしたのだ。したがって，平均的な独身のカナダ人が交通費に年間5345ドルを費やすのに対し，私の支出はその1/5で済むと期待していた（カーツーゴー，定期券，レンタカーの費用は月平均100ドル程度だった）。

しかし，銀行がそうした交通費の問題を考慮することはない。実際，私の住宅ローン担当者は，住居費がもっと安い場所に住みたいのなら中心部から離れるほうがよいと助言してくれた。純粋に住居費の観点から見れば，この助言は納得できる。一般に中心部から離れた住宅は安いからだ。しかし住居費が下がれば交通費が上がる。問題は，「住居費を節約することが交通費の増加に見合うか」ということだ。そして，アメリカで行われたある研究によれば，そうではないようだった。

持続可能な都市コミュニティの開発を目指す公共交通指向型開発センターと近隣技術センターは，2006年，『*The Affordability Index: A New Tool for Measuring the True Affordability of Housing Choice*（住宅取得能力指数：住居選定における真の住宅取得指標のための新手法）』という論文を共同で発表した。この研究では，住宅ローン会社の慣行と大きく異なり，家計支出の計算に住居費と交通費の両方を含めていた。用いたデータは国勢調査の集計結果であり，利用できるデータに限りがあったとはいえ，この試みは貴重であり，その結果は興味深いものだった。

たとえばミネアポリスとセントポールでは，「都心部」の住居費と交通費の合計は一般に世帯収入の37％から43％だったが，郊外では47％から54％だった（ここでは世帯収入の水準を同等にしており，地域間の収入格差は影響していない）。市の中心部から離れるほど住居費は減少するが，交通費は増加する。それも，住居費が減った分以上に増加するのだ。

住宅ローンの貸付要件は「不完全な評価指標」と呼ばれる指標の一例である。不完全な評価指標を用いると，何らかの現象――この場合は生活費――を測る場合に，全体像の一部だけが切り取られ，全体を構成する多くの要素を見落とすことになる。ここでは交通費だけに焦点を当てたが，生活費に影響を与える要素はほかにも多い。暖房費や修繕費などが住宅価格に反映されている可能性もある。安い家が安い生活費を意味するとは限らないのだ。

その結果，指標が不正確なだけでなく，矛盾した行動が実際にとられることになる。住宅ローンの場合，銀行は住宅ローンの資格を認める際に交通費を考えに入れないことで，実は生活費を増やすことを勧めているのだ。住宅政策センターではこれを「ローンのための遠距離通勤」と名づけた。住宅政策センターがアメリカの大都市圏上位28カ所の住居費と交通費のデータを収集したところ，世帯の平均通勤距離が延びるにつれて，一般に住居費が減少しているにもかかわらず，住居費と交通費を合わせた費用は逆に増加していることが判明した。

住宅ローン会社は結局，借り手が自宅のローンを支払えることを望んでいる。ローンの借り手が債務不履行に陥ることは，銀行にとって望ましいアウトカムではない。2008年の金融危機から少なくともそうした教訓を学んだはずだ。銀行は，借り手がローンを無理なく返済でき，自行のローン収入が維持されることに関心がある。住宅ローン会社は多めのローンを勧めるかもしれないが，返済不能になる事態を考えると無理強いはしない。銀行としては，借り手が生活費を管理可能な水準に維持することが望ましいのである。ところが銀行は，うかつにも生活費における交通費の存在を見逃すことで，遠くに住むことを勧め，生活費を増やしているのだ。それが，全体のうちの一部だけを見ることの問題である。もっとも，全体像を見失い，本来の意図に反する行動をもたらす評価指標を用いているのは，住宅ローンだけではない。

ビジネスの世界では，組織のほかの部分と評価が相反する評価指標は珍しくない。それが特に顕著なのは保険業界だ。ある保険会社の幹部は，営業部門と引受部門の調整に業務時間のほぼ半分を費やしているとこぼした。営業

担当者は獲得した保険の契約高で評価されるのに対し，引受担当者は販売する保険のリスクの質で評価される。営業担当者は売上目標を実現するために，リスクの高い顧客に保険を売る必要があるが，それは引受担当者が担当すべき顧客のリスクの質を損なうことになるのだ。利益を増やしたい保険会社は，それぞれの部門を互いに競わせて売上を増やそうとするが，同時に収益性を損なうリスクも増える。

もう一つの例はコールセンター業界だ。多くのコールセンターで，従業員は「平均処理時間」と呼ばれる，通話を完了させる時間で評価される。従業員が世間話をせずに目の前の問題に集中し，顧客との電話に費やす時間を減らせば生産性が向上するというのが，この評価指標の裏にある理屈だ。問題は，通話時間を短縮するよう求められている従業員が，平均処理時間を短縮するために極端な行動を取り始めることである。顧客の電話を切ってしまうのだ。顧客満足度に及ぼす悪影響は計りしれない。劣悪な顧客サービスのせいで，顧客がほかの会社に乗り換える可能性がある。平均処理時間の問題は，コールセンターの機能の一部，つまり目の前の問題をすばやく解決する点だけを評価する点にある。コールセンターでは，顧客満足度の向上といった業務のほかの重要な側面を見逃しているため，ビジネスの各要素が相反するのだ。

ビジネスの世界では，会社は社主や株主のために利益を生み出すという目的に対して義務を負っている。実にシンプルだ。ところで，会社がある規模に達すると組織全体の把握や管理が難しくなり，会社の組織を管理可能な部門と機能――製品開発，マーケティング，サプライチェーン管理，小売と営業，顧客サービス，人事，製造などに分割する必要が生じる。各部門がお互いに，そして，利益を生み出すという最終的な目的に対してどのように関わっているかを理解することは，気が遠くなるほど複雑だ。多くの会社では各部門を独立した存在として管理し，それぞれに業績評価指標を設け，たいていの場合予算を与えている。

営業部門は製品の販売に責任をもち，どれだけ多くを売ったかで評価される。マーケティング部門は広告と広報を対象市場にどれだけ浸透させるかに責任をもち，広告表示回数，見込客，成約数，顧客数，そして顧客一人あたりの支出などで評価される。製造部門はコストを削減し品質を保つことに責

任を負う。サプライチェーン部門は製品を納期どおりに市場に届け，製品在庫を適量に保ち，廃棄を極力避けることに責任をもつ。各部門の最適化を図れば事業は成功するはずだ。しかし本当にそうだろうか？

多くの会社では，個々の業績目標がお互いに逆方向に作用して，最終的に収益性を損なう可能性さえあることを認識していない。保険を例にとろう。営業担当者は売上を増やすことを奨励されるが，リスクを適切に管理する責任はないため，いつも引受担当者の目標を邪魔することになる。人事部門は採用に充てる時間と新規雇用の費用を減らす目標を与えられることで，質の低い候補者を採用し，現場の生産性と仕事の質を落とす可能性がある。組織間の対立は，あらゆる種類のビジネスに蔓延している。会社が立ち向かう最大の敵が自社であることは珍しくない。

自社の事業におけるさまざまな要素間の相互作用と，システムのある部分がほかの部分にどう影響するかを認識していた組織の一例がZARAだ。ZARAは，ある点でほかの小売業者より優れたことを実践している衣料業者である。ファッションショーから得た新しいスタイルをすばやく店頭に届けるのだ。衣料市場はファッションの最新トレンドに大きく左右されるので，製品を遅滞なく棚に置くことが何よりも重要である。ZARAでは1年に4億5000万点近い商品を生産している。競合他社の多くが，生産コストを下げるために，バングラデシュ，台湾，ベトナム，中国などに生産を移すなかで，ZARAは逆の方向を目指した。生産のほとんどをヨーロッパで行うことにしたのだ。ZARAが販売する製品のほとんどはスペインでつくられている。ZARAでは，東南アジアの安い製造コストと引き換えに，製品が市場に届くのが遅れることに気づいた。最新のファッショントレンドを捉えることに重点を置くZARAは，配送と製造に時間がかかることの意味を認識した。ヨーロッパ以外で生産された衣類の多くは，シーズンの終わりに売れ残るのだ。ZARAはスペインで製造することで，売れ残りの廃棄を減らし，製造コストの上昇を相殺できたのである。商品全体に占める売れ残り在庫は，業界平均が17％から20％であるのに対し，ZARAでは10％未満だ。全体を最適化することは一部だけを最適化する問題ではないと認識したことで，ZARAは競争優位を獲得できたのである。

システムのさまざまな構成要素間の相互作用の理解と，各要素の最適化が

必ずしも全体の最適化につながらないという理解は，組織にとって欠かせないものだ。それが理解できていないと部分最適化に陥り，逆効果となる。しかし残念ながら，私たちの多くはそうした失敗を犯している。私たちが口にする食品とその産地が及ぼす影響についての理解も，私たちが過ちを犯しているものの一つである。

私たちの食べ物はどこから来るのだろう？　地元の農場だろうか？　あるいは遠方から運ばれてくるのだろうか？　地元の食材を食べる努力はなされているだろうか？　そうだとして，なぜ地元がいいのだろう？　地元の農家を応援したいから？　地元の食材のほうが健康的だから？　それとも長距離の食料輸送コストが無駄だから？　ところで，地元の食材を食べるという考え方は昔からあった。狩猟採集民は1日に歩ける距離より遠くから来た食材を決して口にしなかった。1万年ほど前に始まった農業革命と，その結果としての余剰な食料生産により，人々は食料の取引，貯蔵，長距離輸送を始めたのだ。しかしほとんどの食料は，それが育った土地のごく近傍で取り引きされ消費された。ただし，香辛料や塩といった高級食品は古くから長距離で取り引きされている。香辛料や贅沢品に限らず，私たちが口にする食料の多くが遠方から届くようになったのは，近代的な交通システム（長距離輸送や鉄道網）が登場してからだ。

地元の食材を食べるという近年のトレンドは，アンジェラ・パクストンの『フードマイルズ・レポート：食料の長距離輸送の危険性』という1994年の論文に端を発している。この論文は，食品が私たちの食卓に並ぶまでにどのように運ばれるかを初めて考察したものの一つだ。このレポートでは，現代の食料システムについて，当時から今日まで多くの人々を驚かせるような側面が浮き彫りにされている。そこでは，食料システムに関する多くの懸念が議論されているが，その中心は，レポートの題からわかるように，食品が食卓にのぼるまでに移動する距離の影響である。2011年に再版された論文では，論文の主旨が的確に要約されている。「市民は，食料が意味もなく地球を横断し，貴重なエネルギーを浪費し，汚染を引き起こし，不公平な貿易を導き，田舎から仕事を奪うことを望んでいない」

ニュージーランドから2万km以上を運ばれるリンゴであれ，ケニヤから6000km以上を運ばれるグリーンピースであれ，イギリスで消費される食料

が移動する距離はいずれも驚くべきものだ。食料の長距離輸送の影響は，それを輸送するためのエネルギー量にとどまらない。食料の長距離輸送には保存と包装が必要で，どちらも食料の栄養価を下げ，より多くの資源を必要とする。

フードマイルズの概念は，2005年に出版されたアリサ・スミスとJ・B・マッキノンの『*The 100-Mile Diet: A Year of Local Eating*（100マイル運動：地元を食べる一年）』で一般的になった。この本はたちまち成功を収め，まもなく地産地消運動が始まった。食料品店は地元の食材の品揃えを増やし始めた。地元の農産物直売所が復活したのだ。都会の住人は大型食料品店を避け，田舎の市場に出かけ，地元で食事をとり，環境によいことをし，地元の経済を支えた。レストランは食材がどこから来たかを宣伝し，食材を陰で支えている農場や人々にスポットライトを当て始めた。今食べている豚肉が，50kmしか離れていないサリバン農場から来たことがわかれば安心だ。自分の選択は，環境に優しいだけでなく，サリバン家を助けているように感じる。地元の食材を食べるのはいい気分だ。

食文化にとって，単なる移動距離以上に重要な問題があるのは確かである。土壌侵食，公正な労働条件，化学肥料への過度な依存，農薬，除草剤，殺虫剤による環境汚染，健康への影響といったものは，私たちが食べることを選択した食品による影響のほんの一部にすぎない。しかし，きわめて複雑な――悪影響が錯綜して完全に理解することが困難な――食品システムに対抗しようとする地産地消運動にとって，フードマイルズを持続可能性の指標として用いることは，正しい食事をとっていることを確認するための最良の方法となった。だが，フードマイルズは本当に正しいのだろうか？

一例として，バレンタインデーにイギリス人が恋人のために買う花の二つの原産国を比較してみよう。オランダとケニヤだ。より環境に優しいのは，明らかにオランダのほうだと思われる。オランダからイギリスに花を運ぶには，イギリス海峡を船で渡るだけのごく短い移動しか必要ない。ケニヤからの移動は短くもなく，エネルギー効率もよくない。花は飛行機で空輸されるからだ。ところが，1万2000本の花を育て，輸送することで排出される二酸化炭素の総量を詳細に計算すると（計算方法は後述する），オランダの花が3万5000kg（花1本あたり3kg弱）の二酸化炭素を排出するのに対し，ケ

ニヤの花はたった6000kg（花1本あたり0.5kg）の二酸化炭素しか排出しないことがわかる。予想と大きく異なるのはどうしてだろう？

問題は，フードマイルズが，その名が示すように，食料生産システムのなかの輸送というただ一つの側面だけを測っていることだ。輸送前のすべての段階，すなわち生産のための原材料（肥料，種，水，農薬），生産のためのガソリンや電気といったエネルギー，そして生産と梱包に費やされる労働力や機械といったものは計算に含まれていない。消費（食品の調理，ほかの原材料）や廃棄（リサイクル，廃棄物，輸送）といった輸送後の段階も含まれていない。

地球を半周する食料の輸送はエネルギー負荷が大きいように思われるが，食料の輸送には，食料システムに投入されるエネルギーのごく一部しか使われていない。アメリカの場合，輸送で排出される二酸化炭素は食料関連全体の約4％だ。エネルギー消費と排出量の大部分は，全プロセスのうちの生産段階で発生しており，全体の83％に達する。食品のライフサイクルコストのなかで，輸送がごく小さな値しか占めないというのは直感に反するかもしれない。ニュージーランドからリンゴ1個をイギリスに送るために，驚くほどのエネルギーを使い，大量の二酸化炭素を排出しているのは明らかだ。移動距離は非常に長い。それでも排出量は相対的に少ないのである。いったいどうなっているのだろうか？

その主な理由は，それぞれの輸送手段の排出量が同等ではない点にある。自動車の運転は炭素を大量に排出する行為だが，長距離海上輸送はそうではない。事実，長距離海上輸送は世の中で最もエネルギー効率がよい輸送手段である。外航コンテナ船の二酸化炭素排出量は，1トンキロあたり平均で10gから15gである。この値は鉄道（19gから41g）やトラック（51gから91g），および飛行機（673gから867g）より低い。

たとえばトマトを数袋（かなり多いが，たとえば5kg）買うとして，食料品店まで車で1km運転する場合，燃費が16.6km/L（市街地の走行としてはかなりよい燃費だ）だとすると，排出される二酸化炭素は150gになる（ガソリンを1L燃焼させると約2.5kgの二酸化炭素が発生する）。高効率のコンテナ船は，同じ排出量で1トンのトマトを10km運べる。もう一度言おう。コンテナ船は，1トンのトマトを，車で5kgのトマトを輸送する場合の10

倍の距離を運ぶことができるのだ。言い換えれば，同じ量の二酸化炭素を排出するのであれば，同じトマトを何と2000kmも運べることになる。

食料品店までの車の運転は，おおざっぱに見て，食料に関する輸送マイル全体の48％を占める（これは合計のマイルであって食品1トンあたりでない点が重要である）。移動距離が短いのにこれほど高い比率を占める理由は，車の場合，一度に運ぶのが数袋だからである。パナマ運河用の新しいコンテナ船は，それぞれ約33 m^3 の容積をもつ6m長のコンテナ1万2000箱を運ぶことができる。つまり39万 m^3 を超える貯蔵スペースがあることになる。同じ量を自家用車で運ぶとすれば，100万回とは言わないまでも，数十万回の移動が必要となるのだ。

サプライチェーンに起因する二酸化炭素排出量のうち，食料品店からの移動によるものは13％である。ニュージーランドからリンゴ，南アメリカからコーヒー，インドから香辛料を運ぶ長距離コンテナ船は，合計で12％の二酸化炭素を排出する。さて，思い出してほしい。ここでは全体のうち輸送の部分だけを扱っている。生産，加工，梱包，消費は含まれていない。

では，ケニヤの花はなぜ，必要なエネルギーがオランダの花より大幅に少ないのだろうか？　なぜ，ナイロビからロンドンに花を空輸するために排出される大量の二酸化炭素を相殺できるのだろう？　その理由は，花を育てるのに，オランダ人が温室に頼っているのに対して，ケニヤ人は日光に頼っているからである。

『フードマイルズ・レポート』では，「消費者は購入する食品が及ぼしている影響を十分に知らされていない。すべての生産と輸送のコストが店頭価格に反映されていないことも知らされていない」と述べている。また，同レポートでは「フードマイルズおよび（または）食品の原産国の明細伝票を示すことによる原産国表示制度を導入」するか，製品が「生鮮食品が輸送された距離と輸送形態を示す情報を消費者に提供する」ことを推奨している。しかし，そうした表示制度は大事な点を見逃している。

『フードマイルズ・レポート』でさえ，「作物を自然な気候条件で育てて目的の国に届けるほうが，作物を適切な気候条件で育てる集約農業より，概してエネルギー効率が高い」と指摘している。しかし，原産国表示制度はまさに，食料が環境に与える影響の評価指標をフードマイルズに頼ったことで生

まれた。たとえエネルギーを大量消費する方法で栽培されたとしても，地元で育ち，輸送距離が短い食品を食べることを勧めているのである。

住宅ローンが悪い概念でないのと同様，フードマイルズも悪い概念ではないだろう。しかし，そうした概念が本来の目的を見失い，私たちが食べる食品から排出される二酸化炭素量の，残りの96％を生み出している要素を検討から外すと，それは悪い概念となる。地元の土と地元の太陽を使って地元で簡単に育つ，地元の環境に適応した作物を食べることは理にかなっているだろう。しかし，温室育ちの地元の作物を食べることは理にかなっていないのだ。

食品が食卓にのぼるまでの距離を認識することが悪いというつもりはない。食品を距離で区別することが重要でないというつもりもない。それらは確かに環境，健康，経済，そして地球上の大勢の生活に影響を及ぼす。しかし，食品を区別することによるインパクトを単純な指標――食卓に届くまでの食品の移動距離――に集約すると，全体像の大部分を見落とすだけでなく，当初意図していたのと正反対のことをする可能性があるのだ（ちなみに，食品が環境に及ぼす影響を減らしたいのなら，赤身の肉を食べる量を減らすのが一番である）。

複雑な全体のごく一部を測る指標は，逆効果をもたらす可能性がある。間違ったことに注力し，重要な行動を無視し，実は害を成しているのに，自分が役立っていると考えてしまう。全体像を把握し，現象のインプット，アウトプット，インパクト，その他影響するものをすべて把握することで，初めて実際に何が起きているかを理解することができる。その後ようやく，自分のしていることが有用なのか，正しい選択をしているのか，ものごとを効率的に行っているのかがわかるのだ。

だが，どうやったらそれができるのだろう？　オランダとケニヤの花の二酸化炭素排出量を計算するのに，どのようなプロセスが使われたのだろうか？　その話をするためには1978年に戻って，コカ・コーラがプラスチック製清涼飲料ボトルを世界に先駆けて導入することを決断した理由を探る必要がある。

1969年，ハリー・E・ティーズリーはコカ・コーラの包装部門で管理職として働いていた。ジョージア州ハートウェルで生まれたティーズリーは，ジョージア工科大学を卒業後，すぐにコカ・コーラで働き始めた。ティーズリーは在任中，包装プロセスに関わるすべてを理解することに夢中になっていった。たまたま，コカ・コーラも同時期に，独自の飲料容器の生産を始めるかどうかを検討していた（当時は容器を外部から調達していた）。ティーズリーはその仕事にうってつけの存在だった。コカ・コーラはこの有名な飲料をガラス瓶と鉄缶に詰めていたが，代わりにペットボトルを使うことを検討し始めていた。切り替えた場合の最大のリスクは，多くの人が環境の敵だと考えていたプラスチックを選択することで，環境面での反発に直面することだった。

環境への影響を評価する仕事を任されたティーズリーは，外部に助けを求めた。ペットボトルを使う案を携えて，カンザスシティのミッドウェスト研究所（MRI）というグループに接触したのだ。経済経営部門の副部長だったアルセン・ダーネイがティーズリーの仕事を引き受けることに同意し，ビル・フランクリン（MRIプログラムマネージャー）とボブ・ハント（物理部門から異動）がチームに加わった。ティーズリー，ダーネイ，フランクリン，ハントは，世界で初めて資源および環境のプロファイル分析（REPA）に取り組んだ。

チームがボトルについて実施したREPAでは，飲料容器を生産するためのインプット（エネルギー，原材料，水，輸送エネルギー）とアウトプット（大気排出物，輸送時の廃液，固形廃棄物，水性廃棄物）の両方を考慮した。この研究で際立っていたのは，その包括性だった。製品にどれだけの原材料，エネルギー，水が使われるかを比較するだけでなく，研究者が合理的に扱うことができる可能な限り多くのものが比較された。その緻密さは伝説的なものとなった。研究の詳細は公表されることなく，コカ・コーラが社内で保管した。ティーズリーはその後現場を離れ，1987年にコカ・コーラ・フーズの社長となり，1991年にはコカ・コーラ・ネッスル・リフレッシュメントの重役となった。しかしREPAを用いた同様の研究は引き続き進められた。

研究が終わって数年後，ダーネイは環境保護庁（EPA）に異動した。エネルギー利用と環境影響に対する政府の関心が増すなか，ダーネイはコカ・コーラの研究で学んだことに基づいて問題に対処する必要があると考えた。ダーネイはすぐさま，MRIのハントとフランクリンに依頼して，9種類の飲料容器について同様の研究に取り組んだ。この研究は，ガラス，鉄鋼，アルミニウム，紙，プラスチック業界を巻き込んで行われた。40種類を超す材料を，エネルギー，原材料，水利用，固体と液体と気体の排出の観点から，詳細に特徴づける必要があった。また，燃料，輸送，電力事業のために，エネルギーと環境のデータが整備された。

EPAの研究の結論は，全体像を見た場合，プラスチック製飲料容器は多くの人が考えていたような悪者ではないというものだった。コカ・コーラも同じ結論に達した。研究完了直後，コカ・コーラは最初の飲料用ペットボトルを世界に向けて投入した。最近の研究でも同様の結論が得られている。ペットボトルはガラス瓶のように再利用できないかもしれないが，ガラス瓶は生産に大量のエネルギーを必要とするので，再利用できるという長所が相殺されてしまうのだ。このチームの研究で際立っていたのは，コカ・コーラの瓶1本のインパクトに関する包括的な全体像を解明しようとした点である。飲料容器がどのように廃棄され，飲料容器の生産にどれだけのエネルギーが投入されたかに注目しただけではない。瓶を構成する原材料そのものをつくるのに，どれだけのエネルギーが投入されたかにも焦点を当てた。瓶がどのように処分されたかも調べた。瓶の原材料成分すべてについて，採取，輸送，生産に関わるエネルギーを解明したのである。取り残されたものは何一つなかった。

ティーズリー，ダーネイ，フランクリン，ハントが行った最初のREPAの直後から，多くのREPAが実施された。その後数十年にわたって，REPAのプロセスは洗練され，方法論は体系化され，標準化された。REPAは，今日，ライフサイクルアセスメント（LCA）として知られるものに置き換わっている。LCAは製品やプロセスに含まれる（少なくとも研究で合理的に扱える範囲の）あらゆるものに対する信頼性の高い緻密な評価である。コーヒーカップを例にとろう。普通私たちが選べるのは，使い捨てカップか，洗って再利用できる陶器のマグカップだ。

これら二つの選択肢におけるライフサイクルアセスメントでは，それぞれのカップに何がインプットされたかを確かめる——すべてのエネルギー，すべての水，すべての原材料——何もかもだ。使い捨てコーヒーカップの場合，紙のカップ，プラスチックのふた，カップの包装を含む，カップ自体の原材料をつくるのに使われたエネルギーを検討する。これらはすべて，個々のカップの限界インパクト，すなわち一つのカップをつくるのにどれだけのエネルギーが必要かに分解される。

だが，そこで終わりではない。「～あたり」の問題を忘れるわけにはいかないのだ。再利用可能なマグカップを使い捨てカップと比べる場合，それぞれの使い方が異なることを考慮する必要がある。陶磁器のマグカップをつくるために，使い捨てカップより多くのエネルギーと原材料が必要なのは明らかだが，マグカップは何度も使える。そこで疑問が生じる。割れたり，紛失したり，捨てられる前に，マグカップは平均何回使われるのだろうか？　そして，マグカップを使うたびに洗うのに，どれだけのエネルギーと水が必要かを問い，それを計算に入れる必要がある。さらに，マグカップ1個を廃棄するのに必要なエネルギーと場所を確かめる必要がある。マグカップ1個を埋め立てるのにどれだけの土地が必要なのか，そしてさらに重要なのは，マグカップ1個を1回使うごとに，そうした土地がどれだけ必要なのかを見なければならない。ライフサイクルアセスメントとは，ライフサイクル全体——ゆりかごから墓場まで——で，製品が使用するエネルギーや原材料，製品が生成する廃棄物や排出物などを評価するものなのだ（参考までに，マグカップは50回程度使えば，使い捨ての紙カップより環境に優しくなる。ただし手で洗うより水の量が少なくて済む食洗器を使う必要がある。手で洗うと，再利用性という利点は相殺されてしまう）。

普通の人なら気が遠くなるだろう。ライフサイクルアセスメントは信じられないほど緻密なプロセスだ。ライフサイクルアセスメントを実施するための国際標準化機構の規定がある。ライフサイクルアセスメントの研究，プロセス，優良事例を専門に扱う純粋な学術雑誌もある。ライフサイクルアセスメント委員長の肩書をもつ大学教授もいる。この分野を専門とする会社には，総合的な研究所や部署が存在する。

ライフサイクルアセスメントは，さまざまな代替案のすべてのコストを解

明するために利用できる非常に強力な手法だ。適切に使えば，全体像に光を当て，一見有望だが，よく調べるとそれほどでもない選択肢を選り分けることができる。では，直感に反する例を見てみよう。電球形蛍光灯は，なぜ環境に優しいと言い切れないのだろうか？

私はカルガリー大学の環境デザインという学部の大学院に進学した。どう見てもヒッピー的ではない都市で，ヒッピーとしかいいようのないグループによって設立された学部だった。この学部は1960年代から1970年代におけるヒッピーの環境運動に深く根差していたため，設立当初は，教員と新入生が電気なし，水道なし，外界との接触なしで数日を過ごすロッキー山脈へのキャンプ旅行に出かけることから，新年度が始まったものだった。それは「自然に帰れ」運動を象徴するもので，学部はその雰囲気を反映していた。

マイケル・ゲストウィックは，環境デザイン学部になじめなかった。私はオリエンテーションの初日にゲストウィックに会い，共通の絆を見いだしていた。二人とも，きわめて観念的な学部に所属しながら，分析的に考えるという矛盾を抱えていたのだ。ゲストウィックは，この大学院で二つ目の修士課程を始める前に，すでに機械工学で修士号を取得していた。彼は非常に分析的で，徹底的で，細部にこだわった。抽象的な概念や設計の「インスピレーション」，あるいは厳密な分析というより前衛芸術の作品に近いプロジェクトになじめなかった。ゲストウィックは構造の世界の技術者だったのだ。

分析的なゲストウィックは，徹底的に検討した後でなければ，アイデアを受け入れることができなかった。私同様，一般的な概念を知るだけでは満足せず，隅々まで理解して，ようやく満足するのだ。何かの考え方に異議を唱える場合も，きわめて緻密で分析的に行う種類の人物だ。そうしたゲストウィックが疑問を呈した考えの一つは，建物で使う電球の種類に関するものだった。

ゲストウィックは，電球形蛍光灯（CFL）のほうが，比較対象となる白熱電球より環境によいという広く信じられていた説を，より深く理解したいと考えていた。当時，CFLは脚光を浴びており，白熱電球は環境の悪者にさ

れていた。世界中の国々が，白熱電球の使用を段階的に止め，CFLへの置き換えを奨励する法律を制定した。ゲストウィックは，それが的外れではないかと思ったのだ。

CFLの発光効率が白熱電球よりよいことは誰でも知っていた。CFLは消費電力の7％から10％を光に変えるが，白熱電球は3％に届くのがやっとだ。白熱電球の問題点は，消費電力のほとんどが熱となって失われることだった。一見，発光効率のよい電球のほうが環境に優しいことは明白だと思われる。しかし，ゲストウィックが調べたかったのは，そのエネルギーが本当に失われたのか，そしてそのエネルギーが二酸化炭素の排出に対してどのような意味をもつのか，ということだった。

白熱電球がその効率を熱として「失う」場合，その熱は宙に消えるわけではない。実際，そうした熱が家を暖める役に立つこともある。電球をつけると発生した熱が家に伝わり，家の温度が上がるのだ。温度の上昇はサーモスタットで検出され，暖炉や温水ラジエーターのような家庭暖房システムに信号を送り，暖房が働く時間が少しだけ減る。一方，CFLは発光効率がよく発熱が少ない。問題は，発光の増加で発熱の低下を相殺できるかどうかだ。そしてさらに重要なのは，そうした相反する排出の影響はどういうものかということだ。

ここで評価は第二段階に入る。電気と暖房のエネルギー源は，住んでいる場所によって異なる。一部のエネルギー源，特に風力，水力，太陽光といった再生可能なものは，単位エネルギーあたりの二酸化炭素排出量が非常に少ない。石油や石炭といった一部の化石燃料の二酸化炭素排出量はきわめて多い。天然ガスのようなほかの化石燃料はその中間に位置する。したがって，たとえCFLの発光が効率的でも，エネルギー源を再生可能なものから化石燃料に移すのだとすれば，白熱電球を「エネルギー効率」のよい代替品に変えることが環境にとってよいとは限らない。

カナダの発電と家庭暖房のエネルギーミックスにおいて，西部のアルバータ州と東部のケベック州は対極に位置する。アルバータ州では電力のほとんどが，いまだに石炭の燃焼で生成されている。石炭は単位エネルギーあたりの二酸化炭素排出量が最悪である。ただし，アルバータ州の家庭暖房のほぼすべては，炭素集約度がはるかに低い天然ガスの燃焼で得られている（天然

ガスも化石燃料だが，単位エネルギーあたりの二酸化炭素排出量は石炭や石油よりはるかに少ない）。対照的に，ケベック州では電力のほとんどすべてが水力発電所でつくられている（電力の96％が水力だ）が，驚くべきことに，家庭暖房にはいまだに灯油を使っている。つまり，アルバータ州には環境に悪い電力と，環境に多少優しい家庭暖房があるのに対し，ケベック州には逆に，環境に優しい電力と，環境に最悪の家庭暖房があるのだ。

ゲストウィックは，アルバータ州のような場所ではCFLへの切り替えに悩む必要がないことを見いだした。アルバータ州では，発光効率が向上するだけでなく，白熱電球で失われる熱エネルギー源を，石炭から，より望ましい天然ガスに置き換えることができる。しかしケベック州ではその逆が当てはまる。白熱電球をCFLと置き換えると，家庭暖房システムの運転時間が増え，熱エネルギー源が水力発電から灯油に置き換わってしまう。CFLのほうが効率的なのに，CFLを使うと逆に二酸化炭素の排出が増えるのだ。そして，そうした詳細を理解するにはゲストウィックのような心構えが必要となる。もっとも，そうした覚悟がもてなくてもあきらめる必要はない。幸いなことに，全体像を理解するプロセスが複雑ではなく，厳密で徹底的な調査を必要としない場合もある。実際，実に単純な場合もあるのだ。

私は高校のバスケットボールチームで最高の選手ではなかった。最高どころではない。あまりというか，ほとんど得点できなかった。恥ずかしいことに，2m弱の短いシュートを外したこともある。フリースローは最悪だった。私がフリースローラインに立つと，相手のファンは「はずれ，はずれ，はずれ」とはやし立てた。ブロックショットも，アシストも，スティールも，リバウンドもだめだった。シーズンで2度，ファウルで退場になり，ほとんどすべての試合でそうなりかけた。コートに立つ時間はあまりなかった。私のスタッツ（各プレーの成績）を見た人は，私をチームの優良資産とはみなさなかった。状況が変わったのは，シーズン半ばのことである。

私がコートで過ごす時間は突然増えた。大事なところで試合に投入された。ほかの選手や監督は，選手としての私をまったく違った目で見始めた。私が

うまくなったわけではない。私の技術はシーズンが始まったころとたいして変わっていなかった。相変わらず2m弱のシュートを外した。何が起きたのかというと，監督が何か別の指標で評価し始めたのだ。その指標はプラスマイナスと呼ばれていた。

プラスマイナス指標に詳しくない人のために説明しよう。この指標は次のように算出する。ある選手がコートに入るたびに，学生ボランティアがゲームのスコアを記録する。そしてその選手がコートから出るたびに，学生は再びスコアを記録する。私がコートに入ったときのスコアが12対8だったとしよう。私が出たときは14対12だった。次に入ったときは16対16だった。出たときは24対18だった。ゲームが終わると，選手交代のたびにスコアの差が集計される。自分が入ったときに6点リードしていたのに，出るときに2点のリードになっていたら，その場合の自分のプラスマイナスは−4となる。入ったときに4点負けていたのに，出たときに6点リードしていれば，プラスマイナスは+10となる。ゲームごとに自分のプラスマイナスが集計される。そしてそれらの合計が数ゲームで平均される。兄のデイビッドがプレーしたとき，私たちのチームのスコアは，各ゲームでほかのチームより平均14点多かった。私が入ると，1ゲームあたりさらに12点増えた。チームでプラスマイナスが+6を超した選手はほかにいなかった。

プラスマイナスに限れば，兄と私はチームで「最高」の二人だった。ほかの誰よりも2倍の価値をもっていたのだ。二人ともゴールやアシストやスティールを量産したわけではない。それでも，二人がコートに入ると私たちのチームの得点が増え，相手のチームの得点は抑えられた。ゴール，アシスト，スティール，フリースロー，ブロック，リバウンドといった，見ればわかるものの代わりに，監督はバスケットボールの陰の主役を見つけ出す方法を使ったのだ。

バスケットボールでは，ほとんどのチームスポーツ同様，コートにはボール（またはパックやディスク）が一つしかないのに，選手は大勢いる。攻撃する場合でさえ，大部分の選手はボールを持っていない。どんなスポーツでも，よいチームと偉大なチームを分けるのは，ボールを持っていない選手が何をしているかだ。そのことがわかっている選手は少ない。わかっているファンはさらに少なく，残念ながらわかっている監督も多くはない。優れた監督

なら誰でも，バスケットボールで得点するのは決して個々の選手ではなく，チームであることを理解している。最終的には一人の選手がボールをネットに入れるが，その選手をそこまで運ぶのはチームなのだ。ほかの選手は，その選手のためにスクリーンをセットしてスペースをつくり，ドリブルのスペースを空けるように位置をとり，ボックスの外に出てリバウンドをとる準備をする。私はそういうことが得意だった。

私は高校チームでほとんど得点できなかったが，チームが得点を上げるのをおおいに助けた。チームのポイントガードがゴールに向かってドリブルしようとしている。すると私は適切なタイミングでフリースローラインを横切り，ポイントガードがドリブルで切り込むスペースをつくり，ディフェンダーの注意を逸らした。私はチームのもう一人のセンターのためにスクリーンをセットし，低いパスを通すスペースをつくった。守備でブロックショットすることはめったになかったが，得点力のある相手のセンターに，そもそもボールを奪われないようにすることが得意で，仮にパスを通されても，そこは得点を上げるのが難しい場所だった。

本当に大きな選手が私をガードする場合もあったが，私はスリーポイントラインの外に出て，相手がフリースローラインを守れないようにした。ボールを持っていないときにバスケットボールの攻撃でできる最善のことは，ディフェンダーを間違った場所に連れていくことである。私はめったに得点しなかった。しかしチームが得点するのをおおいに助けた。それが，私がチームで準優秀選手になった理由である。「コートセンス」は指導が難しく，測るのはさらに難しい。それが何であるか，どうやって認識するかを理解している人はほとんどいない。しかし，理解した人にとっては見逃しようのないものとなる。

それがバスケットボールでプラスマイナスの果たす役割だ。ゲームの隠れた部分を直接測ることなく，すべて説明する。得点，スティール，フィールドゴール成功率，ブロックショット，アシスト，フリースロー率では，試合の隠れた部分を捉えることはできない。バスケットボールに限らず，どのチームスポーツのどの評価指標も，「コートを横切ってほかの選手がドリブルをしやすくする」とか，「相手チームの選手が考えていることを察して相手を混乱させる」能力を測ることはできない。しかしそうしたことが，チームを

勝利に導くのに役立つのだ。

アウトカムに寄与する細かなことをすべて無視し，アウトカムだけに焦点を当てる評価指標が有効な場合があるのは，こまごましたことが私たちを混乱させる可能性があるからだ。チームで最多得点を上げる選手がそのチームに必要とは限らない。試合で何回かスリーポイントシュートを決めても，守備で大きく失点する選手もいる。長時間働く従業員が生産的でも有用でもない場合があり，大勢の患者を診る診療所が最善の治療を施す診療所とは限らないのと同じことだ。

プラスマイナスのような評価指標は，アウトカム（試合に勝つ）に影響する因子（選手）が複数あり，そうした因子の関与の有無が簡単にわかり，アウトカムが単純な場合にうまく機能する。選手がベンチにいて，試合に直接関わっていないのが明らかな場合（そうした選手の士気が間接的にほかの選手を元気づけるかもしれないが），その選手が得点に関わっているかどうかは明白だ。そして，試合のアウトカムは相手チームより多く得点することである。パスを増やすことではない。

こうした評価指標が投げかけるのは，Xを実行すればYは改善されるのかという単純な問いである。たとえば，ヘレンがコートに立てば得点が増えるのか，といった問いだ。シュート，ブロック，リバウンド，スティール，アシストといった測定できるほかのものに注目する必要は一切ない。私たちは本当に重要なものだけを測るべきなのだ。残りはすべてノイズである。さて，ライフサイクルアセスメントとプラスマイナスは，全体像を描くうえで対極的な二つの方法である。ライフサイクルアセスメントは，何かに入力されるインプットすべてを評価する。エネルギーの全ワット数，水の全リットル数，材料の全グラム数が計算に使われる。ライフサイクルアセスメントのプロセスは積み上げ型だ。構成要素はどこまでも増え続ける。重要なのは，生産に寄与するとみなされる可能性のある要素すべてを（合理的に）見つけることと，生産のどれだけが各要素に起因するのかを解明することである。ライフサイクルアセスメントでは，生産やプロセスに影響するすべてのものを説明することは決してできない。どこかで解明を止めなければならないのだ。

プラスマイナスはそうではない。プラスマイナスは多くの要素を集約しようとする。あらゆることを一つの基準にまとめることが目的なのだ。選手が

パス，アシスト，シュート，ファウル，スティール，リバウンドを行った回数を無視し，重要なこと，つまりチームが上げた得点だけを数える。重要なのは，得点を増やすのに役立つすべてのことを解明することではなく，むしろ，そうした評価によって生ずるノイズを除去することである。シュート，スティール，アシストは，選手の欠点を覆い隠す可能性があるため，問題を混乱させるだけである。プラスマイナスでは，チームが勝利するうえで選手が果たす，隠され，誤解され，過小評価されている貢献は捉えきれないと仮定し，あえて，それらを無視するのだ。代わりに，得点を増やせるかどうかという重要なことだけに注目するのである。

住宅ローンの話では，非常に単純な積み上げ手法を用いた。住居費と交通費を足して，どこに住むかを選ぶための総費用を算出した。これにエネルギー費や建物の維持費を加えることもできるし，家具の費用を加えることもできるが（職場の近くに住むことは，狭い場所に住み，ソファを減らすことを意味するかもしれない），食費や娯楽費のようなほかのコストを含めるのは不合理だろう（どこに住むかで食生活が一変するとは思われない。実際のところはわからないが……）。

どちらのプロセスも，適切な状況では有用である。ライフサイクルアセスメントは，「ほかに何かないか？」と問うことを促す。この考え方では，測定対象に寄与するものを探し続けることになる。プラスマイナスは逆のことを教えてくれる。周辺のデータが生み出すノイズをまったく気にせず，目的が何かに集中することを促すのだ。ライフサイクルアセスメントは，すべての木を分析することで森を測ろうとし，プラスマイナスは単に森だけを見ようとする。

世の中の現象の多くは複雑である。生活費には，住居費以外にもいろいろな費用がある。食品が食卓にのぼるまでの距離が，食品システムで唯一重要なことではない。各部門を組み合わせるだけでは会社は成り立たない。チームスポーツにはスティール，アシスト，シュート以上に大切なものがある。複雑な現象を単一の指標に還元することはできない。一つのことを測ると，そこで起きているほかのことがまったく目に入らなくなることも多いのだ。

何かを評価する場合，求めるアウトカムがごく単純でない限り，単一の評価指標で満足してはならない。測っているものが，本当に重要なものの全体

像を捉えているかどうか自問することだ。ある指標が改善したせいで別の指標が悪化していないか確かめるべきである。忘れ物がないか確認しよう。「木を見て森を見ず」になってはならない。しかし「森を見て木を見ず」にもならないように。

第6章　リンゴとオレンジ

似て非なるもの

1940年5月10日早朝，ドイツ軍は自国の陣地からルクセンブルクに事実上何の抵抗も受けずに越境した。同時にドイツ軍のB軍集団はベルギーとオランダに侵攻し，空挺部隊がロッテルダムに降下した。ドイツの航空団は侵攻初日にオランダとベルギーの空軍の半数を破壊することができた。四日後，オランダ軍が降伏した。ベルギーの防衛軍は激しく抵抗したものの，イギリスとフランスの予想より早く壊滅した。それからたったひと月で，フランス自体がドイツに降伏することになる。

のちにフランスの戦いと呼ばれることになるこの戦闘は，歴史上最も衝撃的な軍事的勝利の一つとなった。ドイツはごく短期間で，多数のフランス兵を死傷させるか捕虜にし，イギリス軍を英仏海峡の向こうに追いやり，ベルギー，オランダ，フランスを降伏させ，その後数年間，西部戦線を実効支配した。ところで，フランスの戦いにおけるドイツ軍の電撃戦の，信じがたい成功にもまして衝撃的だったのは，連合軍の戦いぶりだった。連合軍は数で優っていたのである。

評価指標は意思決定において，示唆に富む明快で貴重な情報を与えてくれる。しかし，曖昧さ，混乱，疑惑をもたらす場合もある。本章で議論するテーマは，質的に大きな差のあるものが不適切にも一つの評価指標にまとめられてしまうと，何が起きるのかというものだ。異なるものをひとまとめに扱うと，事実が錯綜し不明瞭になる場合がある。貴重な情報が評価指標のなかに埋もれてしまうと，その指標は逆効果をもたらし，無益なばかりか有害なものにもなりかねない。

フランスの戦いが始まる前の連合軍とドイツ軍のそれぞれの規模を，兵士，戦車，航空機の数で比較すると，両者の実際の戦闘能力を見誤ることになる。ドイツ軍は規模で若干劣るものの，戦略，装備，練度，そして運でフランス軍やイギリス軍をはるかに上回っていた。戦力を示す数とは逆の戦闘結果がもたらされたのだ。

指標の多くは，単に「どれが大きいか」を示すものではない。大きさと価

値は異なり，大きければよいというものでもない。しかし指標は往々にして，大きいことは常によく，大きければ大きいほどよいと解釈される。だが，そうとは限らない。小さいほうがよく，大きいほうが悪い場合もある。効率が悪い場合や収穫逓減の状態に陥っている場合にそうなることがある。本章では，評価指標が質の違いを曖昧に扱っているために，本当に重要なことが正しく反映されない例を検討しよう。必要な要素が指標に含まれていないために，大きいほうが悪くなる場合がある。指標に何か隠された要素，まったく別の要素，別ものなのに同じに見える要素が含まれている場合もある。リンゴだと思ったらオレンジだったという場合もあるのだ。

2018年，60万人以上のアメリカ人ががんで死亡した。恐ろしいことだ。その年，がんだと診断された人は170万人以上にのぼると推定された。今日，アメリカ人の四人に一人が，がんで死ぬと見られている。しかし，いつもそうだったわけではない。1970年，がんはアメリカ人の死因の16％にすぎなかった。1958年には15％，1900年には4％だったのだ。

がんだと診断される割合が急増した裏には何があるのだろう？　体内に化学物質を取り込んだ？　生活様式のせい？　携帯電話，電子レンジ，コンピューター，ラジオといった技術を使う機会が増えたから？　実はそのいずれでもない。一番の理由を知ったら誰でも驚くだろう。

過去数十年にわたって，がんによる死亡率が上昇している要因はいくつかあるが，その最大の要因を言い当てられる人はほとんどいない。それは心臓病だ。さらに不可解なのは，心臓病ががんの増加の一因となっている理由である。心臓病にかかる人が増えたからではなく，減ったからというのがその理由なのだ。

実際，心臓病はアメリカ人の死因の第1位である。2015年，心臓病はがんよりも多くの命を奪い，その数は60万人強だった。しかし過去数十年，心臓病の罹患率と死亡率は劇的に下がっている。2001年から2011年にかけて，心臓病死はほぼ39％減少した。1970年，心臓病は死因全体の40％を占めていた。2002年には28％になった。2011年には59万6339人のア

メリカ人が心臓病で亡くなったが，これはアメリカ人10万人あたり191人に相当する。2001年の死者数は70万142人で，10万人あたり248人だった（人数あたりの比率を使うのが非常に重要である点に注意）。心臓病の減少はここ数十年の公衆衛生における最大級の勝利である。さらに，ざっと挙げるだけで，結核，下痢，腸炎，腸チフス，ジフテリア，はしかといった感染症の死亡率も大幅に減少している。

残念ながら，人間は死ぬ運命にある。かつて死因の大半を占めていた心臓病や感染症で亡くなる人が減り，以前なら若いころにそうした病気で亡くなっていたはずの人が，現在では命を落とさずに済む。そしてその多くが，がんになるまで長生きする。つまり，がんで死ぬ人が増えたわけではなく，がん以外の病気で死ぬ人が減ったのである。病気の影響度を，それに起因する死亡率や合計死亡件数だけで測ると，最初に述べたように，がんは悪化しているように見える。だが，人は何かの原因で死ななければならず，年をとるほど，がんで死ぬ可能性が高くなる。したがって非常におかしな話だが，がんの罹患率が増えるのはよいことなのだ。ダン・ガードナーが指摘するように，平均寿命が100歳になると，がんの罹患率は非常に高くなる。ほかに死をもたらすものがないため，誰もがいつか，がんにかかるのだ。すばらしいではないか。

がんの罹患率の上昇を喜ぶという奇妙な事態は，重要な問題を提起する。そうした事態がなぜ逆説的に感じられるのかという問題だ。どうして死亡率の増加を前向きに捉えられるのだろう？　それは，すべての死が同じ意味をもっているわけではないからだ。長命を保ち85歳で往生することと，8歳で早世することはまったく違う。夜，自宅で就寝中に安らかに死ぬことと，無差別攻撃で殺されることはまったく別だ。死を悲しいと感じるのは誰しも同じだが，より望ましい死や，より悲劇的な死があることにも納得できる。そうした感覚は，病気に対する私たちの考え方に影響を及ぼす。

毎年同じ人数を死に追いやる二つの病気を想像してみてほしい。どちらの病気の根絶に注力すべきだろうか？　情報がなければ判断は難しい。では，一方の病気の死亡平均年齢が70歳，もう一方の病気は平均11歳の命を奪うとしよう。どちらの根絶に注力すべきだろうか？　答えは明白だ。

100万人あたりの死亡件数に基づく単純な評価によれば，二つの病気には

何の差もない。だが，そうでないことは明らかだ。それでも，病気やその他の死因に対する私たちの関心のほとんどは，毎年それらで死ぬ人数に帰着する。公衆衛生を一般的に議論する場合，その中心は「死因第１位」，もしくは上位3位，上位10位といったものになりがちだ。1990年代まで，公衆衛生の分野でさえ，病気に対する評価のほとんどは，死亡率，罹患率，有病率に着目したものだった。しかし，そうした指標は誤解を招くおそれがある。死の種類と，死が犠牲者に及ぼす影響を無視しているからだ。だが，死亡件数や闘病者数を使わないとすれば，病気の影響をどのように測るべきだろうか？

死亡率，罹患率，有病率だけに頼る考え方に真剣な疑問が呈されるようになったのは，1990年代に入ってからだった。健康指標を開発する問題は1960年代から議論されていたが，病気で失われた人生の年数と，病気による障害を抱えて生きる年数を取り入れるという考え方が広まったのは，1990年代初頭のことだ。障害調整生存年（DALY）の考え方が開発され，『*World Development Report 1993: Investing in Health*（世界開発報告1993：人々の健康に対する投資）』で初めて使われたのだ。

DALYでは時間の因子を考慮して健康への影響を数値化する。最も基本的な式では，ある病気が人の命を奪ったときの年齢を平均寿命から差し引く。75歳まで生きるはずだった子どもの命を5歳で奪った病気には，70年という損失生存年数が与えられる。同じ平均寿命でも，65歳の命を奪った病気の損失生存年数は10年となる。そうした損失生存年数をすべて合計すれば，DALYの一つ目の構成要素である，失われた生存年数（LY）が得られる。

DALYは，損失生存年数だけでは測れない要素も含んでいる。病気や障害を抱えて生きることの影響だ。病気がもたらすのは死だけではない。病気の影響としては，死には至らなくても重度の障害をもたらすものも考慮する必要がある。糖尿病やアルツハイマー病のような病気は，通常，命を奪うことはないが，患者に大きな負担を強いる。あるいは，65歳まで健康的に不自由なく暮らして心臓発作で死ぬほうが，40年間視力を失ったまま過ごして同じ65歳で死ぬよりは苦痛が少ないだろう。DALYは，何らかの症状に苦しむことによる影響を考慮する。それがDALYの「障害」の部分だ。それぞれの症状に「障害」係数が与えられる。0から1までの係数は，その症状

を抱えて暮らす生活の負担を反映している。0が完全に健康，1が死亡に相当する。たとえば0.5の係数で10年間生きる人の苦痛は，完全に健康なまま5年早く死ぬ人と同等になる。DALYの根底にある考え方は，健康指標には一定期間以上影響を及ぼす喪失だけでなく，あらゆる健康状態の喪失を含める必要があるというものだ。そうすることにより，そもそも喪失を回避するための医療介護資源を保証するのである。指標には基本的に，死や重度の障害を引き起こすものだけでなく，公衆衛生の観点から何らかの注意が必要なものをすべて対象に含める。たとえば，ひざの擦り傷は対象外だが，腰痛は対象に含めるのである。

DALYの根底にあるもう一つの考え方は，「病気によるコスト」を影響度として用いた健康指標をつくるうえで，病気にかかった人の富や地位や教育と重みづけ係数とは，完全に独立している必要があるというものだ。生活保護を受けている人に対する病気の影響は，Fortune 500企業のCEOに対する影響と同等に評価されるべきである。病気の影響を，仕事ができなくなることで減る収入の額で測ると，指標が裕福な人に偏ったものになる。

障害因子を決定する手法にもさまざまな考え方があり，議論の対象となっている。たとえば，ある健康状態と別の健康状態のどちらが大変かを患者に評価してもらい，その評価を集計，比較して相対的な重みを決定する方法がある。健康状態指数と呼ばれる別の手法では，さまざまな身体的，精神的，社会的機能の測定値からなる集計指標を使用する。しかし，世界の疾病負荷研究では，障害の程度，つまり病気や障害による特定の機能の喪失に注目した。たとえば指を失うことは微細運動機能の喪失となる。研究ではこうした障害を，余暇活動や教育のような活動を行う能力の制限（重み0.096）から，食事，衛生，トイレの使用のような日常行為の介護を必要とするもの（重み0.920）まで，六つの等級に分類した（重みはさまざまな調査手法を用いて決定した）。こうした指標には障害の期間も組み込まれている。膝の手術は痛みを伴う体験で，リハビリは長く辛いが，不快な期間は限られている。痛みがいつまでも残ることはなく，少なくとも手術直後の痛みは和らぐ。しかし視力を失うと，永遠に失ったままである場合が多い。指標はその点を考慮している。DALYは病死の件数を比較する機能だけでなく，病気を抱えて暮らす相対的な負荷を比較する機能も提供する。重みのうち，最も軽微なも

のは中程度の難聴（0.040），鉄欠乏症（重度の鉄欠乏症は0.090），B型肝炎（0.075）である。より重度の障害とされる病気や症状にはおなじみのものがある。エイズでART（抗レトロウイルス療法）を使わない場合の障害係数は0.505である。破傷風は0.638だ。髄膜炎の多くは0.615程度となる。最も高い障害係数が与えられているのは，すぐに思い浮かぶような普通の病気ではなく精神的な症状だ。それは，うつ病である。うつ病による健康への影響は個人差が大きいが，重度のうつ病の障害係数は0.760に達する。これは失明（0.600），二分脊椎（0.593），アルツハイマー病や認知症（0.666程度），さらには脊髄損傷（0.725）よりも高い。

ワシントン大学保健指標評価研究所や世界保健機関などの公衆衛生機関は，DALYを用いて病気の総負荷，つまり病気が人々に与える不快感，苦痛，死亡による全体的な影響を計算している。

DALYを使えば，直接的な死因だけを測定することの欠点が修正できる。特定の病気による死者数と，全体的な健康と苦痛に対してその病気が与える負荷の間の不一致は，若者に影響を及ぼす病気を考えた場合に特に顕著となる。蚊が媒介するマラリアを例にとろう。2015年，世界中で推定73万500人がマラリアで死亡した。これは死亡件数全体の1.3％であり，それほど深刻ではないように見える。しかし，マラリアの影響は若年層に偏っている。世界的に見ると，マラリアは，1歳から4歳までの幼児のDALYの損失年数の第1位だ。5歳から9歳までの子どもでは，負荷の高い病因の第6位に下がり，10歳以上では上位10位にも入らない。それでもマラリアは世界全体でDALYの損失年数の2.3％を占め，死者数だけで見た場合の2倍近い数字となる（2015年のDALYの全損失年数は24億6489万5400年で，そのうち5576万9600年がマラリアによるものだった。これは，繰り返しになるが，2015年に25億年の命が早死——平均寿命に達する前の死——，もしくは障害——病気やほかの症状による障害に起因する「失われた」健康的生活年数——のいずれかで「失われた」ことを意味する）。マラリアは主に幼児に影響を及ぼすので，その影響の重みは死亡率の2倍になるのだ。単なる死者数の代わりにDALYを使用することで，どの病気や症状，あるいは死因が人々に大きな負荷をかけているのか，より正確な全体像が得られるのである。

2015年には，感染症（HIVやマラリアなど）がDALY全体の30.1％を占

めたのに対し，非感染症（心臓病，脳卒中，がんなど）は59.7％だった。残りの負荷はけがによるものだ。1990年以降，感染症の負荷は劇的に減少し，非感染症の負荷が増加した。1990年，DALYの上位3位を占めた病因は，下気道感染症，早産合併症，下痢性疾患だった。それらは2015年，それぞれ全体の3位，5位，6位に後退し，代わりに1位から4位を占めたのは，虚血性心疾患（心臓発作），脳血管疾患（脳卒中），腰痛と頸痛だった。死因（症状に伴う生活障害を除く）だけを見てもこの傾向は変わらず，1990年に上位3位を占めた下気道感染症，早産合併症，下痢性疾患は，2015年にはそれぞれ3位，4位，5位に下がった。

非感染症の病気（ほとんどのがん，心臓病，アルツハイマー病，肝硬変，糖尿病，腎臓病）の多くに関するDALYの合計は増加しているが，影響を受ける人の年齢に応じて調整すると，総負荷は下がる場合が多い。つまり，こうした病気にかかる人は増えたが，発症するのは人生の後半に入ってからなのだ。がんのような病気の割合が増えている理由が，これで説明できる。感染症にかかる人が減っているのだ。ここで興味深いのは，高所得の国では，死亡と障害を合わせた主要因のいくつかが，病気ではなく，非致死的な症状だという点である。アメリカの場合，そうした要因の第2位は，腰痛と頸痛である。糖尿病が3位でうつ病が5位，麻薬中毒が7位だ。公衆衛生を評価する場合，死亡だけが重要ではないことは明らかである。

DALYは，病気や症状が人々の一般的な健康に与える負荷を包括的に理解するのに利用できる。DALYは，単なる死者数の議論にディテールを添えることで，大勢ではないが幼い命を奪う，あるいは命は奪わないが大きな苦痛を与えるような病気や症状に対して，私たちの資源をより集中させるのに役立つ。指標にディテールを加えることで，人々の暮らしを向上させるための資源を，より適切に割り当てることができるのだ。ただし，DALYはさまざまな病気と症状の相対的な負荷は教えてくれるが，人々の健康が改善しているのか悪化しているかについては，少なくとも直接的には多くを教えてくれない。DALYは，死因とその相対的な増減だけを見ているだけで，人々の健康が以前よりよくなったかどうかは示さない。人々の寿命が延びたのか，健康になったのかといったことはわからないからである（人口あたり――たとえば10万人あたり――の死者数で間接的に測ることはできる。しかしこ

れを正確に行うには人々の相対年齢などを考慮する必要がある）。ある死因が減ればほかの死因が増えるのは，単に人々がいつかどこかで死なざるを得ないからだ。しかし，発想を変えて，DALYの逆を考えたらどうだろう？　DALYは病気による死と障害の総損失を計算する。その代わりに，人々が苦しみや障害なしに生きる合計年数を計算したらどうだろう？　それが，HALEの行っていることである。

DALYが死亡や障害による人生の総損失を計算するのに対して，HALE（健康度調整平均寿命）はその逆，つまり生存中に期待できる健康年数を計算する。HALEは，典型的な平均寿命を，障害で失われる生活年数を考慮して単純に調整したものである（たとえば，人生の最後の10年間を，消耗性の痛みを抱えて過ごす場合，平均寿命は減る方向で調整される）。

HALEは人々の総合的な健康の明快な全体像を与えてくれる。そうした全体像は，時に死因の陰に隠されたり，DALYで推測するのが困難だったりするものだ。ニュース報道やFacebook上のクリックベイトや偽健康サイトは，何かの病気の上昇率を示した統計数字で人々を不安に陥れようとするが，実際には，世界の全般的な健康状態は改善している。HALEが描き出す健康の全体像は良好だ。世界的に見て，1980年から2015年までの平均寿命は，男性も女性も毎年例外なく向上している。男性の平均寿命は1980年の59.6歳から2015年には69.0歳に，女性のそれは63.7歳から74.8歳に延びた。

DALY，HALE，そして世界の疾病負担が教えてくれるのは，質が大きく異なる測定対象の間の差を，評価指標が区別し損ねている場合があるということである。5歳の死は85歳の死よりはるかに悲しい。重度のうつ病とともに送る人生は，中程度の鉄欠乏症と暮らすより辛い。私たちは，そうした違いに気づかずに，それほど重要でないものを重視し，より重要な症状を無視する傾向がある。要するに，量だけでなく，質を測ることも忘れてはならないのだ。大きければ大きいほどよいとは限らない。

ものごとを純粋に量だけで測り，質の差を考慮に入れない場合，私たちは，非生産的で非効率的な，最適ではないさまざまな行動を引き起こすことになる。

第一に，指標の性質を深く考えないことで，数えやすいが質の低い評価値の水増しが起きる。古生物学者が中国で農民に恐竜の骨の破片の報奨を支払った第1章の例を思い出そう。古生物学者が考え及ばなかったのは，大きさの異なる化石の破片が異なる価値をもつということだった。完全に無傷の骨格は，たとえば大腿骨の小さな破片より価値がある。しかし，大きさにかかわらず骨の破片に報奨を支払うことで，その価値は反映されず，古生物学者は不覚にも，見つけた破片の数を最大化させるという動機を農民に与えたのである。農民はすぐさま骨の破片から高収入を得るすばらしい方法——骨を砕いてたくさんの破片にする方法——を見つけたのだ。

評価値の水増しはどこでも起きる。人事部が，人材の質に関係なく，採用した志望者の人数で評価されると，会社は質の低い従業員でいっぱいになるだろう。IT部門で，作成したコードの行数に応じてプログラマーに報奨を与えると，プログラマーは大量のコードを生成するが，役に立つコードはほとんどない。同じ現象はニューヨークとペンシルバニアの心臓外科医でも見られた。外科医は手術の成功率で評価され，手術の難易度の差は考慮されなかった。そこで医師は，自分の評価を損ないかねない難しい患者の手術を避けるようになった。失敗に終わって評価が下がるような，複雑な手術を引き受ける動機はどこにもなかったのだ。

質が異なるにもかかわらず，量だけで作業を評価する報奨を設けた組織は，作業員が困難で複雑な作業を嫌がり，単純で簡単にできる作業を引き受けて「実績を上げる」ことを好むことに気づくだろう。これは「いいとこ取り」と呼ばれる行為だ。評価される側が，都合のよいものだけを数え，残りを避けるか棚上げすることで，指標を操作するのである。

アメリカの私立教育では，たとえば第1章で詳しく見たように，学校は共通試験における生徒の成績に基づいて評価される（そして，試験結果だけで学校を評価することを疑問視する必要がある）。アメリカの一部には，生徒がどの学校に進むかを選択できるバウチャー制度がある。バウチャーを使えば，州の教育助成金で生徒は希望する学校（主に私立）に進むことができる。この制度の問題点は，バウチャーを使う生徒が通常裕福で，低所得層の生徒よりも成績がよいという点だ。裕福な生徒は，家庭教師を雇う余裕があり，安定した家庭生活や勉強を手伝ってくれる親に恵まれているからだ。さて，

私立学校が，自校の生徒の試験成績が公立校に比べてよいと誇る場合，それは私立校の教育が優れているせいだといえるのだろうか？　それとも，もともと成績のよい生徒を抱えているからだろうか？

高等教育でも明らかに同じ状況が見られる。優良校の多くが，自校の卒業生の給与水準は競合校よりはるかに上だと喧伝している。優良校は「来たれ，我が校へ」と叫ぶ。「当校の卒業生は就職後に他校をしのぐ活躍をしています」。しかし，高額な学費，入学要件，その他の条件のために，そうした学校に通えるのは裕福な家庭の学生である場合が多い。そこで，私たちは疑問をもたなければならない。卒業生の給与が高いのは，大学で受けた教育がよかったからなのか？　それとも，学生の多くが裕福な家庭の出身で，大学へ行こうが行くまいが，高給の職に就く可能性が高いからなのか？

ステーシー・デールとアラン・B・クルーガーはその点をはっきりさせたかった。学生が通う大学は，労働市場での成功に本当に影響するのか，それともその成功は単に意欲，知性，社会的つながりといったほかの要素によるものなのか？　アイビーリーグの学校には，本当に学費に見合う価値があるのだろうか？

高校の成績，共通試験の得点，親の経歴などの要因を考慮することで，この問題を解明しようとした研究は多い。アイビーリーグの教育が本当に重要かどうかを知るためにデールとクルーガーが行ったことは，実に巧妙だった。二人はハーバード，イェール，ダートマスといった大学に入学を許されたものの，何らかの理由で別の大学へ行った学生のデータを丹念に調べた。そうした学校に受け入れられたからには，それにふさわしい経歴と成績の学生だったはずだ。しかし，入学を許されたにもかかわらず，おそらく家庭の事情，学費，あるいはキャンパスが気に入らないといった理由で，別の学校に行くことにしたのだろう。デールとクルーガーは，次にそうした学生の卒業後の収入を，有名校に通った同等の学生の収入と比較した。すると驚くべきことがわかった。アイビーリーグ校に通うことは，のちの人生でどれだけ稼ぐかには何の影響も与えていなかったのである（二人は，学生が黒人やヒスパニック系の場合は，アイビーリーグ校に通うことで収入が増えることを見いだした。その理由として，黒人やヒスパニックの学生は，アイビーリーグに通わなければ，そうした大学の社会的ネットワークに参加できない点を挙

げている）。そうなると，アイビーリーグ校は学生に就職機会を与える点で優れているといえるだろうか？　どうも違うようだ。アイビーリーグ校は単に，どこへ行っても同様の就職機会が得られる学生をより多く入学させているにすぎないのだ。

いいとこ取りは，どちらがよい監督かを確かめるコンテストのようなものだ。こちらのチームはその年の全米オールスターチームで，そちらのチームは仲良しの集まりで構成されているとしよう。二つのチームを同じ水準で比較するのは，本当に公平だろうか？　いいとこ取りが事実上行っているのはそういうことだ。自分がもつ最高の選手なり患者なりプロジェクトなりを選んで，平均と比較するのである。アイビーリーグ校がよく見えるのはそうした理由——最良の（かつ，最も裕福な）学生を選んでおいて，最高の教育を施していると主張する——による。そうした学生は，デールとクルーガーが実証したように，実はどこでもうまくやっていけるのだ。

では，指標が質を考慮に入れていない場合，どうしたらよいだろうか？いいとこ取りや，質が異なるものをひとくくりにして数え上げることから生じる誤解をどのように防げばよいのだろう？　組織が質を管理するために取り得る戦術の一つは，どのプロジェクト，どの作業，どのデータに関しても，「数え上げる」前に，到達すべき最低限の基準を設定することである。最低基準を定めることで，不適当な結果やプロセスを集計対象から外すのである。しかし，最低基準を設定しても，逆効果に悩まされる場合がある。

一つ目の逆効果は，いったん基準に達したら，それ以上努力する理由がないということだ。基準があるのなら，それを達成すれば十分ではないか。住宅建設の基準と，エネルギー効率の最低基準を満たすための報奨がその一例だ。住宅のエネルギー効率を100点中80点に設定した場合，住宅建設業者は80点は確保しようとするが，80点を大きく上回る点を取ろうとはしない。81点から83点の住宅は多いが，95点や97点の住宅はきわめて稀だろう。

基準を設けた場合の二つ目の逆効果は，プロジェクトが基準に達する可能性が低い場合に発生する。そうした状況で起きがちなのは，人々が状況を改善する意欲をまったく失うことだ。基準を満たした場合にのみ価値があり，その基準を満たせないのなら，わざわざ改善する必要はないではないか。最低基準は，平均的な能力を逆に低下させる可能性がある。

次の架空のシナリオを想像してほしい：

32名のスタッフから成るチームが，16件のプロジェクトを完了させる任務を負っている。各プロジェクトにはスタッフが二人ずつ配置された。ただし，質の向上のために，チームはスタッフのうち１名をほかのプロジェクトに再配置することができる。どのプロジェクトでも最低１名は残って仕事をする必要がある。１名しか配置されていないプロジェクトでは，それぞれ，以下に示される最低点を出す。３名配置された場合は以下に示された最高点を出す。チームは各プロジェクトに優先順位をつけず，２名のスタッフを残すこともできる。２名のスタッフがいるプロジェクトは平均点を出す。以下に，プロジェクトごとの可能なアウトカムを示す。

・１件のプロジェクトは40点から55点（平均47.5点）を達成できる。
・１件のプロジェクトは55点から70点（平均62.5点）を達成できる。
・８件のプロジェクトは70点から75点（平均72.5点）を達成できる。
・４件のプロジェクトは75点から82.5点（平均78.75点）を達成できる。
・２件のプロジェクトは82.5点から90点（平均86.25点）を達成できる。

経営者はチームに３通りの方法で報奨を与えることができる。シナリオＡでは，チームに報奨は与えられない。チームはスタッフを均等に配分し，各プロジェクトに２名のスタッフを配置する。各プロジェクトは平均点を達成する。

シナリオＢでは，チームの成績を向上させるために，経営者は各プロジェクトに最低基準を設定する。経営者が設定したのは75点だった。基準を満たしたプロジェクトには金銭的な報奨が与えられる。そこでチームは，点数を72.5点から75点に向上できる８件のプロジェクトに対し，残りの８件のプロジェクトから追加のスタッフを再配置することにし

た。基準を満たすプロジェクトの数は6から14に増える。

シナリオCでは，経営者は最低基準を設定しない。代わりに，チームができるだけ高い平均点を達成するよう奨励する。チームは，平均点を上げるうえで最も影響の大きいものに努力を集中するよう動機づけられる。そこでチームは，70点から75点のプロジェクト以外のすべてのプロジェクトにスタッフを追加配置する。採用したシナリオに基づくチームの平均点は以下のようになる。

シナリオA：73.59
シナリオB：72.50
シナリオC：74.69

この架空事例で，シナリオBのような最低基準の設定は，プロジェクト全体の成績を落とす方向に作用する。最低限の目標を達成するように奨励されたチームは，プロジェクトが基準を超すのを助けられる場合にのみ，資源を割り当てる。しかし，その場合，あるプロジェクトが基準値を超すということは，ほかのプロジェクトから資源が割かれたことを意味する。そして，資源が割かれたプロジェクトのほうにスタッフを追加していれば，より大きな利益が得られたはずだ。各シナリオにおけるチームの平均点を見てみよう。チームが最低基準を満たすように設定されたシナリオBは，平均点を改善するよう奨励されたシナリオCの成績を下回るだけでなく，通常どおりに活動するシナリオAの成績をも下回る。

最低基準の達成を奨励することで，経営者はうかつにも，仕事の全体的な質を落とす方向にスタッフを誘導してしまった。チームは，その努力が必要最低限の結果をもたらすプロジェクトに力を注いだのである。このシナリオは架空のものだが，現実の世界でも起こり得る。

たとえば，サプライチェーン管理における時間指定配送の指標を考えてみよう。ある会社が，指定時間に配達される割合を測定することにした。ただし，平均遅延日数は考慮に入れない。指定時間どおりの配達が一定の割合に達したチームには賞与が与えられる。しかし架空のシナリオと同様，この会

社は，指定時間どおりの配達の割合が低下したうえに，平均遅延日数が増加する事態に直面する可能性がある。なぜだろうか？　それは，いったん配達が遅れてしまうと，遅れが10日でも100日でも同じだからだ。同様に，配達が早すぎても，それが10日早かろうが5日早かろうが問題とならない。重要なのは指定時間どおりに配達することだからだ。遅れること自体は問題にするが，どれだけ遅れるかを気にしない指標は，遅れる配達をますます遅らせ，早すぎる配達に対しては極端には早まらないように作用する。

基準を設ける際には，その基準を満たす測定値の件数だけでなく，基準を上回るか下回る測定値の件数と程度を考慮することが重要である。組織がそのことを怠れば，プロセスの多くは基準をぴったり満たし，基準を上回る幅は小さく，基準を下回るものは基準よりはるかに下にとどまることに，たちまち気づくだろう。

どのような評価指標であれ，測定対象の間に差異がないかどうかを確認する必要がある。がんによる死と心臓病による死は異なる。エイズや重いうつ病を抱えて暮らすことと，不眠症を抱えて暮らすことも異なる。私たちが用いる指標の多くは，現象を単純化するために大きく異なるものをひとくくりにする。それが理にかなっている場合も多い。世界を理解するためのモデルをつくるには単純化が必要だ。さもなければ，モデルは説明しようとする現象と同じぐらい複雑になり，モデルにする意味がなくなるからだ。したがって，ほとんどの評価指標は，測定した結果をわかりやすくするために小さな差異をまとめる必要がある。

ただし，この単純化が行きすぎると，重大な差異がうやむやになり，その重大さが失われてしまう。健康な人生を送った90歳代の死と，6歳の死を同じものとみなすことを考えればわかりやすい。同様の間違いは，地図を用いてさまざまなデータを表現する場合にも散見される。地図は地域に関する情報を伝えるために多用される。森や砂漠の面積や，さまざまな地域で地表がどの程度の日射量を受けるのかを，地図上に視覚的に表示するのはよいアイデアだ。

地図が苦手なのは，人口に関するデータを表示する場合だ。所定の面積の土地に暮らす人々の数は，地域によって大きく異なる。二つの極端な例を挙げよう。日本の首都圏とカナダの国土だ。日本の首都圏には，カナダの総人口より若干多い3700万人が住んでいる。カナダの総人口は3600万人強だ。日本の首都圏の面積はわずか1万3572km^{2}で，カナダの面積は998万4670km^{2}である。地球上で2番目に大きな国であるカナダは，東京の約735倍である。両者は，面積はまったく異なるが同程度の人口を有している。ところが両地域を地図上に表示すると，広大なカナダと比べて，東京は単なる点で表されてしまい，両地域の人口はほぼ等しいという事実が大きく歪められてしまう。そうした奇妙なことが起きるというのに，地図は人口のデータを表すために日常的に使われている。

地図がデータを歪曲しているという点で，アメリカの選挙人の地図ほど広く誤解を招いている例はない。アメリカで選挙人の地図を示す場合，一般的に二つの示し方がある。州ごとの結果を示す全米レベルの地図と，郡ごとの結果を示す州レベルの地図だ。どちらの地図にも深刻な歪みが現れる。この歪みが最も顕著だったのは2016年の大統領選挙である。

全米レベルでは，人口と面積の両方で，州の間には大きな不均衡がある。人口が最大なのはカリフォルニア州で，3300万人以上が住んでいる。以下テキサス州（2000万人強），ニューヨーク州（1800万人），フロリダ州（1500万人）と続く。人口が最も少ないのはワイオミング州で，50万人しかいない。僅差でワシントンD.C.（州ではないが人口比較の目的で州と同等に扱う），アラスカ州，ノースダコタ州が続く。

同様の不均衡は土地面積でも見られる。アラスカ州は147万km^{2}を超す土地を持つ最大の州であり，一方，ワシントンD.C.ははるかに小さく，わずか159 km^{2}である（いずれも水域は含まない）。広い土地に少ない人が暮らす州はアラスカだけではない。モンタナ州には37万km^{2}以上の土地があるが，住んでいるのは100万人未満だ。逆に，ニュージャージー州はわずか1.9万km^{2}の土地に約850万人が暮らしている。

これが意味するのは，選挙結果を示す地図が実態を大きく歪めているということだ。コネティカット州の人口はカリフォルニア州の1/3のように見える。最も極端なのは全米最小の行政区であるワシントンD.C.の有権者で，

アメリカで最大のアラスカ州の1/8500にしか見えない。

アメリカの大統領選挙は単純な一般投票ではない。選挙人システムでは，州ごとに異なる選挙人団の投票を割り当て，わずかな州を除いてその州の勝者にすべての票を与える。選挙人団自体の複雑さ，不公平さ，歪み，不合理性はともかく，データが地図上でどのように表されているかを見るだけで，選挙人団がひどくいびつに表現されていることがわかる。州の1万平方マイル（約2万6000 km²）あたり，選挙人団が何票もっているかを見ると，大きな差がある。アラスカ州は1万平方マイルあたり0.05票だ。モンタナ州は0.2票，メリーランド州は10.2票，ハワイ州は6.22票，ワシントンD.C.は489票である。地図上でワシントンD.C.の選挙人団の1票を表す面積は，アラスカ州のほぼ1/10,000になってしまう。

アメリカ全土の選挙結果地図を見ても選挙結果はほとんどわからない。大きな州もあれば小さな州もあるということが示されているだけだ。

この不均衡は，郡レベルではさらに深刻になる。アメリカで最も人口の多い郡は，1000万人強を抱えるカリフォルニア州ロサンゼルス郡である。最小（2015年時点）はアラスカ州のヤクタト市郡で，人口はわずか613人である。面積が最も小さな郡はバージニア州のフォールズチャーチ市で，5.2 km²しかない。最大の郡はアラスカ州のノーススロープ自治区で，22万9720 km²だ。これら二つの郡の人口は，それぞれ1万3500人強と9500人強である。推薦する大統領候補を郡ごとに示す地図を見れば，ノーススロープ自治区はフォールズチャーチ市より4万4000倍目立つことになる。実際，フォールズチャーチ市はあまりに小さいため，郡ごとの投票パターンを示す地図に登録されることは決してないだろう。

しかし，郡の人口が違うという事実だけが認識の問題を引き起こすわけではない。アメリカの政治的分断は，州と州の分断から，都市と地方の分断にシフトしている。都市部では狭い地域に大勢が暮らしているため，有権者一人あたりの地図面積が地方より小さく，地図上ではうまく表現されない。アメリカの各郡の人口が同じだったとしても，有権者一人が地図に占める面積を考えると，依然として地方のほうが過大に表示されるのだ。

これは2016年の大統領選挙におけるイリノイ州の結果で顕著だった。ヒラリー・クリントンは55％強の票を獲得して同州で勝利した。しかし，イ

リノイ州の選挙結果地図は，誰が見ても共和党が圧倒しているように見える。選挙結果地図は，ほぼ全体が赤（共和党）で，青（民主党）の郡はわずかだ。クリントンは州内の102ある郡のうち12の郡で勝利しただけで，それらの郡の合計面積は州全体の14％を占めるにすぎない。土地面積だけを見ると，この州は共和党が優勢に見える。しかし，そうではない。

問題は一握りの郡——シカゴのクック郡とその周辺——が，イリノイ州の人口の65％を占めている点だ。ドナルド・トランプはクック郡とその周辺の郡以外のほぼすべての郡で勝利したが，クリントンがクック郡で勝利したおかげでイリノイ州を制したのは当然だった。

この歪みに対処する方法の一つは，人口のデータを表現できるよう，地図の使い方を変えることである。州のような広い領域を一つのデータ点として描く代わりに，たとえば1000人を一つのドットで表わすことで，人口データを表せる。ただしドットマップは，大都市圏で特に人口密度の高い場所ではドットがお互いに重なってしまうため，相対的な人口を判断するのが難しくなる。

もう一つの方法は，いわゆるカルトグラムを使うことだ。カルトグラムとはコンピューターのアルゴリズムによって生成される地図である。人口（あるいは測定する現象）に基づいて地域の面積を重みづけするもので，ミシガン大学のマーク・ニューマンが開発した。カルトグラムでは，ワシントンD.C.やコネティカット州のような場所は通常より大きく表示される一方，ワイオミング州，アラスカ州，ノースダコタ州は小さく表示される。問題は，カルトグラムが歪んで見えるため，各地域の空間的な位置がわからなくなる点だ。人口を適切に表現するという問題は解決されるが，認識できないほど地図が歪む可能性がある。

これまで述べたことは，どれも当たり前で驚くにはあたらないだろう。選挙統計とはそういうものだ。しかし私たちのほとんどは，アメリカの選挙地図を見て，州の面積のままに結論を出すほかないのが現実だ。私たちは地図を見て考える。「やれやれ，青だらけだ。民主党が勝つに違いない」とか，その逆とかだ。そう考えざるを得ない。出生率，犯罪，収入，年齢，スポーツクラブといった人口に関わるあらゆる情報についても同じことがいえる。人口のまばらな地域で出生率や犯罪率が異常に高かったり，高所得者や特定

チームの応援団が多かったりする場合，実際に起きていることに対する私たちの認識は，大きく歪められる可能性がある。結局，人口に関わる情報を地図で扱うのはやめたほうがよいということだ。

同じことは，いくつかの変数が単一の指標にまとめられているあらゆる評価指標にも見られる。論文の発表件数に基づいて教授を評価すると，選挙地図から結論を出さざるを得ないのと同様の問題が生じる。論文が取るに足らないものであれ，画期的なものであれ，同じように扱われるからだ。アインシュタインは生涯で論文を３本しか発表しなかったが，周知のように，その３本の論文は物理学に革命をもたらした。政策を，それが影響する企業の数で評価すると歪みが生じる。数万人を雇用する企業もあれば，従業員数が一桁の企業もある。雇用創出に関する統計でも同様だ。高収入の専門職もいれば，低賃金の単純労働者もいる。

リンゴとオレンジを混同する誤りは，数値に含まれる大きな質の差に気づかないまま，数値の大きさを誇る場合に生じることが多い。この誤りはさまざまな場面で見られる。Twitterのフォロワー数，消費カロリー，労働時間，完了作業数，販売製品数，雇用創出件数，ウェブサイトの訪問回数……いずれも測定されるものは実に多様だ。Twitterのすべてのフォロワーを同一視することはできない。いくつかはボットだ。300kcalの果物と豆を食べるのと，300kcalのバターを食べるのは違う。生活費すらままならない仕事と，健全に暮らせる生活費を稼げる仕事は別だ。もうわかっただろう。

どんな評価指標も，分析単位を間違えると，測定対象の実態を覆い隠してしまう。そうした欠点に対処する方法はいくつかある。評価指標は，実際の目的に応じて重みづけができる。失われた人生の年数を，平均寿命より前に失われた年数で重みづける方法とか，カルトグラムで人口に基づいて面積に重みをつける方法がそうだ。しかし最も大事なことは，そうした誤りを認識しさえすれば，間違いを起こす前に問題を見つけることができるということだ。

第７章　数えられるものすべてが大事なわけではない

街灯効果

簡単な仕事だ。いい子ぶるなよ。駐車違反，250（職務質問）だ。歩いているなら誰でもいい。いいか，止めて尋問しろ。250だ。何もなかったら放してやれ。どうせ何も言わん。次の奴を250だ。

――レイモンド・ステュークス巡査部長が朝礼で職務質問のノルマを達成する方法を巡査に指導している場面（ニューヨーク・ベッドフォード＝スタイベサント地区81分署）

夜中に巡査が通りを歩いていた。別の通りに目をやると，男が街灯の下で何かを探している。男に近づいた。相当酔っぱらっている。

「どうしました？」と巡査が尋ねる。

「いや，なに，鍵をなくしたんだ」と男は答える。

よき警察官である巡査は，鍵を探すのを手伝った。ベンチの下から縁石に沿って芝生まで探す。数分経った。街灯の下のどこにも鍵は見当たらない。

「本当にここで鍵を落としたんですか？」と巡査が尋ねる。

「いや」と男は答える。「あっちの茂みでなくした」

腹を立てた巡査は「茂みで鍵をなくしたのに，どうして街灯の下を探すんです？」と詰め寄った。

男は答える。「そりゃあ，ここは明るくて，よく見えるからさ」

2009年10月31日，エイドリアン・スクールクラフトは勤務中に気分が悪くなり，上司に早退する旨のメモを残して帰宅した。家に着くと短パンとTシャツになり，風邪薬を飲んでベッドに入った。数時間後，アパートに男たちがやってきてスクールクラフトをベッドから引きずり出し，床に押さえ

つけた。その結果，スクールクラフトは六日間入院することになる。

この事件が異様だったのは，スクールクラフトがベッドフォード＝スタイベサント地区にあるニューヨーク市警察81分署の巡査だったという点だ。さらに不可解だったのは，その晩アパートに侵入した男たちも警察官だったことである。警察官のうちの一人は81分署の署長で，もう一人は副署長だっのだ。

それより19年前の1990年9月2日の日曜日，ユタ州出身で20歳のブライアン・ワトキンスは，両親，兄，義理の姉とともに，地下鉄Dトレインのホームで列車を待っていた。一家はセントラルパークのレストランへ夕食に行くところだった。ホームで待っている間に，若者の一団がブライアンと家族を取り囲んだ。若者たちは母親と父親を襲い，父親のズボンを切り裂き，母親に殴りかかった。ブライアンと兄が暴行を止めようと間に入ると，若者の一人がナイフを取り出し，ブライアンの胸に突き刺した。ブライアンはホームで息絶えた。

ブライアン殺人事件は，ニューヨークのみならずアメリカ中で激しい怒りを呼び起こした。この事件は地元紙だけでなく，*Los Angeles Times*，*The New York Times*，*Chicago Tribune*を始め，全米の多くの日刊紙の見出しを飾った。*People Weekly*はこの事件を特集して「よそ者の死」というタイトルをつけた。*Chicago Tribune*の見出しは「ニューヨークの終焉」で，この事件を「栄華を極めた都市の凋落の象徴」と評した。15日後の*Time*の特集記事は「腐ったビッグアップル」だった。

1980年代から1990年代初頭にかけて，ニューヨークの地下鉄は，控えめにいっても危険な場所だった。ブライアン・ワトキンスが殺された年，ニューヨークの地下鉄ではほかに25名が命を落とした。地下鉄をむしばんでいたのは殺人だけではなかった。1990年はニューヨークの犯罪の荒波が頂点に達した年である。ニューヨークの地下鉄では1万7497件に及ぶ凶悪事件が発生した。強盗，強姦，暴行，窃盗，さらには26件の殺人がその年に起きたのだ。犯罪の増加は歯止めが利かなかった。強盗に限っても，

1988年に21％，1989年に26％，そして1990年の最初の2カ月だけで，さらに25％増加した。その年，ニューヨーク市では2000件以上の殺人が発生した。

凶悪犯罪に加え，軽微な違反には手の施しようがなかった。無賃乗車は常態化していた。1990年，改札を跳び越えるなどの方法で運賃を払わずに済ませる者の人数は，年間5700万人以上に達し，ニューヨーク市は6500万ドル近い収入を失った。正直に料金を払った者は改札に陣取る強盗に出くわし，その強盗の運賃を払わされた。強盗，無賃乗車，運賃のたかりに加え，地下鉄のホームレスも当たり前の存在になっていた。地下鉄の構内には推定5000人のホームレスが住んでいた。1989年だけで，そのうちの80人以上が命を落とした。

ニューヨーカーは地下鉄に乗るのを恐れた。1992年，地下鉄に乗る際に，乗客の97％が何らかの防衛手段をとっているといわれた。危なそうな人物や場所——駅構内，地下鉄車両，地上出口など——を意識して避けた。その年，地下鉄システムを改善するための最優先事項は犯罪を減少させることだと，ニューヨーカーの40％が感じていた。夜8時以降の地下鉄が安全だと感じるニューヨーカーは9％しかいなかった。状況は耐えがたいものだった。誰かが何とかしなければならない。その誰かになったのが，ウィリアム・ブラットンだった。

ブラットンは1970年，ボストンで警察官としてのキャリアを始め，巡査部長，警部補と出世していった。1980年には史上最年少でボストン警察第2位の地位である副署長に就任した。肌の合わない署長を追い落としたい気持ちをあるジャーナリストに漏らすという間違いさえ起こさなければ，そのままボストン警察で出世の階段を昇っていたかもしれない。ブラットンはマサチューセッツ湾交通局の警察署長に転出し，その後マサチューセッツ首都圏警察委員長となった。ブラットンは野心的で才能のある警察官だった。1990年，ブラットンはニューヨーク市交通警察部長に就任する。

ブラットンの仕事は簡単なものではなかった。1992年の時点で，ニューヨーク市交通警察は4100名の署員を抱え，アメリカでも最大規模の警察部隊となっていた。ボストン警察より多くの署員がいたのだ。ニューヨーク市では毎日300万人近い乗客が地下鉄を利用していた。ブラットンは全米最

大の公共交通機関における，常態化した犯罪に直面したのだ。どこから手をつけるべきか？　ブラットンがニューヨークの地下鉄を安全にするためにとった戦略を理解するには，ジョージ・ケリングについて知る必要がある。

ジョージ・ケリングは，保護司と児童相談員を経て，1973年にウィスコンシン大学マディソン校から社会福祉の博士号を取得して犯罪学者となった。ケリングと，もう一人の犯罪学者ジェームズ・Q・ウィルソンは，1982年に*Atlantic*に『*Broken Windows*（割れ窓）』という論文を発表して，警察，公安関係者，政治家，そしてウィリアム・ブラットンの関心を引いた。

割れ窓というたとえは，実は，スタンフォード大学のフィリップ・ジンバルドーという心理学者が考え出したものである。ジンバルドーは1969年に，社会の無秩序と物理的環境の状況に関する風変わりな実験を行った。ジンバルドーは車を2台用意し，ナンバープレートを外し，ボンネットを開け，道端に停めた。1台はニューヨークのブロンクスに，もう1台はカリフォルニアのパロアルトに停められた。ブロンクスの車は，ジンバルドーが車を停めてから10分も経たずに壊された。4人家族がラジエーターとバッテリーを取り外し，別の人間が窓ガラスを割って部品を引き抜いた。車は最終的に近所の子どもの遊び場となった。パロアルトの車には，1週間の間，誰も触らなかった。そこで，ジンバルドーが大きなハンマーを振り下ろすと，近所の住人が破壊に加わった。数時間のうちに，車はひっくり返され，ぼろぼろにされた。どちらの場合も，破壊者のほとんどは「身なりのよい，明らかにまともそうな白人」だった。

ケリングとウィルソンは，ジンバルドーの実験から，割れ窓を放っておいたら，ほかの種類の暴力や破壊や反社会的行動につながるのではないかと類推した。割れ窓があると，子どもは規則を軽視し，大人は子どもを叱らず，建物は放置され，雑草が茂り，ティーンエイジャーがたむろして通行人に嫌がらせをし，けんかが起き，公共の場で飲酒が始まり，まもなく市民が襲われ，略奪されることになる。すべては割れ窓から始まるのである。

ケリングとウィルソンが街の生活環境の悪化度合いを記述するのに用いた言葉は***無秩序***だった。二人によれば，無秩序――割れ窓，放置された区画，建物の落書き，たむろするティーンエイジャーなど――は，重大な犯罪に

つながる。そうした状況を見た者は，普段の生活環境を気にする者がいないのであれば，強盗のような重大な犯罪を気にする者も，たぶんいないだろうと思うのだ。

犯罪者が増長するだけでなく，一般市民も無秩序に対抗する行動をとる。まず防衛策を取り始める。夜間の外出を避け，不審な人物とことを荒立てるのを避け，近所の秩序を保つ努力を放棄し，警察に通報しなくなる。警察が何かしてくれるとは信じていないからだ。

そのように，小さな問題に注意を払わないでいると，やがてより大きな問題に対処する必要が生じる。ケリングの割れ窓理論の核心部分は単純だった。つまり，無秩序を減らせば犯罪が減るというものだ。ブラットンにとって，ニューヨーク市の地下鉄は無秩序そのものだった。地下鉄の無秩序は一つの完結した生態系を形成していた。不良グループは乗客に強盗を働き，車両に落書きをし，ホームレスはトンネルで眠り，乗客は改札を跳び越して運賃を踏み倒す――いずれも無秩序が蔓延した生活環境のアウトカムだった。ブラットンにとって，無賃乗車は軽微な違反や軽犯罪ではなかった。無賃乗車をする者は，これ見よがしに法律を軽視することで，無秩序を助長する環境づくりに加担しているのだ。そうした連中は改札を跳び越えることで，交通機関の売上を奪うだけでなく，他人にも法律を軽視する暗黙の了解を与えているのである。地下鉄の犯罪と闘うには，生活環境全体に手をつける必要があることが，ブラットンにはわかっていた。ブラットンは仕事に取りかかった。

ブラットンがニューヨーク市交通警察部長に任命されたのと同じころ，ジャック・メイプルという警部補が，やがて世界中に広まることになる犯罪分析システムの基本機能を開発していた。メイプルは，交通警察がより有効に機能するためには，犯罪が起きそうな場所を積極的に予測し，犯罪が起きる前に，そうした場所に警官を配備する必要があると考えていた。メイプルは，地下鉄で犯罪が発生した場所の地図をつくり始めた。地下鉄の各駅で発生した犯罪の件数と種類を記入し，地下鉄の犯罪にパターンがあるかどうかを突き止めようとしたのだ。データを分析する強力なコンピューターはおろか，分析ツールさえもっていなかったメイプルは，自分でプリントアウトしてアパートの壁に貼った地図に印をつけるところから始めた。犯罪はクレヨンで記録した。メイプルは自分の地図を「未来図」と呼んだ。ウィリアム・

ブラットンは，メイプルが作成した地図の有効性をすぐに認識した。地下鉄警察官は犯罪傾向を地図にして分析することで，前もって効果的に巡査を配備できるのだ。

ブラットンはメイプルの犯罪多発地点を示した地図を使って，常習犯，特に若者の不良グループに的を絞った取締りを行った。襲撃事件に関わったグループのなかの一人を逮捕するだけでは満足せず，刑事にグループ全員の後をつけさせた。容疑者を特定するために，目撃者に学校まで同行してもらうことさえした。ブラットンはまた，令状に基づいて捜査を始めるまでの期間を30日から24時間に短縮した。そして，大規模な無賃乗車一掃作戦を指揮した。多数の私服警官を地下鉄の構内に潜ませるのも戦略の一つだった。制服警官には，無賃乗車を減らす効果はほとんどなかった。無賃乗車をする者は，制服警官が目に入ると改札を跳び越す危険を冒そうとしないからだ。この一掃作戦では，無賃乗車をした者を捕まえただけでなく，ほかの犯罪も抑制できた。捕まえた相手を身体検査して武器の所持を確かめ，令状に基づいて尋問できたからだ。無賃乗車で逮捕された者のうち，7人に1人が別の罪状でも逮捕状を請求されることになった。ブラットンは，無賃乗車と強盗だけでなく，物乞い，密売，喫煙，飲酒，さらには駅で寝そべっている者さえ厳しく取り締まった。ホームレスは，警察だけでなく，彼らがねぐらとしている24時間運行の地下鉄当局の申告によっても取り締まられた。

戦術は奏功した。1990年10月から1995年10月にかけて犯罪は毎月減少した。重罪は64％，強盗は74％減少したのだ。無賃乗車は1994年までに半分に，1995年までに1/3に減り，それまで失われていた収入の4000万ドルを回収した。ホームレスは80％減った。それでもブラットンの仕事は終わらなかった。

1994年，ニューヨーク市地下鉄におけるブラットンの成功は，新たに選出された共和党の市長，ルディ・ジュリアーニの関心を引いた。ジュリアーニは連邦検事として犯罪防止キャンペーンを推進し，現職のデイビッド・ディンキンス市長を破っていた。

ジュリアーニは市長としての初仕事の一つとして，ブラットンをニューヨーク市警察（NYPD）の警察委員長に任命した。ブラットンは就任後，ただちに二つのことを行った。その年の重大犯罪を10％削減する目標を立て，

アパートの地図で地下鉄犯罪を追跡していたジャック・メイプルを補佐官に任命したのだ。

ブラットンとメイプルがNYPDを引き継いだときには，犯罪データを追跡し地図にするシステムは，いっそう洗練されたものになっていた。メイプルのアパートの壁に貼られた地図のクレヨン印は，コンピューターとスプレッドシートを使った精密なシステムに進化していた。この犯罪データ収集報告システムには，1995年までにCompStatという名前がついた（コンピューター統計の略なのか，比較統計の略なのか，誰も知らないらしい）。このシステムは，その後数十年間，NYPDの戦略と戦術を定め，国内外の数十の都市に展開されることになる。

NYPDに着任してCompStatを導入するより前に，ブラットンが気づいていたことがある。組織というものはリスクや失敗を避ける傾向にあり，分署長は規則と手続きに縛られているということだ。戦略的な指示はほとんどなされておらず，分署は細かな点まで管理されていた。ブラットンはそうした慣習を排除した。CompStatの下で，分署長には本部の干渉を受けずに独自の作戦を立てる相当の余地が与えられた。一方で中央指令部は，戦略的な方向性を示し，分署に業務の遂行に責任をもたせた。巡査は逮捕を行い，「積極的に」生活の質に関する法を執行するよう奨励された。CompStatは，分署長たちに，自分が望む方法で分署を運営する独立性を与える一方で，本部が示す統計指標を達成する重い責任を負わせた。どの分署長も自分の管区の犯罪率について責任を問われた。ブラットンは次のように述べている。「我々はNYPDを民間の利益志向の企業のように運営し始めた。利益とは犯罪の減少であり，競争相手は犯罪者だった」

CompStatシステムは4本の柱で構成されていた。正確で時宜を得た情報，個々の問題に対する効果的な戦術，問題発生地域への迅速な展開，および問題が解決されたことを確認するための徹底的な追跡である。CompStatの活用は，首脳陣が毎週個別に開催する分署長会議と刑事分隊長会議を中心に行われた。会議では，徹底的な地理的分析によって見いだされた犯罪傾向が検討され，戦術が立てられ，資源が割り当てられた。分署長や分隊長は，少なくとも6週間に一度報告書を提出する必要があり，すみやかに説明責任を果たす雰囲気が醸成された。NYPDではこのシステムにより，どこかの分署

で機能した戦術を見極め，ただちにほかの分署に展開することができたのである。

CompStat会議は，集中的なデータ収集・報告システムに支えられていた。犯罪データはシステムに入力され，地理的にひもづけされ，毎週報告された。ところで，システムはどの犯罪を最も重要視するか優先順位をつける必要があり，それを統一犯罪統計と呼ばれるものに頼った。

統一犯罪統計（UCR）は1920年代に国際警察署長協会と社会科学研究会議によって作成された。都市間の犯罪率を比較するために，協会では当初七つの犯罪，すなわち殺人，過失致死，強姦，強盗，加重暴行，窃盗，自動車盗（1979年に放火が追加された）を用いることを決定した。これらの犯罪は「重大犯罪」として知られるようになる（1985年以降は重大性が低い第2類分類が制定されて「第1類重大犯罪」となった）。最初のUCRは1930年に公表され，アメリカの43州400都市の犯罪データを包含していた。それ以降，UCRは各都市が犯罪を報告するうえでの主要な様式となった。

UCRは，発生した（より正確には報告された）犯罪件数を伝えるだけでなく，逮捕件数や，いわゆる検挙率，あるいは犯罪の解決率に関するデータも提供した。そうしたデータは市民，メディア，政治家，警察自体が，犯罪の問題と警察の有効性を理解するのに役立った。標準化されたシステムにより，市民は各年の犯罪率だけでなく，都市間の犯罪率も比較できる方法を手に入れた。ニューヨークはボストンより危険なのか？　ロサンゼルスはアトランタより安全なのか？　デトロイトの犯罪は増えているのか減っているのか？　UCRはそうした疑問に答えたのである。

CompStatはUCRに大きく依存していた。CompStatは，ニューヨークとほかの都市を比較するために，NYPDが使える犯罪報告の標準化システムだけでなく，重点的に取り組むべき重大犯罪のリストも分署長に提供した。CompStatは当初主要な犯罪，つまりUCRの重大犯罪に焦点を当てていたが，まもなく「生活の質の取締り」に重点を移し，大麻使用，落書き，公共物損壊といった軽微な違反を追求し報告するようになる。CompStatは割れ窓の取締りをシステム化したものとなったのだ。ブラットンはCompStatの導入と並行して，ニューヨーク市警察の規模も拡大し続けた。ジュリアーニが選出される直前に，前市長のデイビッド・ディンキンスと警察委員長レ

イモンド・ケリーが，警察力を大幅に強化するようクリントン大統領に予算増を訴えていたのは幸いだった。巡査の人数は，1993年の約2万7000名から2001年には4万1000名へと劇的に増加した。前警察委員長のケリーの下で拡大された歩行パトロールは撤回された。ジュリアーニとブラットンにしてみれば，歩行パトロールは手ぬるすぎて，ブラットンが望む結果を達成できなかったのである。

ニューヨーク市交通警察部長，およびその後の警察委員長としての在任期間中，ウィリアム・ブラットンは信じがたいほどの犯罪の減少を主導した。ニューヨークの犯罪件数はわずか3年で40％減少した。殺人は50％減少した。ニューヨークに75ある分署のすべてで減少したのだ。暴行と強盗もほぼすべての分署で減った。ブラットンは1994年に設定した犯罪抑止目標を上回る成果を上げた。犯罪件数は1994年は12％，1995年は16％減少した。ブラットンが去った後も，1990年代を通じて犯罪は減り続け，21世紀を迎えた。

CompStatシステムは数年のうちに，ワシントンD.C.，オースチン，サンフランシスコ，ダラス，デトロイト，バンクーバー，ミネアポリス，さらにはロンドンやオーストラリアまで広まった。ウィリアム・ブラットンは，2002年から2012年まで警察委員長を務めたロサンゼルスにもCompStatを持ち込んだ。ニューヨークに導入してから10年後の2004年までに，CompStatは，職員が100名以上いるアメリカの警察の1/3に普及した。犯罪や無秩序と闘う割れ窓取締り戦略と，そこに導入されたCompStatシステムは，近代で最も効果的な犯罪対策であることが証明された。

しかし，本当にそうだったのだろうか？

エイドリアン・スクールクラフトは，内気で声が小さく，時には知的な面も見せるが，概して人づき合いの苦手な子どもだった。酒もたばこもやらず，なかなか友達ができなかった。両親がわずか20歳と19歳のときに生まれたエイドリアンは，子どものころはテキサスの片田舎で育ち，どう見ても社交的ではなかった。父親は元憲兵で，母親は銀行に勤めていた。ほとんどスポー

ツをせず，多くの時間を独りで過ごした。ガールフレンドには縁がなく，読書やビデオゲームを好んだ。

エイドリアンは高校卒業後，アメリカ海軍で衛生兵として4年間を過ごした。名誉除隊したのち，大学に進んだが，テキサス大学オースチン校で1学期を過ごしただけで中退した。しばらくの間，ウォルマートとモトローラで働いたが，2年後にモトローラから解雇された。それからニューヨークのジョーンズタウンに移り，両親と暮らした。そして，9.11同時多発テロが発生した。

9月11日の事件に触発されて軍隊や警察に加わった多くのアメリカ人とは異なり，エイドリアンが国家に奉仕する義務感に駆られることはなかった。警察に入ったのは，NYPDがその地域で募集をしており，巡査に応募するよう母親に説得されたからだ。エイドリアンは採用試験を受け，トップに近い成績を上げた。こうして，歴史上最も有名な内部告発者の一人となるエイドリアン・スクールクラフトは，――母親に促されて，あまり気乗りせずに――NYPDに加わったのである。

エイドリアン・スクールクラフトが2002年にNYPDの警察学校で訓練を受け始めたころ，CompStatは導入から数年が経っていた。エイドリアンが現場に配属される直前，マイケル・ブルームバーグがニューヨーク市長になり，レイモンド・ケリーを警察委員長に任命した。同じ人物が，間を置いて二度委員長に任命されるのは初めてだった。CompStatは，ブラットン委員長が8年前に導入して以来，NYPDの職員のキャリアを左右していた。ブラットンが退任し，ケリーが就任するまでの間に委員長を務めたハワード・サフィールとバーナード・ケリックはシステムに手をつけず，CompStatは相変わらずNYPDを支配していた。分署長たちは管轄地域の犯罪率に基づいて昇進したり配置転換させられたりしていた。数字を達成すれば昇進できたのだ。

ケリーは，CompStatシステムを使い続けただけでなく，それを拡張した。分署長は，管轄区域の犯罪率だけでなく，その区域で署員が執行した逮捕，出頭要請などの件数に関する活動報告にも責任を負った。ケリーの下では，職務質問や地域の見回りといった細かな任務さえ記録された。そして，生産性にこだわるブルームバーグ市長の下で，システムはさらに強大になった。

警察学校の訓練を修了したスクールクラフトは，最初の８カ月を「インパクト」と呼ばれる新人訓練プログラムで，パトロール巡査として過ごした。その後，2003年7月に，ブルックリンのベッドフォード＝スタイベサントにある81分署に配属された。ベッド＝スタイと呼ばれるほうが多いこの地区は，普通，巡査が配属されたいと願う場所ではなかった。ベッド＝スタイはそもそも，もっとましな勤務地にしてもらうコネがない巡査や，本部ともめた巡査や，上司と折り合いの悪い巡査の掃き溜めだったのだ。1970年代の有名な内部告発者であるフランク・セルピコが配属された分署でもあった。ベッド＝スタイは長年，ニューヨークにおける黒人の権利擁護運動や政治活動の中心だった。スパイク・リーの映画『ドゥ・ザ・ライト・シング』はベッド＝スタイで撮影されている。ジェイ・Z，リル・キム，ノトーリアス・B.I.G.（ラッパー），モス・デフ（俳優），オール・ダーティー・バスタード（ヒップ・ホップ・アーティスト）は，いずれもベッド＝スタイを故郷と呼んでいる。ある巡査部長はベッド＝スタイのことを「誰もが笑顔で幸せそうに歩くマンハッタンのミッドタウンとはわけが違う。ここはベッド＝スタイだ。きっと全員に逮捕状が出ている」と語っている。

スクールクラフトは81分署に6年間とどまった。逮捕は71件で，うち17件が重罪，42件が軽犯罪，12件が違反だった。「優秀警官賞」と「勲功警官賞」という二つのささやかな賞をもらった。そのキャリアの最初の数年間は，ごく平凡なものだった。スクールクラフトはまともな巡査であり，評価はよく，分署で波風を立てることもなかった。ただ，残業を強いられるのを嫌って，多少の文句を口にした。当時NYPDで一般的だった残業は，過労や睡眠不足を招き，危険で，事故や怪我につながりかねないと感じていたのだ。

もっとも，それが問題になることはなかった。だが，2006年10月，状況は変わり始める。

その月，スティーブン・マウリエッロが81分署に副分署長として赴任した。1年後，マウリエッロは分署長となる。マウリエッロは，いうなれば数字至上主義者だった。取締りに対する姿勢は生産性と数字を重視するもので，CompStatシステムと相性がよかった。分署長としての戦術は明確だった。数字を達成するか，責任をとるかだ。与えられた成績基準に達しない巡査は

配置転換の警告を受けた。そうした姿勢は，マイケル・マリノの指揮下にあったブルックリン北地区指令部の全面的な支持を受けた。司令部では独自のCompStat会議を開き，重大犯罪だけでなく，各巡査が切った反則切符の数や，署員の病欠日数といった，こまごまとした統計を記録し始めた。

81分署における生産性指標向上の圧力は2007年から高まった。巡査部長たちはスクールクラフトに，数字を達成するか，さもなければ責任をとれと圧力をかけ始めた。スクールクラフトは，取締りのノルマ達成の圧力が，自分の考える警察活動と相容れないと感じた。スクールクラフトにとって，警察活動とはノルマを達成することではなく，地域社会の友になることだった。「シートベルト違反を摘発したら，免許証や身分証明書を確認するだけで十分で，反則切符を切る必要はない……警告して戒めるだけでよいのだ。一般市民に厳しく当たる必要はない」。しかし，周囲の同僚が行動を変え始めたことにスクールクラフトは気がづいた。分署の警部補や巡査部長が，報告書を作成している巡査の肩越しに覗き込んで，事件の分類方法に口をはさみ始めた。ほかの巡査が，「ゴースト250」と呼ばれる偽の職務質問報告書を作成しているのを目撃したこともある（NYPDでは職務質問に250番というコードをつけていた）。

スクールクラフトは，自分が目撃した同僚の巡査の行動をメモに記録し始めた。そして，さらに重要なことに，上司の行動も記録した。スクールクラフトは分署の方針に従おうとしなかった。偽の報告書を作成することや，単に目標に合わせるために取締り件数を増やすことを拒否した。2008年12月，逮捕や出頭要請といった活動に関する個人成績の低さゆえに，スクールクラフトはニューヨーク市警察の巡査になって以来最低の評価を受けた。5点満点の2.5点だった。スクールクラフトは不服申立てを決意した。自分の評価について不服申立てを行うと上司に告げた翌日，スクールクラフトのロッカーに警告書が投げ込まれた――「仕事が嫌なら，別の仕事を探せ」。スクールクラフトは2月20日に別の話し合いをもったが，警部補は「数字を達成しろ」と言い続けた。2月22日に再度話し合いがもたれ，今度はマウリエッロ分署長，警部，警部補２名，巡査部長３名が同席した。スクールクラフトはそこでも数字を達成するように言われ，またしても抵抗した。

「それが出頭要請であれ，逮捕であれ，警告であれ，叱責であれ，私は目

撃した不正のすべてに対して行動を起こした」。スクールクラフトはゲームに加わりたくなかったのだ。スクールクラフトは警察で誰もやろうとしないことをした。上司に反抗したのである。スクールクラフトは弁護士を雇い，自分の低評価について不服を申し立てた。また，別の事件で上司が文書を改竄したことも非難した。自分が上司やほかのパトロール巡査と交わした会話をメモに記録した。3月13日，上司の巡査部長の一人がスクールクラフトのメモを取り上げ，スクールクラフトが上司について批判的な記録を残していることが発覚した。スクールクラフトが自分たちの行動を文書化していることを分署長が知ったとき，スクールクラフトには友人がいなかった。

スクールクラフトは2009年を通して，分署の様子や，分署で起きていると思われる不正行為を上層部に警告しようと試みた。4月にはNYPD地区の警察医と心理カウンセラーに，7月には別の心理カウンセラーに……。スクールクラフトの訴えに耳を傾ける者はいなかった。逆に，7月の心理カウンセラーとの相談の後，警察はスクールクラフトを警戒して，内勤に異動させた。8月，スクールクラフトは総務部長のチャールズ・キャンプシスに手紙を送り，分署の上司2名が市民の被害届のファイルを改竄しているのを目撃したと告げた。エイドリアンの父親は，助けを求めてデイビッド・ダークに接触した。ダークは，1970年代にNYPDの腐敗を暴露したフランク・セルピコを助けた人物だった。

10月7日に，今度はスクールクラフトと犯罪統計を監査する品質保証部門（QAD）の間で話し合いがもたれた。スクールクラフトはQADから，不服申立てを真剣に受け止めていると告げられた。しかし何も起きなかった。代わりに10月中旬，スクールクラフトは「強制監視」を宣告された。そして，10月31日の夜が訪れる。

10月31日の勤務が始まると同時に，相変わらず内勤だったスクールクラフトのメモは，ティモシー・コーギー警部補に押収された。そのメモこそ，ノルマの割り当て，訓練不足，上司の脅し，犯罪の微罪化，疑問の残る命令などに関して，スクールクラフトが記録したものだった。コーギーはメモをコピー室に持ち込み，そこに3時間こもった。コーギーはメモのコピーを数部手にして部屋に戻り，そのうちの1部をマウリエッロ分署長の机に置いた。スクールクラフトは不安でたまらなかった。何かが起きていることを察し，

コーギーが自分を見る目に恐怖を感じたスクールクラフトは，その場を離れることにした。上司のラッシーナ・ハフマンのところに行き，胃が痛いと言って早退を申し出るつもりだった。ハフマンは電話中だったので，スクールクラフトはメモを残してすぐに家に向かった。アパートに着いたスクールクラフトは，風邪薬を飲んでベッドにもぐり込んだ。

スクールクラフトが分署を出てすぐ，当直の警部がスクールクラフトの家に警部補を送って，家にいるかどうか確かめさせた。警部補は，その後数時間のうちに数人の巡査と合流した。さらに数時間後，警視正１名，警視２名，警部１名，警部補数名，さらに別の四つの部隊の巡査部長が，スクールクラフトのアパートの外に到着した。全部で12名ほどのNYPDの警察官がいた。そのなかにはマウリエッロとブルックリン北地区司令官のマイケル・マリノ警視正も含まれていた……無断外出の巡査一人のために。

警察官たちは，電話をかけたり，ドアをノックしたりして，何度もスクールクラフトと接触を試みたのち，家主から鍵を借りて，とうとうスクールクラフトの部屋に踏み込んだ。部屋に入ると，ほかの警察官がスクールクラフトに署に戻るよう指示し，諭し，強要したが，スクールクラフトは拒み続けた。スクールクラフトは精神的な問題を抱えており，感情的に障害のある人物だと主張する巡査もいた。スクールクラフトは，単に気分が悪いだけであり，分署に戻るのは自分の意思に反すると言い張った。

押し問答が続いたのち，マリノ司令官はとうとう堪忍袋の緒を切らし，ほかの巡査に「もういい，奴を捕まえろ。これ以上我慢できん」と怒鳴った。４人の巡査がスクールクラフトをベッドから引きずり出し，床に押さえつけ，両手を背中に回し，顔にブーツを押しつけ，手錠をかけた。巡査たちはスクールクラフトを救急車に押し込み，クイーンズのジャマイカ病院に搬送した。スクールクラフトは患者番号130381874号として精神科病棟に収容された。病院に着いてから９時間の間，スクールクラフトは手錠をかけられたままストレッチャーに乗せられ，電話をかけることも，水を飲むことも，食べることも，トイレに行くことも許されなかった。入院中，スクールクラフトは巡査に常時監視された。精神科病棟に収容された理由はまったく告げられなかった。病院で六日間を過ごし，入院費として7195ドルを請求された。病院から解放されると，エイドリアン・スクールクラフトと父親のラリーは，

この件に関して相談できそうな，あらゆる人物と接触を試みた。監査機関，弁護士，ラリーの知り合いの警察官，FBI，連邦検事，ブルックリンとクイーンズの地区検事長，パトロール巡査互助会，警察官組合，警察官組合の弁護士……。この件とエイドリアンの同僚がしていることに関して，思いつく限りの人に連絡をとろうとした。だが，誰も耳を貸さなかった。この件の徹底的な調査を約束していた内部監査部でさえ，何の反応も示さなかったのだ。スクールクラフトは，まともに取り合ってもらえるどころか，無給の停職処分を受けた。

エイドリアンと父親は，まもなくニューヨーク州北部のジョーンズタウンに戻った。そこでもNYPDの巡査が継続的にアパートを訪れ，エイドリアンに面会を求めたが拒絶され，巡査は監視を始めた。その後数カ月間，エイドリアンと父親は地区検事長に接触したが何の役にも立たなかった。裁判所にもこの件に関して訴状を提出した。NYPDとジャマイカ病院が，エイドリアンの公民権を侵害し，名誉を棄損し，中傷し，恐怖と不当な罰則を与え，人格を傷つけ，個人的な医療情報を漏らしたという内容である。*New York Daily News*の記者にも1面記事で取り上げるよう訴えたが，ほとんど反応はなかった。

そして2010年3月，スクールクラフト親子は，ニューヨークの地元紙*The Village Voice*のグラハム・レイマンに接触した。エイドリアンはレイマンに暗号のような電子メールを送った。そこには，81分署の巡査部長の一人が巡査たちに，強盗の被害届が出されても受理せず，刑事部に伝えるだけにしろと指示している録音が添付されていた。たいした事件ではなさそうだったが，興味をもったレイマンは，3月16日にスクールクラフト親子が借りているジョーンズタウンのアパートで会うことに同意した。話し始めて数分後，エイドリアンの写真を撮ったレイマンは，それ以外にも録音がないかどうかエイドリアンに尋ねた。エイドリアンは答えた。「あるよ，1000時間分ぐらい」

スクールクラフトの録音テープは，ニューヨークのメディアに激震をもた

らした。そこには，権力乱用に関する2，3の事例や根拠のないうわさではなく，81分署における違法行為の詳細を記録した1000時間に及ぶ録音を持つ一人の巡査が存在した。スクールクラフトは1年以上にわたって，ほぼすべての職務質問，パトロールの会話，会議やその他の会話を録音していた。さらに，10月31日，ハロウィーンの晩に起きた事件のテープも持っていたのである。

レイマンはそれらのテープから判明したことを，5月4日から*The Village Voice*に連載し始めた。テープの内容を確認し，そこから生じた問題を追及した。このスキャンダルが暴露されると，ニューヨークのほぼすべてのメディアで同様の話が取り上げられるようになった。レイマンは最終的にこの事件を本にまとめ，『NYPDのテープ』シリーズは，ニューヨーク記者クラブの最優秀賞である黄金のキーボード賞を受賞することになる。

テープの内容は，NYPDにとって非常に不利なものだった。81分署全体で腐敗の生態系が形成されていたのだ。巡査は，統計を二通りの方法で操作するよう圧力を受けていた。職務質問（コード番号250）や逮捕のような「活動」を高い水準に保つ一方，重大犯罪を報告する頻度を下げる方法を考えるよう指示されていた。パトロール巡査は職務質問と逮捕のノルマを与えられ，その達成を求められた。分署長は点呼のたびに，どんな手段であれ数字を達成するよう，繰り返し巡査に求めた。巡査は，その有用性はともかく，ゴミのポイ捨てや歩道の通行妨害（C類出頭要請と呼ばれていた）といった小さな違反を報告するように指示された。ある巡査部長は，スクールクラフトのテープのなかで，職務質問に関して次のように述べていた。「その辺をうろついている奴がいたら，威嚇して，立ち止まらせて，コード250（職務質問）をする。歩いてさえいれば，理由は何でもいい」

一方で，報告された犯罪は，重大犯罪報告に載らないようにするか，丸ごと却下されるよう微罪化された。巡査は，被害者が被害届を出すのをさまざまな方法で邪魔した。強盗の場合は，被害届を直接刑事部に出す必要があることにして，その手続きにはさらに煩雑さが加えられた。別の被害者は折り返しの電話を受けて，届け出た犯罪を微罪化するよう脅された。ある被害者は，殴られて物を奪われたのに，容疑者をよく見ていなかったという理由で，その犯罪を「落とし物」に微罪化させられた。別の男性は，マウリエッロ分

署長に盗難車の被害届を出そうとして怒鳴りつけられた。ある老人は，警察が強盗の被害届を証拠がないといって受理しなかったと述べた。仕事に行かなければならないとか,子どもの面倒をみる必要があるとか,警察の車に乗っているのを見られたくないという理由で，分署に出向いて犯罪の報告ができなかった被害者は被害届を受理してもらえなかった。

スキャンダルは，2010年から数年間にわたってNYPDを揺るがすことになる。

*The Village Voice*がスクールクラフトのテープに関する連載を始めてまもなく，地元の議員，聖職者，市民団体は，5月26日にケリー警察委員長に宛てた手紙でマウリエッロの解任を求めた。手紙には「警察は私たちの地域社会を，軍事占領の対象であるかのように扱ったばかりか，住民の被害届も握りつぶした」と記されていた。81分署の警察官は，10月までに以下の罪で告発された――マウリエッロ分署長は大規模な窃盗記録の破棄と捜査妨害，ほかの4名は強盗の被害届の破棄，そのほかの者は虚偽の逮捕書類の提出。マウリエッロは最終的にブロンクスに配置転換されることになる。

NYPDは即座に声明を出して，81分署の事件は局所的なもので，広範に及ぶ問題を示唆するものではないと弁明した。しかし，NYPDにはすでに亀裂が生じていた。ほかにも内部告発者が出始めたのだ。2010年5月，NYPDの最初のテープ記事が発表された直後，退職した43歳の元一級刑事ハロルド・ヘルナンデスがグラハム・レイマンに接触した。ヘルナンデスはNYPDで一目置かれていた刑事で，19回の優秀警察官表彰と4回の勲功賞と3回の功労賞を受けていた。ヘルナンデスがレイマンに明かした話は衝撃的だった。

2002年11月3日，ある女性が部屋の外で不審な音がするのを耳にした。彼女がドアに近寄ってのぞき穴から見ると，男が女性を廊下の向かいの部屋に無理やり押し込もうとしているのが見えた。彼女はすぐさま警察に通報し，ただちに二人の巡査がやってきた。巡査は廊下から部屋のドアを蹴破り，椅子に縛りつけられている女性を発見した。部屋を捜索すると，クローゼットに隠れていた犯人が見つかった。犯人のダリル・トーマスは拘置所に連行され，ヘルナンデス刑事が尋問に当たった。ヘルナンデスがトーマスに，それまでに同様の強盗を7，8回繰り返していたことを白状させるのに，たいし

た時間はかからなかった。トーマスはマンハッタン北部で女性に対するストーカー行為を働いていたのだ。トーマスは，建物の入口で女性に近づいて声をかけ，ナイフで脅して建物の中に押し入った。女性が抵抗した場合は逃走した。

ヘルナンデスはトーマスを犯人と断定し，ほかの事件の日時と場所を確認した。そして，犯罪が報告されているかどうか記録を当たった。記録はあった。ヘルナンデスが衝撃を受けたのは，ダリル・トーマスの犯罪がすべて誤って分類されていたことだった。以前の事件はすべて警察に通報されていたが，犯罪を報告した警察官はどの事件でも，トーマスの強盗を重大犯罪にしない分類を見つけていた。強盗は，不法侵入か武器の不法所持に分類されていたのだ。「連中は，重大犯罪以外で思いつくあらゆる犯罪分類を使っていた」とヘルナンデスは述べた。

トーマスの強盗のような連続重大犯罪が発生すると，警察がそれを認知して対応を始める。その地域のパトロールを強化するか，私服警官を投入するか，刑事を配置するか，性犯罪班に注意喚起する。しかし，そうした資源を利用するには，最初に問題が認知されている必要がある。ダリル・トーマス事件の場合，警察に低めの犯罪率を報告する圧力がかかっていたため，トーマスには市民の安全に対する深刻な脅威であるという識別子がつけられなかった。ヘルナンデスはその晩まで，トーマスのことを聞いたことがなかった。聞いているべきだった。この暴行魔は，女性を襲い続けることが許されていたのである。

もう一人の内部告発者は8月に現れた。アディル・ポランコだ。ドミニカ共和国で生まれ，マンハッタン北部のワシントンハイツで育ち，2000年にNYPDに加わった。犯罪者としての一生を送った父親のようにはなるまいと決心していた。ポランコは，ブロンクスのハンツポイントと呼ばれる地区にある41分署に勤務していた。ポランコによれば41分署でも，逮捕，出頭要請，職務質問のノルマが課されていた。巡査は「活動と数字がすべて」の職場環境のなかで，主に若い――たいていは高校生の――アフリカ系アメリカ人やヒスパニックの男性に職務質問するよう圧力をかけられた。ポランコは，ノルマを果たすために行われた違法捜査，違法な職務質問，さらには虚偽の告発を目撃した。ポランコ自身も，盗品に関して犯罪を微罪化するか，

報告しないように指示された。あるときポランコは「発砲」の通報を受けたが，弾丸ではなく「鋭利な物体」が窓を貫通したと報告するように指示された。41分署は殺人未遂として報告したくなかったのである。

しかし，そうした小さな取締り活動と違法行為は，地域の人々にとって軽く受け流せるものではなかった。些細な出頭要請でも投獄されるおそれがあった。出頭要請を受けた人は自ら裁判所に出頭する必要があるが，そうできない場合も多い。すると次に職務質問された際に逮捕状が発効され，投獄される可能性があるのだ。そうした行為は，地域社会との関係に緊張をもたらし，警察への不信感を生み，警察のことを自分たちを守るというよりは，嫌がらせをする存在だとみなすようになる。ほかの分署も同じ状況だった。

スクールクラフトのような内部告発者の発言は，ほかの人々によって裏づけられた。2010年初め，犯罪学者のジョン・A・エテルノとエリ・シルバーマンが実施した1000人近いNYPDの元警部の調査で，問題が広範囲に及んでいたことが判明した。二人の調査に回答した元警部の多くは，NYPDにおける犯罪の微罪化の慣行を知っていたと述べたのである。調査結果のいくつかは衝撃的なものだった。

・警部の60%は犯罪統計の正確さをほとんど信用していなかった。
・警部の90%は，NYPDが主張するほど重大犯罪は減っていないと感じていた。
・ほとんどの警部が，重大犯罪の減少度合いはNYPDの主張のせいぜい半分だと考えていた。
・職務質問に関する圧力は，ブルームバーグとケリーの時代に高まった。
・警部の38%が犯罪の微罪化圧力を感じており，90%近くが微罪化された事件を3件以上認識していた。

報告書は，重大犯罪の件数を減らす一方で取締り件数を増やすために巡査が行ったさまざまな慣行を，ほかにも明らかにした。そうした慣行の一つとして，盗品の価格を知るために巡査がeBayを調べた例も含まれていた。報告する価値を下げることで，大規模な窃盗を軽犯罪に微罪化したのだ。

別の調査の回答者は，分署長が犯罪現場に赴いて，被害者に被害届を出さ

ないようにするか，軽微な犯罪分類に変更してもらうように説得していたと述べた。エイドリアン・スクールクラフトとその録音テープの事件より前に，ニューヨークの犯罪報告の信憑性はすでに損なわれていたのだ。最初の不正事例は，CompStat導入のちょうど1年後に発覚した。*New York Daily News*が，重大犯罪を軽犯罪に微罪化する方法を分署長が巡査に指導したメモを，ブロンクスの50分署から入手したのである。数年後の1998年，当時のサフィール警察委員長は，何年もの間，地下鉄の犯罪の20％近くを微罪化して報告していたことを，明かさざるを得なかった。別の微罪化も大きなニュースとなった。2002年，ブロンクスで起きた強姦が低レベルの犯罪に分類されていたことが判明したのだ。2003年にはマンハッタンの10分署で，203件以上の重大犯罪が軽犯罪に微罪化されて報告された。やはり2003年，またしてもブロンクス50分署で，複数の強盗事件に関するレストラン配達員からの被害届が受理されていなかったことがわかった。ケリー警察委員長は，そうした問題は，それ以外の点では厳格で信頼のおけるシステムのほんの一部の瑕疵であると主張して，過去の事件では厳しい追求をうまくかわした。しかし，スクールクラフトの録音テープが，そうしたどのスキャンダルよりもはるかに大きな衝撃をNYPDに与えたのである。

レイ・ケリー警察委員長は手を打つ必要があった。問題は，いくつかの分署における個別の事件以上の規模に広がっていた。2011年1月，ケリーは前連邦検事3名からなる委員会を立ち上げ，NYPDの全部署の犯罪報告と記録行為を調査させた。報告書を仕上げるために，3カ月から6カ月の期間が与えられた。しかし『犯罪報告総括』と題する報告書が提出されたのは，2年半近く経った2013年7月のことだった。

『犯罪報告総括』は，過去20年間にわたってNYPDが犯罪件数を減らすことに取り組んできたことを称えた一方で，犯罪報告がどのように操作されてきたかを批判した。報告書は，「NYPDの統計と分析を詳細に分析すると，報告の誤分類が，報告されたかなりの犯罪率に相当の影響を及ぼした可能性がある」と指摘した。また「誤分類のパターンを見ることで，一部の分署で慣例化していた，ある種の事件における事例証拠の微罪化が裏づけられた」とも述べている。なかでもとりわけ重要なのは，「一般市民もNYPD自体も，犯罪が年々減少しているというNYPDの報告を過度に重視したために，お

おげさにいえば，統計の公正性と効果的な法執行装置としてのCompStatが損なわれることになった」という指摘である。

報告書はそれだけでなく，隠蔽（犯罪をまったく記録しないこと）のリスクのほうが，犯罪を微罪化するリスクよりさらに重大だったかもしれないと見ている。マンハッタン北部の暴行魔の事件でヘルナンデス刑事が見つけた種類の微罪化であれば，少なくとも監査で追跡できる書類が残っており，被害者に連絡して報告を裏づけることができる。しかし，そもそも報告書が提出されていなければ，証拠をたどるのはより困難になる。そうした事件を監査する唯一の方法は，緊急通報記録にさかのぼって，（SPRINT監査と呼ばれる方法で）通報が適切に処理されたかどうかを確かめることである。しかし，そうした監査には限界がある。ポケベル，携帯電話，ボイスメール，対面の報告といった，市民が犯罪を通報するほかの方法が対象外となってしまうからだ。

NYPDは数十年にわたって犯罪報告を改変し，その事実を隠蔽してきた。犯罪の減少は，NYPDが報告したほど大幅なものではなかった。さらに，巡査には逮捕件数や軽微な違反の摘発ノルマが割り当てられた。またしてもグッドハートの法則が登場したのだ。すべての中心にあったのは，ウィリアム・ブラットンの輝かしい成果物であるCompStatだった。

報告書は，CompStatの導入自体が問題の原因だったと結論づけた。犯罪が減り続けていることを見たいという当局の願望が，改竄につながったのである。時が経ち犯罪率が低下し続ければ，警察委員長がさらに低い数字を示すのはますます難しくなる。犯罪率を下げられる方法は限られている。パトロール巡査互助会で事務局を務めていたロバート・ジンクは，2004年に次のように語っている。「いざ本物の犯罪を扱ってみると，いずれ犯罪率の数字をそれ以下には下げられない壁にぶつかる。CompStatはその壁を知らないので，署長は数字を下げるために創意工夫を凝らす必要があった」

同じことを内部告発者も指摘している。41分署の内部告発者アディル・ポランコは，「原因はCompStatだ。皆CompStatの求めるものがわかっているので，低い――ただし低すぎない――数字を用意する必要があった」と述べている。エテルノとシルバーマンの調査でも同じ結論に達した。警察全体で，犯罪を微罪化せよというCompStatからの大きな圧力が感じられ

たのだ。そうした圧力が，NYPD全体の巡査による倫理的に疑わしい行動につながった。低い犯罪率は全員に利益をもたらした。分署長は昇給し，昇格した。パトロール巡査は休暇やその他の恩恵を得た。警察委員長は信じがたいほどの犯罪削減を達成して賞賛された。市長は犯罪件数の低さを市のうたい文句として宣伝できた。ニューヨークはビジネス，生活，仕事面で安全な場所だ。犯罪が少ないということは，観光客が増え，経済が発展し，税収が増えることを意味する。そして，NYPDの巡査が犯罪率を低く保つ方法はいくらでもあったのだ。

ジンクは，犯罪率を低く報告するために巡査が見つけたいくつかの方法を挙げた。

> 報告しないこと，重大犯罪を軽犯罪に誤分類すること，犯罪で奪われた財産を過小評価すること，連続犯罪を一件にまとめること。数字をごまかすうえで特に巧妙な方法は，人々が被害届を出すのを邪魔することだ——つまり，被害者に自分が犯罪者であるかのように感じさせ，それ以上の苦痛を味わうことがないよう立ち去らせる。

ニューヨークのスキャンダルは目新しいものではなかった。犯罪の隠蔽に関わるスキャンダルは，すでにほかの都市でも起きていた。フィラデルフィアでは2001年，1700件を超す強姦事件が，警察による報告が必要ない犯罪として分類されていたことが新聞の調査で判明した。ニューオリンズでは2003年，犯罪を微罪化した罪で5名の巡査が解雇された。アトランタでは2004年の調査で，2002年に2万2000件を超す緊急通報が記録から削除されていたことがわかった。

一部の都市ではCompStatが非難された。フロリダ州法執行局は2009年，マイアミにおけるCompStatの圧力が犯罪の微罪化報告をもたらしたことを見いだした。ダラスでは，鉛のパイプで殴られた事件を，重大な暴行ではなく単純な暴行として分類した警官が逮捕された。ボルチモアでは盗品の価値を過小に見積もって，意図的に強盗を重大犯罪ではなく軽犯罪として分類した警官が逮捕された。CompStatから生じたNYPDの強引な取締りは，警察に対する訴訟件数と告発件数の大幅な増加となって現れた。取締りノル

マの過大な割り当ても，ニューヨークで大きな論争を引き起こした過剰な職務質問の主要因だった。職務質問は，巡査が路上で人を停めて，正当な容疑で相手を尋問する行為である。この行為は1986年の最高裁判所の判決で合法化されたもので，警察は令状なしに路上で職務質問して，犯罪のおそれがあると合理的に疑われる行為を阻止できるようになった。これは***テリー対オハイオ州***判決と呼ばれ，職務質問執行の法的根拠を確立し，職務質問にはテリーストップという名前がついた。最高裁判所の判決で重要な点は，警察に，犯罪が起きたか起きそうだといえる合理的な根拠を示すよう求めたことである。しかし根拠が示されたことは81分署ではほとんどなく，ニューヨーク市全体でも稀だった。

ケリー警察委員長の下で，職務質問の執行は急増した。ケリー警察委員長が「犯罪報告総括」の作成に着手した2011年，NYPDは68万6000件の職務質問を行った。職務質問に関しては，警察がそれを乱用しているという事実だけでなく，誰に対して行っているかも議論の対象となった。職務質問は，市内のアフリカ系アメリカ人に偏って行われていたのである。

ニューヨーク市の住民のうちアフリカ系アメリカ人は23％を占めていたが，12年間でそのうちの52％が職務質問を受けた。白人は人口の33％を占めていたが，職務質問を受けたのはそのうちの10％だけだった。さらに衝撃的なことに，そうした職務質問で禁制品と武器が見つかったそれぞれの割合は，アフリカ系アメリカ人で1.8％と1.0％だったのに対し，白人の場合は2.3％と1.4％だった。アフリカ系アメリカ人は，白人より禁制品や武器を所持している可能性が低いのに，より頻繁に職務質問を受けていたのである。

職務質問の正当性は法廷で何度も争われることになる。2012年1月だけで，NYPDに対して職務質問を告発する訴訟が40件起こされた。「憲法上の権利擁護センター」がニューヨーク市に対してニューヨーク南部地区で起こした***フロイド等対ニューヨーク市***訴訟は，職務質問の合法性の判断に影響を与えることになる。最終的に，その事件における職務質問は憲法違反だとみなされたのである。事件に関わった弁護士によると，スクールクラフトの録音テープが決定的な証拠となった。NYPDは取締りのノルマを割り当て，提示すべき合理的な根拠をほとんど示していなかったのである。この事件の

判決で判事が見いだしたのは，NYPDが憲法に違反しただけでなく，「正当な相手に，正当なとき，正当な場所で」職務質問を行うという目的をねじ曲げて，貧しい有色人種を差別する道具に使っていたことだった。この判決に対して，ブルームバーグ陣営は連邦裁判所に控訴した。

地域社会が警察のやり方に抗議するうえで，職務質問が焦点となった。一般市民は日常生活を送るうえで，警察に怯え，恐れるようになった。犯罪報告の微罪化や隠蔽，強引な職務質問戦術を含む取締りノルマ，そしてニューヨークの主要新聞の見出しを飾った内部告発スキャンダルが重なって，NYPDに対する信頼は失墜した。

しかし，CompStatがもたらした犯罪の減少には，そうした副作用に見合う価値があると主張することもできる。確かに，脅かされた人や誤認逮捕された人はいたし，一部の重大犯罪が報告されなかったのも確かだ。しかしニューヨークは，CompStatを導入する前より導入した後のほうが安全な場所になったのだから，それだけの価値があった。知りうる限り，CompStatはアメリカの犯罪を最も減らした……。本当だろうか？

実は，1990年以降犯罪が減少したのは，ニューヨークだけではなかった。アメリカの至るところで減少していたのだ。ニューヨーク大学社会学教授のデイビッド・グリーンバーグは，CompStatシステムを導入していなかったロサンゼルスやサンディエゴといった都市でも，犯罪が減少していたことを指摘した。それらの都市でCompStatが導入されたのは1994年で，それも当時の流行に従っただけだった。ニューヨーク市の犯罪の減少はかなりのものではあったが，特別なものではなかった。ほかのほとんどの都市より減少幅が大きかったのは事実だが，突出していたわけではない。犯罪学者は，ニューヨークの犯罪率低下とアメリカ全土における犯罪減少の本当の原因について，いまだに論争を交わしている。ただし，はっきりしていることがある。CompStatだけが原因ではなかったのだ。

話をスクールクラフトに戻そう。犯罪統計を監査するQADは，10月31日の事件も含め，スクールクラフトの訴えを実際に調査した。調査の過程で45名の巡査が聴取を受け，何百もの書類が調べられた。QADの報告書は，事件発生から約2年半経った2012年3月に提出された。スクールクラフトが訴えた13件の事案のうち，犯罪の微罪化を含む11件が立証された。そこ

には，報告書の遅れ，改竄，未提出が含まれ，被害届の却下や被害者に対する圧力が確認できた。調査ではスクールクラフトが訴えた以外にも，分署で起きたさまざまな犯罪行為――改竄，却下，誤分類，紛失，未入力などが見つかった。QADの報告書は次のように結論づけた。「憂慮すべき慣習がはびこり，重大犯罪への分類を回避するために犯罪が不適切に報告されているというスクールクラフトの主張には，概して信憑性がある。犯罪を故意に過少報告する組織的な取り組みが，81分署であったことは明らかである」

NYPDに対するスクールクラフトの訴訟は，2015年にようやく結審した。スクールクラフトには，60万ドルの賠償金に加えて未払い給与が支払われた。スクールクラフトの無実は証明されたが，彼がNYPDに戻ることはなかった。

エイドリアン・スクールクラフトは，CompStatという歪んだシステムに一石を投じる内部告発者となった。スクールクラフトが内部告発者になれたのは，彼が，警察の人気者で，尊敬され，人好きのする巡査だったからではない。逆だ。スクールクラフトは，恥ずかしがり屋で内向的な男で，アメリカ最大の警察よりもソフトウェア開発会社に向いていただろう。しかしスクールクラフトには，あらゆる意味で失うものが何もなかった。父親の言葉を借りれば，「エイドリアンは変わり者だ。仕事仲間はおらず，街にしがらみもない。刑事になどなりたくなかった。残業もしたくなかった。家もない，住宅ローンもない，妻も子どももいない。だから警察は，圧力をかけようとしても，ほかの警官になら通用した管理手法が使えなかった」のである。

何が間違っていたのか，なぜ巡査が「犯罪の微罪化」や取締り件数を増やすように強要されたのかを理解するためには，割れ窓理論を提唱したジョージ・ケリングに戻る必要がある。ブラットンが1992年に地下鉄対策に取り組んでいたちょうどそのころ，ケリングは別の論文を，今度は*City Journal*に発表した。その論文で，ケリングは統計への依存に批判的だった。

ケリングは，ニューヨーク市の1992年の犯罪率が相当高かったとはいえ，実際には，アメリカのほかの大都市の多くより犯罪が少なかったことを指摘

した。犯罪発生率がニューヨークより高い都市は，殺人で8都市，強姦で21都市，強盗で17都市，自動車盗で8都市あった。都市によっては，ニューヨークより明らかにひどい状態にあった。ワシントンD.C.の殺人事件発生率はニューヨーク市の2.8倍だった。クリーブランドの強姦事件発生件数はニューヨークの3.5倍だった。統計によれば，ニューヨークはアメリカのほかの都市より，はるかに安全な都市だったのである。

それでも，ニューヨークのある政治家が専門部会を開催し，参加者に「ニューヨーク市は犯罪を許さない」というスローガンをどう思うか尋ねたところ，誰も本気にせず笑いに包まれたことをケリングは指摘している。この反応は，ケリングから見れば，統計的で官僚的な成績指標に過度に依存した警察の戦略，戦術，方法論の結果だった。そうした統計は，市民が実際に憂慮していることを反映していなかった。それらの指標は，主にUCR（統一犯罪統計）に基づいて導入されたからだ。ケリングがUCRに関して指摘したことはいくつかある。第一に，UCRの公的指標は，地域社会で求められているものとほとんど関係がない。

UCRは重大犯罪，つまり「主な」犯罪のみを報告するが，ほとんどの人が気にしているのは殺人でも自動車盗でもない。犯罪率が年々上昇するとしても，それぞれの重大犯罪の発生は稀である。さらに，重大犯罪の40％以上は，部外者を巻き込んだものではなく，家族，友人，マフィアの抗争相手，その他の知り合いの間で発生する。重大な無差別犯罪は，多くの人が考えるほど一般的ではない。人々が憂慮しているのはさまざまな無秩序状態であり，そこで起きるのはより軽微な犯罪だ。ここに述べたことは，ケリングが1982年の最初の論文で言及した割れ窓理論の内容そのものである。

第二に，犯罪記録は実際に発生した犯罪を十分に反映していない。犯罪報告件数が少ないのは，本当に犯罪件数が少ないのではなく，実は市民が一々犯罪を報告していないためかもしれない。市民が警察を信用していないか，何もしてくれないと思っている可能性がある。そうなると犯罪率はほとんど当てにできない。クリーブランドで強姦の報告率が高いのは，強姦事件が多いためだろうか？　それとも，クリーブランドの被害者が警察を信頼し，被害届けをすすんで提出し，警察が何かしてくれると信頼しているためだろうか？

第三に，取締りの指標として逮捕件数を用いることには問題がある。警察にとって逮捕とは，無害な行動に対するものにしろ，状況が手に負えなくなるまで放置してわざと逮捕が必要な状況をつくるにしろ，警察側の報奨の問題にすぎない。ケリングは，架空の例として，黒人の市民と韓国人の店主の口論を目撃する巡査を取り上げた。口論はエスカレートして暴力沙汰になり，巡査が介入して二人を逮捕する。しかしこれを成果といえるだろうか？　巡査が統計に逮捕を２件追加できるのは確かだが，その結果，地域における人種問題や紛争にどのような影響を及ぼすことになるだろうか？　巡査がもう少し早く仲裁していれば，逮捕件数は「計上」できないが，状況は悪化せず，緊張は和らぎ，よりよい結果になったのではないだろうか？　元刑事で黒人法執行連合会長のマルケズ・クラックストンは2013年に簡潔に記している。

> 難しいのは予防行為を定量化できない点だ。今日は強盗を７件防止したなどという数字は存在しない。巡査は出頭要請と逮捕でキャリアを築くが，そうしたことは警察の仕事の主要な任務ではない。しかし今日の警察では，数字を達成しない巡査はお払い箱となる。自分の職務は鉄槌を打ち下ろすことではない，と言う巡査は罰せられるのだ。

第四に，UCRは犯罪の背景にあるさまざまな意図を判別できない。強盗ならどれでも同じというわけではない。人々の安全に対する考え方に，どの殺人も同じ影響を与えるわけではない。ケリングは，表現のしかたによって，単純な破壊行為がまったく異なる脅威として受け取られる可能性があることを指摘している。大きなゴミ箱の落書きにはまったく無害なものもあるが，ユダヤ人の家のドアにナチスのかぎ十字が描かれたら，重大な犯罪となる。

ケリングにとって，統計の偏重は，警察の仕事の本来あるべき姿，すなわち秩序と安全の環境を整えることを裏切るものだった。統計は，人々が夜間の外出を安全だと感じているのか，あるいは警官に被害の調査を任せられると思っているのか，といったことについて何も語らない。一方でケリングは，安全の向上と，警察と警察が仕える市民の関係の改善に実際につながった，典型的な事例を三つ知っていた。1970年代のニューヨークにおけるタイムズスクエアおよびブライアント・パークでの交差点作戦と，1980年代の

ニューアークにおける歩行パトロール推進である。

1970年代，タイムズスクエアはかなり危険な場所だった。表通りで公然と麻薬が取り引きされ，観光客は物乞いにたかられ，あたりには危険な雰囲気が漂っていた。この地区におけるそれまでの警察の行動は，巡査を周辺に配置して浮浪者を逮捕する「掃討作戦」が主体で，1990年代初めにブラットンが行った無賃乗車掃討作戦に似たものだった。しかし，タイムズスクエアでは，掃討作戦を実行しても路上生活者はすぐに戻ってきた。警察の取締りはメリーゴーランドのようなもので，何の解決にもならなかった。警察は最終的に別の方法を試すことにした。それは「交差点作戦」と呼ばれた。

警察は，活動の結果を把握できるようにするため，まず実際の状況を評価することにした。訓練を受けた民間の専門家を雇って，麻薬取引，麻薬使用，食品以外の販売，浮浪者，公開ギャンブルなどの「無秩序」の事例を数え，基準となる状況を認識した。そして，それまでの掃討作戦とはかなり異なる戦術を採用した。大勢の巡査を地区に展開したが，ほとんど行動させなかったのである。浮浪者は逮捕せず，麻薬の売人を見逃すこともあった。巡査は可能な限り取締りを避け，代わりに，浮浪者や麻薬の売人に「立ち去る」よう勧告，指導，説得するよう指示された。逮捕は最後の手段だった。この戦術はうまくいった。その地区が安全になったことは，公平な民間人が数えた「無秩序な行動」の件数に示されていた。逮捕の対象となる者もほとんどいなかった。

同様の状況は，ニューヨーク公共図書館本館前の公園であるブライアント・パークでも起きた。この公園は麻薬取引で悪名高く，あまりに状況がひどいため，公園管理委員会が図書館の閉鎖を迫るおそれさえあった。今回も同じ戦術が使われた。活動の成功度を評価する基準を設定するために，民間人が，無秩序だけでなく公園内の読書，食事，会話といった「望ましい行動」も数えた。警察は，この公園でも取締り抑制戦術を採用した。麻薬の売人をほとんど逮捕せず，売人に立ち去るよう頼むだけにしたのだ。

今度も作戦はうまくいった。公園における望ましい行動は79％増えた。麻薬の売人，買手，使用者は85％減った。路上生活者や麻薬中毒者は67％から49％に減少した。警察が期待したほどではなかったにしろ，頻発していた麻薬取引はまばらになり，公園にいる人々はより安全になったと感じた。

この実験によって，麻薬取引を防ぐために警察が誰かを逮捕する必要はないことが証明された。多発していた取引を防ぐには，公園に巡査が一人いれば十分だったのである。

ケリングは，1982年に割れ窓理論の論文を書いたとき，ニューアークの歩行パトロール推進活動に言及している。この活動は，当時警察が信じていたすべてに反するものだった。巡査をパトカーから降ろし，緊急時の対応が遅くなった。巡査本人にとっても歩行パトロールは激務だった。ほとんど外にいて悪天候にさらされるうえ，逮捕件数を稼ぐのは難しかった。それでも巡査の士気は向上し，市民は巡査が徒歩でパトロールすることで，より安全になったと感じたのである。

これは，当時の警察の活動に対するケリングの批判を物語っている。警察は起きてしまった犯罪への対応に重点を置きすぎており，犯罪現場に急行するためのパトカーの機動力に頼りすぎているというのだ。ケリングは，警察の時間をもっと有効に使えると考えていた。それが歩行パトロールだったのだ。ケリングは個人的にニューアークの歩行パトロールに同行し，警察活動で何ができるかを自分の目で確かめた。そして，車を使ったパトロールの落とし穴を厳しく指摘した。ケリングは1992年の論文で，次のように説明している。「警察は自分たちの使命について考え方を改める必要がある。パトカーで走り回り，事件発生後に犯罪者を逮捕し，犯罪者を『刑事司法制度』に引き渡すのが警察の仕事である，という考え方を捨て去らなければならない」

タイムズスクエアの交差点作戦，ブライアント・パークの実験，ニューアークの歩行パトロール推進活動で重要だったのは，いずれの活動も，多くの人員を投入して意図的に目立つようにした一方で，取締り活動を抑制した点である。タイムズスクエアとブライアント・パークでは，逮捕はほとんど行われなかった。巡査は秩序を乱すような行動を防ぐために，さまざまな手段をとるよう指示された。逮捕は最後の手段だった。ニューアークでは，犯罪率はそれほど減少しなかった（少なくともUCRの重大犯罪は減らなかった）。しかし，これらすべての例で改善したのは，警察が秩序を維持していると市民が感じた点である——警察は気にかけている。警察は信頼できる。

これを81分署の多くの巡査の行動と比較してみよう。取締り件数を増や

し，報告される犯罪率を減らすために，市民は脅された。事態はどこかで悪化した。地域社会とともに危険な地区を特定し，一緒に戦略を立て，安全な雰囲気を生み出すという考え方は，全能の統計によって奪われたのである。

完璧とはいいがたいケリングの考え方は，それでもシステム化されてしまった。それは，警察に本来求められている行動よりも，数字のほうを気にするシステムだった。

エイドリアン・スクールクラフトの行動がきっかけとなったNYPDの録音テープ事件，その結果としての「犯罪報告総括」，および***フロイド等対ニューヨーク***訴訟がNYPDの状況を変えた。2010年から2013年までニューヨーク市政監督官だったビル・デブラシオが，2013年の市長選挙に圧勝した。デブラシオは職務質問のやり方への反対を選挙運動の目玉に据え，その勝利によってNYPDを大きく変えたのだ。巡査に対する説得術の訓練とボディカメラが導入され，職務質問に関する連邦裁判所への控訴は即座に取り下げられた。さらに，レイ・ケリーが警察委員長を解任され，ウィリアム・ブラットンが2014年初めにNYPDのトップに返り咲き，2016年9月まで務めることになる。

2015年，ブラットンとジョージ・ケリングは*City Journal*に別の論文を発表した。論文では割れ窓理論を擁護したが，1994年の初導入以来20年間で，思いどおりにいかなかったことも考察した。二人は，職務質問が乱用されたことを認識した。二人によれば，職務質問は生産性向上のための「その場しのぎ」の対策だった。職務質問は2014年に大幅に減少し始め，ピークだった2011年の68万6000件から，2014年には4万5000件にとどまった。当然ながら，この減少による犯罪への目立った影響は認められなかった。

ブラットンは，何よりも統計を重視するシステムをつくった。UCRの件数を減らせなかった場合，分署長はCompStat会議において同僚の前で恥をかき，昇進を拒まれるか配置転換された。しかし，統計やUCRへの過度の依存について，ブラットンを責めることはできない。ブラットンは，具体策を求めるニューヨークの政治情勢に応えただけだった。そして，そうした具体策は，上がるか下がるかする数字を求めるのが常である。

同じパターンを前にも見た。そうしたパターンは，問題に取り組む新手法を開発したり，新しい概念を生み出したりする場合――無秩序な状態を放

置せずに犯罪の芽を摘み取り，医師が自分で診療方針を決め，基礎科学研究へ投資し，CEOと株主の利益を両立させる場合 ―― に現れる。

どれもよいアイデアだ。しかし，アイデアは定量化される。医師は，提供する医療行為ごとに費用請求する能力で評価される。研究者は論文発表件数で評価される。CEOは会社の四半期利益に基づいて，報奨やストックオプションを受け取る。割れ窓理論に基づく警察活動は，軽犯罪，出頭要請，逮捕，軽微な違反のノルマに変質し，巡査を，本来守るべき市民に敵対させるのである。

割れ窓理論に基づいた警察活動と，犯罪を減らすためにウィリアム・ブラットンがニューヨークで採用した戦略は，その本質的なところで間違っていたわけではない。ニューヨークの犯罪を減らす役割を果たしたことで，ブラットンとケリングは称賛されるべきだ。また，そこでとられた戦術は，ブラットンとケリングを始めとする割れ窓理論とCompStatの支持者が主張したほどには効果的でなかったにせよ，糾弾者が主張するほどひどいものでもなかった。間違っていたのは，戦術の背後にある理論ではなく，その適用のしかただったのである。NYPDの元警部たちの調査を行った犯罪学者のエテルノとシルバーマンが述べているように，「CompStatは，もともとは有益な開発だったが，数字のゲームに変わってしまった」のだ。

CompStatは，犯罪の傾向と地理的なパターンを特定し，そうした傾向に対処するために資源を割り当てるうえで，きわめて有用なものになり得る。しかし，分署長の昇進，ボーナス，給料がそこに絡むと，この道具は危険な凶器に変身する。そうなるとCompStatは，犯罪を識別し評価するために使われる道具から，操作可能な指標になってしまう。分署長は，部下に犯罪を誤分類するよう圧力をかけ，統計を粉飾し始める。市民は，被害届を書き換えるか完全に取り下げるよう圧力をかけられる。スクールクラフトのような内部告発者は，同僚から脅され，いじめを受ける。犯罪性向のない一般市民は，統計数字を引き上げて報酬を得ようとする警察のために，脅され，逮捕され，虐待を受ける。生活が破壊され，命が悲劇的に奪われる場合もある。警察はその過程で，重大犯罪や職務質問のノルマのようには数値化できない何かを失うことになる。それは公共の信頼だ。

デイビッド・スクランスキーが書いているように，「コンピューターのま

ぶしい画面に表示された，自由自在に操作できる地図，そして“数学的な予言”には，教会の地下室で催される少人数の地域の会合では得られない魅力がある」。しかし，警察が地域社会と信頼を築くには，何千何万という日々の努力の積み重ねが必要だ。住民がパトロール巡査と個別に会話を交わして近所の犯罪行為を伝えるのは，そうした教会の地下室の会合である。あるいは，落ちこぼれかけている若者の両親との居間での会話である。あるいは，シートベルトをしていないドライバーに警告だけ与えて放免する巡査である。そうしたことが本当に重要なのだ。そして，そうした行為はどれ一つとして，軽犯罪の取締りのノルマのように測ることはできない。行動を起こさないことが巡査の役割となる場合もある。職務質問をしないほうが，するより大事な場合もある。C類出頭要請状を書かないほうが，件数稼ぎにならないとしても，住民との信頼を築くうえでより重要かもしれない。アメリカはもとより，各国でも増えている評価指標への執着は，警察の目標と機能を歪めてしまった。住民の生計，生活の質，憲法上の権利，そして住民を守ると誓った警察への信頼を守るには，大きな代償が伴う。しかし，評価指標に執着するほうが，それよりもはるかに大きな代償を伴う場合がある。

誰にとっても初めての経験だった。自分たちの知っている軍事行動とはまったく違うものだった……前線らしきものがなかったのだ。前線はどこにもなく，どこにでもあった。前線は台所にもあったし，裏庭にもあった。

——ポール・D・ハーキンス大将，南ベトナム軍事援助司令部司令官

我々が戦争に勝っていることを，あらゆる定量的な指標が示している。

——ロバート・マクナマラ，国防長官

ザップの軍隊は，北の故郷に棺桶を送り届ける軍隊ではない。彼らはアメリカ本土に向かう棺桶の列の横にいて，ザップの戦果を測っているのだ。

——パトリック・J・マクガービー，『*Visions of Victory*（ベトナムの

勝利)』の著者，ボー・グエン・ザップ・ベトナム人民軍総司令官に言及して

我々は勝利を目指して戦う。すべてはアメリカ次第だ。20年間戦いたいのなら，20年間相手をしてやろう。

——ホー・チ・ミン

データを集める過程で，データはそれ自体が目的となる。

——グレゴリー・ダディス，陸軍士官学校史学科

ベトナムの戦争は，通常の戦争のようには始まらなかった。ベトナム戦争は，始まったというよりは，起こったのだ。

1954年，アメリカは厄介な状況に巻き込まれていることに気づいた。その年のジュネーブ協定により，フランスはベトナムでの停戦に合意し，10年近く続いた武力衝突は終わった。ベトナムは二つに分割され，ホー・チ・ミンが率いる共産主義のベトミン政府（ベトナム民主共和国）が北部を支配し，それまでフランスが支援していたベトナム国が南部を支配した。国を二分する状況は，当初は長く続くとは考えられておらず，停戦後すみやかに南北を統一するための総選挙が計画されていた。しかしベトナム国では1955年10月に国民投票が行われ，今やアメリカが支持する政治家となったゴ・ディン・ジエムが98.2％，特にサイゴンでは133％（！）の票を獲得して南部にベトナム共和国を樹立した。

アメリカは奇妙な状況に陥っていた。ベトミンはフランスと10年近く戦っただけでなく，それ以前の第二次世界大戦中には日本軍に抵抗した。一方，アメリカが支持する政府は明らかに汚職まみれだった。アメリカは当初，ジエム政権の顧問という立場で行動していただけで，軍事援助顧問団と呼ばれていた。

ジエムの支配下で，南部の共産主義者は南ベトナム解放人民戦線と呼ばれる政治的な武装抵抗勢力を組織した。ジエムはこの組織を，アメリカがつけ

たベトコンという名前で呼んだ。ベトコンはその後数年間，政治工作と，特に農村部に的を絞った宣伝活動によって，抵抗活動を拡大していった。ベトコンとジエム政権の武力衝突は徐々に増加し，1961年には1日2件程度に増えていた。南ベトナム政府軍は抵抗を抑え込めないようだった。事態は深刻化し，アメリカは，ベトコンが最終的にジエム政権を転覆させ，南部に共産党政権を樹立するのではないかと恐れた。それは起きてほしくないアウトカムだった。

1962年2月，アメリカは南ベトナム軍事援助司令部（MACV）を設置し，これがベトナムにおける軍事作戦の正式な司令部となった。MACVはこの戦争におけるアメリカ軍の方針，作戦，支援に責任を負っていた。表向き，MACVは戦争の先行きに自信満々で迷いは見られなかった——これは簡単な戦争で，すぐに決着する。MACVの初代司令官ポール・D・ハーキンス大将は60歳を目前にした第二次世界大戦の経験者で，「敵から軍事的，心理的，経済的，政治的主導権を奪った」と確信していた。

しかし司令部の内部の見解は異なっていた。アメリカ人には自分たちの目的が何で，それをどのように達成するのか，あるいは達成したことをどうやって認識するのかさえ，よくわかっていなかった。特殊作戦担当の国防長官副補佐官だったエドワード・ランスデールは，「現在のベトナムの戦況に関して確実に言えるのは，努力のわりには成果が上がっていないということだ」と語った。

アメリカがベトナムに関与した当初から，MACVは戦果を把握する仕組みを確立する問題に直面した。

ベトナムは地理的に多様なうえ，脅威の本質がはっきりせず，その認識は二転三転し，軍司令部は明確な目的や方針をもてずにいた。ハーキンスは次のように述べたという。「誰にとっても初めての経験だった。自分たちの知っている軍事行動とはまったく違うものだった……前線らしきものがなかったのだ。前線はどこにもなく，どこにでもあった。前線は台所にもあったし，裏庭にもあった」。ベトナムの戦争の問題点は，それが通常の戦争ではないということだった。

前線はなかった。敵の陣地もなかった——少なくとも，第二次世界大戦や朝鮮戦争初期にあったような陣地はなかった。従来の戦争であれば，前進

して敵の部隊を撃破するか，敵襲や退却に備えて陣地を堅持する。

そうした場合なら戦果は簡単に把握できる。しかしベトナムでは，どこに前線があるのかを示すのは困難だった。敵はどこにでもいるように見え，どこにもいないようにも見えた。多くの将校にとってベトナムは不確実性で満ちていた。反乱軍対策の重要な要素となる敵の反政府的な忠誠心，住民による情報の秘匿，共産主義に対する信念の強さが，戦果の把握の邪魔をした。制圧した陣地の数を数えることができず，敵が誰でどこにいるのかがわからず，村が敵の支配下にあるのかないのかがわからない戦争の戦果を，どうやって把握すればよいのだろうか？

この戦争の初期に，将校は戦争で何が起きているかを把握するために，戦果を把握する方法を手に入れようとしていた。1960年から1962年にかけて，ライオネル・C・マクガー中将は，暴力事件の件数，押収した武器の数，衝突で殺された人数といった基本的な指標を報告するよう将校に指示した。一方，国防長官副補佐官のランスデールは，村民の南ベトナム軍に対する態度や，ベトコンの宣伝活動の効果を把握することが，現地の状況を理解するのに役立つと提案した。ランスデールはベトナム人と友情を築くことが有益だと感じ，負傷した民間人を手当てする村民の気持ち，飢えた人々と米を分かち合おうとする度合い，破壊された建物を修理しようとする性向といったものを把握するよう提案した。しかし1962年，そうした考え方のすべてが変わった。

ロバート・マクナマラは，いうなれば数字の人だった。マクナマラはカリフォルニア大学バークレー校で経済学，数学，哲学を学び，1937年に卒業した。卒業後，プライスウォーターハウスに就職した。その後ハーバード大学で会計学を教えた。学部で最年少の准教授だったが，一番の高給取りだった。1943年にアメリカ陸軍航空軍に入り，統計管理局の大尉として対日戦争における爆撃作戦の効率を分析した。統計管理局でマクナマラと同僚たちは，戦争に統計手法を持ち込んだのである。測れるものは何でも測った。さまざまな種類の爆撃機について，1ガロンあたり何トンの爆弾を落とせるかを測った。新たに補給品を発注しなくて済むように，各基地で利用できる保守部品すべての在庫明細を作成した。そうした活動により，アメリカ軍は1943年だけで36億ドルを節約した。

第二次世界大戦後，マクナマラと統計管理局の元指揮官や元将校から成る10名のグループは，コンサルタント会社を設立した。グループはすぐにフォードに雇われた。創業者ヘンリー・フォードが亡くなって混乱していたフォードは，孫のヘンリー・フォード二世が所有していたが，会社は創業者の側近だった幹部に支配されていた。幹部は何の方針も示さず，責任の所在さえ曖昧で，会社には秩序がなかった。当時のフォードは，統計管理局が発足する前の陸軍航空軍と似たような状態だった。銀行に提出する現金出納明細以外，業務の記録やデータをほとんど保管していなかったのだ。しかし，マクナマラたちのチームが加わることですべてが刷新されることになる。

フォードの従業員は，このグループを「クイズ・キッズ」と呼び始めた。「なぜ？」と訊きまくったからだ。グループはその名前からヒントを得て，「ウィズ・キッズ（神童）」と自称するようになる。フォードにおけるウィズ・キッズの仕事は驚くべきものだった。ウィズ・キッズは，混沌として資金を流出させていた組織を数年のうちに改革した。自動車の安全性を改善し，当時人気のあった大型車よりも，かつてのような小型でシンプルな車の生産に注力させた。マクナマラ自身はフォードでの地位を高め，フォード一族以外で初の社長となった。

ウィズ・キッズは，ある強烈な信念をもっていた――あらゆる決定は数字に基づいて行うことができる――というものだ。そして，ウィズ・キッズの一人だったロバート・マクナマラは1962年，アメリカ国防長官に就任した。

高級将校が戦争に不安を感じ，複雑で，混沌として，刻々と変化する状況への対応に苦心していたのとは対照的に，マクナマラはベトナムが統計解析にとって最適な場だと感じていた。マクナマラのチームにとって，統計に頼るのは，「きわめて不確実な状況下で何かを選択するという，非常に複雑な問題に対する合理的なアプローチ」だった。そうした複雑な問題は，統計解析にとって理想的な対象だった――確実な数字で不確実性の霧を吹き払うのだ。マクナマラにとって，数学で解けない問題はなかった。国防長官就任後，マクナマラがベトナムの状況に見いだしたのは，「国家安全保障上きわめて重要な問題に対して，的確な意思決定を下すために不可欠な管理ツールが欠けている」ことだった。マクナマラは就任早々，文民が管理するシステ

ム分析局（OSA）を創設し，戦場で収集された膨大な統計データを解析する任務に当たらせた。戦場から送られてきたデータを収集，分析して対応するための仕組みを構築することで，マクナマラはベトナム戦争を，戦争史上最大のデータ収集・分析活動に変えたのである。

1963年後半までに，MACVはマクナマラの指示の下，戦争の進行状況を把握するための公認基準を定めた政令第88号を発令した。測れるものは，ほぼすべて測ることになった。ベトコンの逃亡率，敵の戦死者と味方の戦死者の比率，ベトコンの農作物被害率，訓練された文民警察官の数，平均所要攻撃日数，和平工作実施集落数，敵の小規模衝突事件率，戦術的空軍出撃回数，武器損失数，基地や道路の安全状況，住民統制状況，地域統制状況。膨大な種類の評価指標を収集して各指揮官が報告するよう，命令系統の末端にまで指示された。そうして，データが流れ込んだ。アメリカ軍，地方政府顧問，軍事顧問，アメリカの文官，アメリカの諜報員，南ベトナム軍，政府機関，文民工作部隊の何十万という人間が，何百万点というデータを収集し，命令系統を遡ってサイゴンのMACVとペンタゴンのOSAに供給した。定量的な指標に加え，何千もの詳細な言語的評価が，軍と文民の将校によって作成された。データ量はあまりにも膨大だった。国家安全保障会議の一員だったチェスター・L・クーパーは，「数字はサイゴンへ，サイゴンからワシントンへと，洪水のメコン川のように流入した」と語った。

サイゴンとワシントンの分析官は，膨大な報告を一覧表にまとめた。データは，膨大な数の要覧とコンピューターデータベースに入力された。集落評価システム，テロ事件報告システム，義勇軍有効度システム，和平工作形勢分析システム，陸軍状況報告ファイル，革命幹部再教育システム，親切システム補助，難民システム，農村・集落ラジオシステム，自衛人民軍システム，ベトコン無力化システム，東南アジア省ファイル，コロナ収穫プロジェクト，南ベトナムサブシステム有効性評価システム，空軍要約データベース……。リストはどこまでも続く。分析官が，作成された膨大な報告書とデータベースのなかで迷子にならないようにするためだけに，政府は「和平工作データベース入門」というパンフレットをつくる必要があった。分析の最盛期には，1日に6.3トンの報告書が作成された。

数字の重視は，数字に対するいっそうの関心を生み出した。指標の数は増

え続けた。1964年までに，100を超す指標が戦争遂行に関わる軍と文民によって評価された。データがあまりに多いので，流入するデータの量と質を確認するだけのために，いくつかのチームが編成された。1963年の終わりから1964年の初めにかけて，MACVでは500件近い報告書を確認，評価する専任分析チームを設置し，入ってくるデータの性質と品質を半年かけて理解しようとした。データ自体が目的となった。MACVは，従来とは異なるベトナム戦争が，どのように進展しているのかを理解するために苦労していた。膨大なデータはほとんど役に立たなかった。戦争中，軍司令部は，意識的かどうかは別にしても，反政府軍を撃退する方法に関して意見の一致を見いだそうとしていた。しかし，首脳部は主な脅威がどこにあるのか合意できず，何を優先するのか──村をベトコン侵攻から守るのか，ベトコン部隊を捜索して殲滅するのか，ベトコンの影響下にある地域を掃討するのか──についての明確な指示が戦場の指揮官に与えられることはなかった。

サイゴンとワシントンの分析官は，不条理なほどのデータを取得，照合，理解するだけでなく，戦争の進展状況を示すことを強く求められていた。

ベトナムのデータに関するもう一つの問題点は，ほとんどのデータが基本的に軍事用だったことである。マクナマラが就任する前にランスデールが提案していた，戦争の政治的，社会的な指標は，ほとんど無視されていた。戦果の指標には，死傷者，軍事行動，作戦が重用された。たとえば，地域の安全性は小規模な衝突発生件数で評価されたが，その村が「安全」かどうかの洞察はほとんど示されなかった。衝突が少ないのは，実はベトコンの支配下にあるためかもしれない。どのデータにも合理性はなかった。戦争の進展を示す指標の数は100を超したが，どれが最も重要かを優先づけ，どのように解釈すべきかを示す者はいなかった。1968年のある報告書では，ベトナムの村落で配られた石鹸の数を数えている。あるいは，敵の戦死者を数えることは，アメリカ軍が北ベトナム軍と戦った中央高地では意味があったが，そのデータに基づいて，メコンデルタの村が反乱軍の影響を免れているかどうかを把握することはできない。この戦争は本質的に評価になじまなかった。将校は反乱軍に執拗な圧力をかけるよう指示された。しかし，ある地域でベトコンの活動が収まっても，ベトコンが敗れたのか，反撃する機会が来るまで分散，潜伏しているだけなのか判断できない。ある村がまったく襲撃を受

けていないのは，ベトコンの支配下にあるからかもしれない。将校はベトコンの影響力，地域住民との関係，伝達網と諜報網の有効性を把握するよう指示された。しかし，どうやって把握するのかはまったく教えられなかった。

サイゴンに流れ込むデータは膨大だったが，それを検証するシステムは存在しなかった。戦場の部隊は，ありそうもないデータを，ほとんど無意味な様式で報告する任務を課せられていた。

何が起きているかを把握する指示に明確さが欠けていたため，捏造とはいわないまでも，誤ったデータが報告されることが多かった。OSAのトーマス・タイヤー局長は，扱ったデータの大部分が低品質だったことを認めている。戦時中に収集された指標——反乱軍の人数，ベトコンによる攻撃件数，南ベトナム軍の戦闘能力，民間人の推定死者数，村落の安全性，地域住民の政治的立場，難民の数——で，一定の精度や信頼性に達していたものはほとんどなかった。多くの場合，将校は指揮官が聞きたがっている数字を報告した。腐敗と非効率性で悪名高い南ベトナム政府軍から報告されるデータの粉飾は，さらに大きな問題だった。

ベトナムの膨大なデータと報告書，正確さに欠ける報告，本当に重要な決定を下すための明確な方針の欠如によって，司令部は泥沼にはまり込んだ。紛争のさまざまな側面に関する膨大な報告書があったにもかかわらず，戦争がどちらに向かっているのかわからなかった。それでもマクナマラにとって，データは戦争に勝つためのものだった。しかし1965年になって，勝利を導くと考えられていたデータそのものが劇的に変化し，悲劇的な結果をもたらすことになる。

1964年，アメリカはベトナムで戦況の悪化に直面していた。データは概ね楽観的な見通しを示していたが，司令部にいる者の多くは事態が好転しない限り，南ベトナムにおける共産主義者の勝利が迫っていると感じていた。そうした状況下でハーキンス大将は更迭され，MACVの司令官はウィリアム・ウェストモーランドになった。司令官に着任した1964年6月，ウェストモーランドは戦争の行方を変えるつもりだった。

1965年8月，MACVはベトナムの作戦に関する三段階の構想を発表した。第一段階として，1965年末までにアメリカ軍と南ベトナム軍の劣勢を挽回する。これは兵站基地と軍事基地の安全確保に重点を置き，ベトナム共和国

軍を強化し，ベトコン基地に対する作戦を増やすことで実現する。第二段階では，1966年までにアメリカ軍と南ベトナム軍が攻勢に転じ，敵基地への攻撃を増やし，太平洋作戦を拡大する。そして第三段階，12カ月から18カ月後にベトコンと北ベトナムは敗北し，残留兵力は一掃されるとMACVでは想定した。

ウェストモーランド大将は，戦況の把握にさらなる規律を持ち込んだ。戦争遂行のために用いられていた100以上の指標を，いくつかの基本的な指標——住民統制，地域統制，情報統制，資源統制，そしてベトコンとベトナム共和国軍の比較分析——に集約するよう指示したのである。しかし戦争の後半，殺した敵の人数を数えるボディカウントという指標がベトナムの戦略を支配することになる。ウェストモーランドの総合戦略は，もっと敵を殺せというシンプルなものだった。

これは消耗戦略だった。アメリカがより多くのベトコンと北ベトナム兵を殺しさえすれば，戦争に勝利する。ウェストモーランドによれば，アメリカがベトコンと北ベトナム軍に大量の損失を与え続ければ，敵は犠牲者の多さに耐えられなくなる「転換点」に達する。

この戦略に根拠がまったくなかったわけではない。軍司令部は，ベトナムの武力統一を防ぐことが，この戦争における自分たちの役割だと考えていた。北部の共産主義者を屈服させたいのではなく，南部への拡大を防ぎたいだけだった。ホー・チ・ミンを倒すことが目標ではなかったのだ。そうした背景があるため，アメリカ軍司令部は，共産主義者が自国や自分自身の生き残りをかけて戦っているとは思っていなかった。この戦争は「死闘」ではない。共産主義者に戦争は無駄だと納得させることができれば，彼らは最終的に屈服するだろう。ウェストモーランドは，共産主義者が「軍事的勝利は不可能だと確信し，それ以上の苦痛に耐えられなくなる」ときが来ると信じていた。ウェストモーランドにとって皮肉なことに，転換点は1967年春に訪れた。忌まわしいテト攻勢の1年前のことだった。

軍司令部がこの消耗戦略を有効に機能させる方法はたくさんあった。第一に，北ベトナム軍とベトコンを消耗させて，自分たちには勝ち目がないことを悟らせる。アメリカ軍と南ベトナム軍を破る希望を失えば，北ベトナムは落胆して簡単に降伏するだろう。1946年から1949年のギリシャ，1945年

から1954年のフィリピン，1948年から1960年のマラヤの反政府共産主義者がそうだった。第二に，損失を与えることで，面目を保つためには交渉に応じざるを得ないと，共産党執行部に納得させることができる。戦争に勝てなければ，共産主義者は朝鮮戦争のときのように，交渉に応じるだろう。最後に，人員と装備の果てしない損失は，ベトナムの同盟国つまりソビエトと中国を弱気にさせる。両国は紛争が実りないものとみなして，最終的に援助を停止するだろう。いったん援助が停止されれば，ベトナムの共産主義者は和平を求めるほかなくなるはずだ。

アメリカにとって，そうした消耗戦略は目新しいものではなかった。実際，アメリカは15年前に朝鮮半島で消耗戦略を採用していたのだ。

朝鮮戦争の最初の8カ月，アメリカ，国連，韓国の連合軍は領土を巡って北朝鮮と争い，戦線は絶えず移動していた。しかし1951年の春になると，トルーマン大統領は北朝鮮の占領を目指さない決断を下した。アメリカの戦略は一種の消耗戦に移った。1950年12月，第8軍司令官に就任したマシュー・B・リッジウェイ大将は，朝鮮戦争の軍事戦略に大きな影響を与えた。リッジウェイは，朝鮮戦争におけるアメリカの戦略を，制圧戦から消耗戦に切り替えるべきだと考えた。「領土を奪うのではなく，敵の人員や物資を最小限のコストで最大限に破壊する」ことが目標だった。リッジウェイにとって朝鮮戦争は「中国兵を，中国人でさえ追いつかない速度でひき肉にする」もので，アメリカ軍の役割は「中国人を殺す……最小の労力で最大の損害を与える」ことだった。

リッジウェイは作戦を遂行した。作戦には戦術にふさわしい***殺人鬼作戦***や***切裂魔作戦***といった名前がつけられた。リッジウェイは，首都ソウルのような戦略上の要衝を押さえる機会があっても取り合わず，代わりにできるだけ多くの敵を殺すほうを選択した。連合軍がソウルの支配を回復し，中国人と北朝鮮人が韓国から撤退した後でも，リッジウェイは「そこそこの勝利」としか見ていなかった。

消耗戦が主要な戦略となった朝鮮戦争で，軍が戦争の進展を把握する指標にしたのは戦死者の数だった。将校と兵士は敵の戦死者の数を基に勲章をもらい，昇進した。戦死者の数を指標にしたのは，前線が膠着していたためではない――アメリカ軍は前進して，敵を韓国から追い出しつつあった。そ

れは，敵にできるだけ高い代償を払わせることで，交渉の場に引きずり出そうとする戦術だったのである。

そして朝鮮戦争と同様，ベトナムでも消耗戦略が採用された。

消耗戦略は戦争の焦点を変えた。消耗戦では，戦略的目標の攻撃や，陣地の確保や，敵の政治的な影響力や戦略を把握することすら重視されない。地理的な戦争のように，陣地を確保して維持することが目標となるわけではない。むしろ敵を殺すことが目標となる。消耗戦では，敵の士気を下げ，敵軍に敗北感を植えつけ，できれば敵の指導者を軟化させることを軍隊に求める。そのためには敵に容赦なく苦痛を与える必要がある。

軍司令部は，その戦略と，共産主義者の士気を損なう能力に自信をもっていた。ウェストモーランドは，「敵が一人を失うことは，我々が10人以上を失うのに等しい」と言った。マクナマラは同意し，のちに「自軍のリスクを最小に抑えつつ戦争に勝利するうえで，我々が何をすべきかを理解するために，ボディカウントを指標として使おうとした」と述べている。二人は分析を共有した。1965年の年末，マクナマラは1967年までに戦争に勝つ確率を五分五分だと予測していた。

消耗戦略は，ベトナムのデータの混乱と混沌に対する簡単な解決策ももたらした。この戦略では，戦果の把握を何百もの指標に頼るのではなく，たった一つの指標で簡単に測定できる。それがボディカウントだった。ボディカウントは，進展状況を把握する簡単で直接的な方法をもたらした。少しでも多くのベトナム人を殺せばよい。殺されるより殺す数が多ければよい。ダグラス・キナードによれば，「ゲリラ戦の進展状況を把握するためには，何らかの代替手段が必要」で，その指標がボディカウントになったのだ（キナードは戦争中の准将で，戦後，同僚の将軍の調査を行い，この戦争を糾弾したことで有名となる）。この戦略により，戦場の兵士が重視すべきものは，混乱した大量の指標から二つの指標，すなわちボディカウントと殺人率に移った。

マクナマラとウェストモーランドは，アメリカ軍と南ベトナム軍の双方に，敵のボディカウントの集計を義務づけた。ボディカウントの採用によって，兵士はかなり楽になった。すでに掃討作戦は軍の日課となっており，将校や兵士は新しく学ぶ必要はなかった。より集中して死人を数えればよかったのだ。

ボディカウントの重視は軍の末端まで浸透し，軍司令部のあらゆる階層で，

戦果を把握するために使われていた。将校と部隊には，多くのボディカウントと高い殺人率を達成することで，昇進，勲章，休暇が与えられた。将校が同僚から抜きん出るために使える指標はほかになく（配られた石鹸の数で評価される者はいなかった），ボディカウントは将校と部隊が評価される基準となった。しかし，ボディカウントは本書で論じた多くの評価指標と同様，ウェストモーランドやマクナマラが予想もしなかった形で歪められた。ボディカウントもグッドハートの法則を免れることはできなかったのだ。

ボディカウントは多くの部隊で，非公式にではあるが暗黙のうちに昇進に結びつけられ，戦績の主要な評価基準となった。ジュリアン・J・イーウェル第9歩兵師団長は，より多くのボディカウントを報告するよう部下に圧力をかけたことで悪名が高い。部隊にノルマを課し，ノルマが達成できないと将校を更迭すると脅したのだ。第25歩兵師団では「ベスト・オブ・ザ・パック（背嚢）」コンテストを実施し，ボディカウントが一番多かった部隊にポイントを与えた。第503歩兵師団でも同じことを行い，ボディカウントと捕虜数に基づく兵士のポイントを戦績グラフにまとめた。多くが後に続いた。

部隊の指揮官は，ボディカウントを増やす圧力に応えるため，しばしば報告を水増し，民間の死者数を敵の戦闘員として数えた。アラン・C・エントベンとK・ウェイン・スミスが書いているように，「かさ上げされた報告は皆を幸福にした。敵の損失を誇張しても罰則はなかった。逆に，誇張せずに控えめな報告をすれば，戦果の割にアメリカ兵の戦死者が多いのはなぜかという厳しい質問を招く可能性があった。ボディカウントは，敵が優勢だった場合に，ことさら水増しされた。どの指揮官も，自分の部隊がベトコンや北ベトナム軍より大勢の兵士を失ったことを認めようとせず，敵の死者数を増やすのだ。粉飾された報告が蔓延した。ボディカウントの二重計上を防ぐ仕組みはなかった。ある部隊では，死者はすべて戦闘員だったと主張し，ある部隊では二重計上し，ある部隊では数字を捏造した。ある指揮官は兵士に，次のように指示したと伝えられている。「死体が見つかったら，その数を数えろ。それからもう一度あたりを見回し，死体の数を数え直して2倍にしろ。それで1日が終わる」

共産主義の戦闘員が，戦場から仲間の遺体を必ず回収するか，少なくともアメリカや南ベトナム軍から隠すことを重視したために，死体の計数はさら

に複雑になった。複雑な地形も，敵の死者を数えるのを難しくした。そのうえ空爆や砲撃による死者を数えるのはほとんど不可能だった。ボディカウントの報告が重視されることで，数を稼ぐために民間人を殺害した可能性さえある。少なくとも，得点を増やすために死亡した民間人を敵の戦闘員として計上したのだ。1969年のメコンデルタにおけるスピーディー・エクスプレス作戦は，ボディカウントを大きく増やす圧力により民間人が殺害された作戦の一つだった。

ボディカウントを求める方法にも問題があった。1966年，MACVは「戦死」者数を「戦闘年齢の男性，および武器を携行していた男女の，実際の戦死に基づいて」集計することとした。この定義では，確実に死んでいる戦闘年齢の男性をすべて数える一方で，生死が不明の者は数えないことになっていた。生死不明者を含めないことで，MACVは兵士や将校に難題を押しつけることになった。生死を確認するためには実物の死体を数える必要がある。その結果，敵が本当に死んでいることを確認するために，アメリカ兵の命が危険にさらされる場合もあった。この戦術は，戦略的にほとんど無意味だ。ベトナム兵が死んでいようが生きていようが，それを確認したところで事実は変わらない。兵士の命を危険にさらすだけだ。戦後，ある将軍は，「死体を数える任務で何人の兵士が命を落としたかを考えると，ぞっとする。なんという無駄だろう」と回想した。

一方，ボディカウントを増やす圧力は，道徳的な問題はさておき，戦略的重要性に疑問がある不必要な任務に将校を駆り立てていた可能性がある。ボディカウントの数字を増やすことだけが目的の任務で死傷した兵士にまつわる話は多い。それでもボディカウントを重視する圧力はやまなかった。

その結果は，きわめて問題の多い欠陥だらけのボディカウントのデータとなって現れた。ボディカウントの公式報告はきわめて不正確だったという例証は多い。OSAのトーマス・タイヤーは自身の報告のなかで，自分が受け取ったデータの質は劣悪だったという。軍の幹部が敵の損失を水増しして敵の戦力を過小評価していることについて，多くの諜報員が不満を訴えている。キナードは将軍に対する戦後の調査で，死体を数える行為について尋ねているが，将軍の61％がボディカウントに水増しがあったことを認めた。同じ調査で，回答した将軍の55％が，戦争の進展を示すわけではないボディカウ

ントは誤解を招くものだと感じていた。

大勢の分析官，下士官，文民オブザーバーの疑念にもかかわらず，ウェストモーランドとマクナマラは，ボディカウントの統計の精度を驚くほど信頼していた。武力衝突時の双方の死者の数について，ウェストモーランドは捕虜の持っていた文書を基に，1.8％以内の誤差で把握していると主張したことをエントベンとスミスは指摘している。しかし同じ文書を解読したOSAは，ボディカウントが30％（!）も水増しされているように感じた。アメリカ軍が撤退し，戦争が終結してから数年後，国防総省は公式の戦死者数を発表した。アメリカ軍の戦死者は4万6498人，南ベトナム軍は22万357人，共産主義者は95万785人だった（ベトナム人の死者は50万人から60万人に達するという人もいる）。アメリカと南ベトナムが殺害した人数と，共産主義者が殺害した人数の比は，公式には3.5対1だったことになる。アメリカの戦死者だけを数えれば，その比率は20対1を超える。そうした数字，特に殺害された共産主義者の人数を信じるのは難しい。なお，ベトナム側は戦闘員の推定戦死者数を一度も発表していない。

報告されたボディカウントは，軍司令部に，戦争の進展に対する誤った認識を植えつけた。殺害件数は増え続け，マクナマラとウェストモーランドは，戦争がますます自分たちに有利な方向に進んでいると確信するようになった。1965年から1968年にかけて，ボディカウントは，戦争でアメリカ軍の戦闘効率が高まっていることを物語っていた。当時，殺害率は2.0から6.0に上昇した。マクナマラとウェストモーランドは，この数字が，戦争が進むにつれてアメリカ軍がより戦闘効率を高め，ベトナムの戦闘能力が低下していることを示していると考えた。しかし，真実からこれほどかけ離れたものはなかった。

ウェストモーランドの戦略は，損失がある定量的な点に達したら北ベトナムは戦闘意欲を失うという信念に基づいていた。まるで魔法の数か比率があって，それを超えると戦争が終わるというようなものだ。この戦略では，アメリカが北ベトナムの考え方を知っているだけでなく，北ベトナム以上に北ベトナムのことを熟知していると想定していた。

ウェストモーランドもマクナマラも，消耗戦略が想定どおり機能すると考えるほど愚かではなかった。しかし消耗戦は第一次世界大戦と第二次世界大

戦でも機能したのだ。膨大な損失が降伏を促し，戦争のさまざまな局面での撤退を促した。そしてベトナムの損失は相当なものだった。この戦争はベトナム人にとって，近代史上最も苛烈なものとなった。北ベトナムの人口は約1600万人，南ベトナムの人口は約1400万人で，両国の総人口の2.5％から3％が失われたのである。1816年以降，戦争でこれほど多くの人命が失われた国は，第二次世界大戦でそれぞれ全人口の4.4％を失ったソビエトとドイツ，および第一次世界大戦に2.7％を失ったドイツ，3.3％のフランス，4.7％のルーマニアくらいだ。そうした膨大な損失にもかかわらず，共産主義者の士気が下がったようには見えなかった。北ベトナム軍にもベトコンにも，敗北主義者はまったく存在しなかったのである。

ホー・チ・ミンとボー・グエン・ザップのいた北ベトナム軍司令部は，自分たちが被った死傷者の水準について驚くほど無関心だった。膨大な損失が彼らから勝利の信念を奪うことは決してないようだった。ホー・チ・ミンの勝利への信念は揺るがなかった。ホー・チ・ミンにとってこの戦争は，アメリカの考えに反して，生き残りをかけた戦いだったのである。

今もって信じがたいのは，戦争史上最大級の損害を被りながら，ベトナムの指導部がひるまなかったことだ。ホー・チ・ミンはかつて「我々がアメリカ兵を一人殺害する間に，アメリカ兵は我々を10人殺害できる。しかし，そうした不均衡にもかかわらず，アメリカは負け，我々は勝つだろう」と述べた。ボー・グエン・ザップは，自軍の戦死者についてほとんど虚無的な見方をしていた。「地球上では毎分何十万という人が死んでいる。人類の百，千，万の生と死は，それが仲間であってもたいした意味をもたない……ウェストモーランドは，その優れた武器を頼りに我々を粉砕できると考えているが，それは間違いだ」。ザップは死に対して驚くほど冷静だった。それは，面目を保つとか，私利私欲のために戦うことを望む者の言葉ではなかった。そこにいたのは最後の最後まで戦うことを望む男たちだった。ホー・チ・ミンは1965年，「5年でも，10年でも，25年でも，もっと長くでも」戦う用意ができていると述べた。

勝利に対する強い信念は，ホー・チ・ミンとザップだけのものではなかった。同じ信念は共産党軍の兵士にも浸透していた。第二次世界大戦中の心理戦将校だったコンラッド・ケレンは，北ベトナム軍とベトコンの兵士の覚悟

に驚嘆した。ケレンは，捕虜の広範な聴取を通じて，彼らの覚悟を「信じがたい」と記し，「どうやら限りない勇気と高い士気」をもっていると述べた。戦争は長く熾烈なものになると幾度聞かされても，共産党軍の戦争に対する姿勢が揺らぐことはなかった。

その覚悟は，ベトナム人の戦い方とその戦争観において顕著である。共産主義者はほとんどの戦闘で敗北した。驚くことに，ベトナム戦争の大きな転機の一つとなったテト攻勢でも，ベトナムはひどく負けていた。テト攻勢中のベトナムの推定戦死者数がほぼ3万人に達したのに対し，相手のアメリカ軍の死傷者はわずかだった。戦争終結間際の1972年のイースター攻勢では，共産党軍の戦死者は5万人から7万5000人の間と推定されている。

しかしケレンが見たところ，奇妙なことに，ベトナム人は特に共産主義に心酔しているわけではなかった。むしろ戦争に負けたくない気持ちと，アメリカに対する個人的な激しい憎しみに突き動かされていたのだ。その憎しみは，第二次世界大戦中にナチスがロシア人に抱いていた以上のものだった。キナードはベトナム人を「アメリカが出会ったなかで史上最強の敵」であると記した。

共産主義者はおそらく，アメリカ人にとってこの戦争が生き残りをかけたものでないことを認識していた。アメリカ人の信念が徐々に揺らぐのを目の当たりにし，アメリカ本土で戦争反対の声が高まるのを見て，アメリカ人より長く耐えてやろうと決意したのだ。アメリカ兵は，自分たちのあずかり知らぬ，気にもしていない国際政治戦略のために，故郷から遠く離れた場所に送られ，理解できない言葉を話す見知らぬ住民に囲まれて，暑いジャングルに座っていたのだ。ベトナム人は対照的に，母国で，帝国主義的侵略者の長い列に連なる最後の敵と戦っていた。

ベトナム人にとって，この戦争は解放のための戦いだった。そして，そのように戦った。ザップの戦略は，自軍の損失を最小限に抑えることなど考慮せず，できる限り多くのアメリカ人を犠牲にすることだった。ザップは，アメリカ人とは逆に，殺害率をほとんど気にしなかった。アメリカ人を苦しめることに集中したのだ。『*Visions of Victory*（ベトナムの勝利）』の著者であるパトリック・J・マクガービーは，ザップについて次のように述べている。「ザップの軍隊は，北の故郷に棺桶を送り届ける軍隊ではない。彼らはアメ

リカ本土に向かう棺桶の列の横にいて，ザップの戦果を測っているのだ」。ある意味，ウェストモーランドとマクナマラが消耗戦を戦ったことには一理あった。ただし二人は，負けるのが自分たちであるとは考えもしなかった。

本書で評価指標の失敗ランキングをつくるとすれば，ベトナムにおけるアメリカの経験が首位になるだろう。戦争の初期，ハーキンス大将の指揮下でアメリカ軍の戦略は焦点を欠いていた。そうした状況で，評価指標は戦争における大局的な取り組みの欠如を隠すために使われた。フレッド・C・イクレが述べているように，アメリカ軍は日々の作業に忙殺され，全体像を把握するのに苦労していた。軍の首脳部は，全体像を理解するための背景や文脈を欠いたまま，日々の雑事に忙殺された。軍司令部は戦い方を知らず，圧倒的なデータで気を紛らわせて焦点の欠如を取り繕おうとした。

戦後の調査で，戦争の目的が明確で納得できると考えていた将校は，29％だけだったことが判明した。もう一度戦うとすれば，何よりも「目的を定める」ことを提言するだろうと91％が考えていた。戦果を把握するために使われたシステムが有効だったと考えた者は２％にすぎない。戦争中，どうなれば戦争が終わったといえるのか，誰も明確な考えをもっていなかったと思われる。

明確な戦略と，目的に対する明確な評価が欠如していると，作戦責任者は細かい管理に走る。ベトナム戦争がそうだった。収集，分析された膨大なデータは，戦争の厳密な評価と明確な方向性について何も語らず，逆に，完全に方向性を見失い，混沌とした結果を招いた。ベトナムにおける報告と分析は，報告が過度に定量的な形式でなされたために，驚くべき精度と厳密さを備えているように見えたが，データの精度は思いのほか低く，情報の有効性も期待外れだった。ベトナムの村に石鹸がいくつ配られたかを知ることで，誰がどのような価値を得るのかは，神のみぞ知るところである。

雪崩のように押し寄せるデータも戦略の欠如に追い打ちをかけた。まったく脈絡のない数千ページもの数字の羅列に直面したとき，作戦立案者は戦争が向かっている方向をどうやって判断し，戦略を決定できるだろうか？　複

雑な状況を伴う対ゲリラ戦で，何を数えないかを決めることは，何を数えるかを決めることと同じぐらい重要である。だが，ベトナム戦争の第一段階で，そうした意見は聞き入れられなかった。

戦争の第二段階ではウェストモーランド大将が指揮をとり，戦略を消耗戦に転換し，振子は正反対に振れた。軍隊の焦点は一つに絞られたが，その一つが道を誤らせた。評価指標は，今度は消耗戦略の根本的な欠点に目をつぶるための道具としての役割を果たした。戦争の後半を通して，マクナマラとウェストモーランドは，上昇し続けるボディカウントと殺害率を，戦争がうまくいっている証拠として挙げることになる。戦略の基になっている仮定に対して本気で検討が加えられたり，異議が唱えられたりすることはなかった。数字は集められ続け，報告書は作成され続け，アメリカが戦争に勝っているという物語が語られ続けた。

しかし戦争中，反乱の根本原因や住民の意図，価値観，願望，そしてアメリカの戦略が拠り所とした仮定が事実かどうかを真剣に理解しようとする試みはほとんどなされなかった。ベトナムで働く何百人もの文民アドバイザーの定性的な分析をOSAの分析と結びつけようとする努力もほとんどなされなかった。戦争を理解するうえで，住民の政治的動機を理解する重要性を強調していたランスデールのような人物の助言は無視された。アメリカ軍は代わりに，戦争の，きわめて中央集権的で定量的な分析に頼ったのである。

トーマス・タイヤーのように，報告されるデータの質と精度に深刻な懸念を抱いていた者もいたが，司令部の多くは数字に対してほとんど宗教的な信念を抱いていた。上層部への説明や報告を，まるで成功への方程式でもあるかのように解釈するのは心地よいものだが，戦争というものは多くのものごと同様，道筋が明確であるとは限らず，いつも定量化できるわけでもない。戦争の単純で簡潔な評価は，十分な注意をもって取り扱われるべきだった。ベン・コナブルが述べているように，戦争では，より多くのデータを収集して不確実性を減らそうという圧力が過剰に加わると，逆効果を招く可能性がある。精密で正確なデータが，いつでも合理的に収集できるとは限らないからである。

ベトナム戦争は，アメリカ軍がこれまで戦ったなかで，おそらく最も複雑な戦争だった。アメリカ軍は，強力な同盟国（中国とソビエト）に支えられ

た北ベトナム軍という従来型の軍隊と戦うと同時に，数十万とはいわずとも数万人の経験豊富な戦闘員からなる強力な反乱軍と戦っていた。アメリカ軍は，腐りきった無能な南ベトナム政府を支えようとする一方，何十年も外国の占領と戦ってきた国の住民から信頼を得ようと努力した。アメリカ軍はその間ずっと，戦場の部隊の士気を維持するとともに，本国で高まる反戦運動に対処していた。

信じられないほどの複雑な，政治的，地理的，文化的，社会的状況に直面して，軍司令部は慣れ親しんだ快適な数字の世界に逃避することを選択した。そうすることで，戦争の背後にある深い動機を理解しそこなった。ベトナムにおけるデータの重視は，戦争を理解するための洗練された厳密なアプローチではなかった。それは，状況の複雑さから逃げる方法だったのだ。マクナマラは，自分の分析に合うように世界を変えることができると信じ，定量化できないものの存在を受け入れることを拒否した。どんな状況も数字によって理解できると信じていたのである。

仕事で数字だけにこだわり，それ以外を無視する管理職は多い。マクナマラはそうした管理職と同じだった。戦争の性質やベトナム人の心理と動機，すなわち戦争に影響する複雑な政治的，文化的，社会的要因を自分が理解できないという事実を隠すために，データを用いた。データ分析は，理解を深める道具としてではなく，理解の欠如を隠すための道具として使われたのだ。

戦争の複雑な現実を突きつけられたとき，ボディカウントは言い訳となり，寄りかかる松葉杖となった。

数字は現実を表わしていると思われがちである。データを収集しているのなら，そのデータは現実と結びついているはずだ。そうでない場合があるだろうか？　測定できるものが現実でないはずがない。数字は，私たちが何かを確実に知っていることを意味し，確実に知っているのなら，それは真実である。そして真実であるものが数字に表せるのであれば，数字だけが唯一の真実であるはずだ。そうして，数字だけが重要で，あとはどうでもいいと勘違いしてしまう。世界を理解できるのは，数字だけだと思ってしまう。しかし評価指標があっても，問題に光が当たるとは限らない。街灯の下で探し物をする酔っぱらいのように，評価指標が，正しい場所で探し物をすることを避けるための言い訳になる場合もある。評価指標が真実を隠す言い訳になる

場合もあるのだ。バーナード・フォールはユダヤ系オーストリア人で，第二次世界大戦中，一家でフランスに逃れた。フォールは第一次インドシナ戦争でフランスの従軍記者となり，アメリカが関わっていた間のベトナムにも従軍記者として5回訪れた。フォールはジエム政権には批判的だったが，アメリカの介入を支持した。共産主義者がベトナムを支配するのを，アメリカが阻止してくれると信じていたのだ。フォールは1967年に跳躍地雷を踏んで死亡した。生前，フォールは戦争におけるボディカウントの使用について語っている。フォールから見ると，ボディカウントは，「単に本質的な政治目標が捉えきれないためか，さらに言えば，その重要性がわかっていない」ために使われていた。フォールは正しかった。

第8章　大事なものすべてが数えられるわけではない

本質を見極める

1996年6月12日，サンフランシスコ。リーバイ・ストラウスでは大勢の従業員たちがボブ・ハースCEOの発表を待っていた。イギリスの従業員は，発表をテレビ中継で見るために映写室に集められた。従業員の前に立ったハースは，会社の新しい報奨制度を発表した。上は役員から下は縫製係まで，全従業員3万7000人に給料1年分に相当する賞与が与えられるというのだ。従業員は興奮した。各拠点でお祝いのバーベキューやパーティーが催された。ボブ・ハースはこの賞与を，会社に革新をもたらす報奨制度として位置づけていた。従業員に「新たな高みを目指して挑み続ける」よう励ますのだ。賞与の総額は7億5000万ドルに達すると見られていた。ただし一つ条件があった。従業員は，その発表日から少なくとも3年間はリーバイスで働き，76億ドルの売上目標を達成しなければならなかった。

翌年，状況は悪化した。1996年に過去最高の71億ドルに達していた売上が落ち始めた。1997年11月3日，会社は11工場の閉鎖と6000人以上の従業員の解雇を発表した。主要購買層であるティーンエイジャー男子の市場シェアは半分に減った。リーバイスは次の2年間で，北米とヨーロッパの29工場の閉鎖と1万6000人の解雇を計画することになる。1998年の売上は13％減少して60億ドルを割り込み，賞与の条件だった76億ドルを大きく下回った。

販売が低迷した理由はたくさんある。ギャップやシアーズ，J.C.ペニーといった普及品から，トミーヒルフィガーやカルバン・クラインといった高級ブランドまで，ほかの新興ブランドがリーバイスの市場シェアを奪いつつあった。リーバイスは目新しさに欠け，流行に追いついていないとけなす者もいた。リーバイス501のジーンズの裾は，1990年代の子どもには細すぎた。万人受けを狙ったことで，「人をクールに見せるジーンズを売る」というそれまでもっていた強みを失った。アメリカ国内でジーンズをつくり続けたため，競合他社に比べて製造コストも高くついた。

トミーヒルフィガーのようなブランドとの新たな競争やアメリカ工場の高い製造コストに加えて，リーバイスはもう一つの問題を抱えていた。例の報奨制度である。当初，その計画はほとんど信じがたいものだった。1年分の給与に相当する賞与がもらえるという考えに，従業員は大喜びした。夢のようだ。士気は急上昇した。

リーバイスの従業員は，会社で働くことをとても誇りに思っていた。しかし1997年の売上高が判明し，最初の工場閉鎖と解雇が始まると，風向きが変わった。

会社の士気を高めるために始まった制度は，たちまち逆に作用するようになった。賞与の計画とその約束された巨大な金額には，もはやまったく手が届かないように思われた。士気は下がり，従業員は絶望感を覚え始めた。売上が増えないどころか急激に減っていることを考えれば，賞与など手に入るはずがない。

1997年初め，従業員は早くも目標の76億ドルに到達することはあり得ないという兆候を感じ取っていた。賞与が出るはずだった1999年，売上は51億ドルで，目標の76億ドルにとうてい及ばなかった。2000年には，従業員に賞与として与えられるはずだった3億4400万ドルを会社に戻さざるを得なかった。

ハリウッド映画のストーリーとは違って，人は普通，達成困難な目標に挑もうとはしない。どう見ても絶望的な状況で，最後に死に物狂いの努力をする人はほとんどいない。たいていはあきらめて，自分が置かれている状況に身を委ねる。評価指標の目標に届かないがゆえに，意欲を削がれる場合があるのだ。組織心理学者はそれを期待理論と呼んでいる。簡単にいうと，意欲というものは，目標達成がどの程度合理的に期待できるかに左右されるという理論だ。たとえばプールで泳ぎ終わったのち，あと4往復するような場合なら，まだ頑張れる。山頂までの最後の区間を登る場合や，月末に休暇をとるために毎日15分残業するといった場合にも，自分を元気づけることができる。しかしサハラマラソン――サハラ砂漠の250kmを6日間で走破するウルトラマラソン――を走れと言われても，そんな気にはならないだろう。手に届きそうなものに対しては意欲をもてるが，どう考えても達成できそうにないものに対しては気持ちが萎えるのだ。

期待理論のもう一つの要素は，道具性（instrumentality）と呼ばれるものだ。道具性とは，自分には目標を実現するための道具があり，努力すれば望んだアウトカムが得られるという認識のことである。たとえばマラソンは，努力すれば完走できるかもしれないが，迷路を抜ける場合には走る努力が結果につながるとは限らない。努力しても結果が得られないのだ。

組織内だけでなく組織外の多くの人々の協力を必要とする複雑な仕組みのなかで，多面的な仕事をこなす場合には，評価指標が実際に意欲を下げる可能性がある。大きなチームのなかでは，さまざまな要素（と人）が成功を左右するため，個人の努力がチームの業績を向上させるとは限らない。アウトカムに影響を及ぼすことのできない人がアウトカムに基づいて評価されると，非常にもどかしいだろう。

リーバイスで起きたのはそういうことだった。賞与案は，当初は意欲を高めたが，まもなく達成困難なように思われ，逆効果をもたらし始めた。従業員は落胆し，苦しみ，失望した。何十億ドルもの損失を埋め合わせるために，必死で働こうと思うような工場従業員がいるだろうか？　自分の店をうまく経営すれば多国籍企業の販売目標の達成に寄与できると，イギリスの店長は本気で思うだろうか？　従業員は改革に対する意欲をもつどころか，自分たちの手に負えない状況に甘んじたのである。

経営学教授のスティーブ・カーは1975年，『*On the folly of rewarding A, while hoping for B*（Bを期待してAに報いることの愚かさについて）』という題名そのままの論文を書いた。カーはそのなかで，組織がある行動を期待しているのに別の行動に報奨を与えた例を紹介している。この論文は経営学と心理学のコースの古典となり，現在でも，貧弱な評価指標がどのように設計されるのかを示すのに使われている。カーは事例として，医師は完璧ではないので誤診することがあり，誤診には二通りあることを指摘している。一つ目は，患者が健康なのに医師が病気だと診断をする場合だ（第一種の過誤と呼ばれる）。二つ目は，患者が病気なのに医師がそれを見つけられず，患者に健康だと告げる場合だ（第二種の過誤と呼ばれる）。どちらも問題である。最初の例では，どこも悪いところのない患者に対して医師が余計な不安を与え，限られた医療資源を使いきってしまう可能性がある。二番目の例では，医師が病気を適切に診断できなかったために病気の患者が苦しみ続ける

か，悪くすれば死んでしまう可能性がある。一般に，医師は第二種の過誤よりも第一種の過誤を犯すことのほうがはるかに多い。つまり多くの人が，かかってもいない病気だと診断されるのだ。なぜか？　それは第二種の過誤に対する代償が大きいからである――医師は強い罪悪感を抱くだけでなく，医療過誤訴訟を起こされて地位を失うかもしれない。だから医師は安全な側に間違えるのだ。危険を冒す意識（むしろ危険を冒したくないという意識）が行動を促すのである。

スポーツの世界では，監督が選手にチームワーク，礼儀，協力の精神といった価値観を植えつけたがることをカーは指摘している。しかし選手はチームへの献身ではなく，得点，リバウンド，スチールといった個人的な成績で評価される。したがって選手は自分のことを第一に考える。ビジネスでは，従業員の欠勤を日数ではなく回数で記録している会社があることにカーは注目した。つまり十日間の欠勤も1日の欠勤も同じに数えられるのだ。その結果，従業員は病欠として申請できる回数が上限に近づくと，何日休んでも同じだとわかっているので，休みをできる限り引き延ばそうとするのだ。

カーの論文で語られたのは，間違った報奨に関する教訓だった。間違ったものに報奨を与えれば，間違った結果が得られる。では，適切に測りさえすれば，適切な結果が得られるのだろうか？　業績の評価指標は，そうなるはずだというごく基本的な前提のうえに構築されている。誰かを何かで測り，その評価指標に沿った行動に対して報奨を与えれば，その誰かの業績は向上する。実に簡単そうだ。石をどれだけ速く積めるかで賃金がもらえるとすれば，できるだけ速く石を積むだろう。製品を売る，よりよい医療を提供する，子どもを教育する，生産性を上げる――いずれの場合にも，この考え方が当てはまると信じられてきた。従来の事業活動や管理の多くは，報奨が人々の意欲を高めるという考え方に基づいている。経営者は適切な評価指標を選択し，適切な報奨を設けさえすれば業績が向上すると主張してキャリアを築いてきた。ピーター・ドラッカーの「測れなければ，管理できない」という言葉は，ビジネスや経営のどの分野でも人気がある。しかし，もしそれが当てはまらないとしたら？　評価指標が，行動を促す代わりに実は意欲を削いでいたとしたら？　Aという行動に報いようとしたのに，Aという行動がなされなかったら？　これはグッドハートの法則が再び顔を出したという単純

な話ではない。まったく別の問題だ。グッドハートの法則は，測定値を評価指標としたとたんに，人々がシステムをもてあそぶ方法を習得することを扱っている。本章で扱っているのは本質的に別の問題である。評価指標は人々に意欲を与えるのかという問題だ。

この問題は業績管理の核心であり，私たちが使うほぼすべての評価指標の存在理由となる。ここで前提となっているのは，人は報奨に応えるという考え方だ。従業員が金銭的な報奨に応える例はいくらでもある。ある経済学者は，フロントガラスを取りつける会社で，従業員が定額の給与ではなく，取りつけたフロントガラスの枚数に応じて賃金を支払われた場合に，取りつけ枚数が増えた例を紹介している。実際，生産性は即座に50％近く向上した。しかし正反対の結果を示した例もある。

ロチェスター大学の心理学教授，エドワード・デシは1970年，風変わりな実験を行った。デシは数人の心理学者の助けを借りて，実験のために心理学科の学生たちを募った（学生以外を使って実験する者がいるだろうか？学生は無料だ）。被験者は研究者と一緒に机を囲み，パズルを渡された。パズルはソーマという商品名で，パーカーブラザーズが考案，販売していた。ソーマは，それぞれ2.5cm角の立方体を三つか四つ組み合わせた7種類のブロックから成る。ゲームの課題は，紙に描かれたさまざまな形の三次元形状をブロックで組み立てるというものだ。いわば三次元テトリスである。実験は1セッションにつき1時間で，学生にはパズル1問あたり13分が与えられた。学生はこのセッションを，時間を置いて3回行った。

実験の操作は3回のうちの2回目で行われた。学生の半数には，13分の制限時間内にパズルを解いた場合に少額（1ドル）を払い，パズルに真剣に取り組む動機を与える。しかし3回目の実験では，パズルを時間内に解いても，お金が足りなくなったと言って，どの学生にも報奨を支払わない。巧妙に設計された心理学実験の例に漏れず，エドワード・デシが解明しようとしたのは，実験中に被験者が考えたことや告げられたことではなかった。学生は，パズルをどれだけ速く解けるかを確かめているのだと告げられ，そのと

おり信じた。しかしデシが注目していたのは，学生がどれだけ速くパズルを解くかではなく，それとは別のものだった。

あることを確かめているように見せかけて，実は別のことを確かめる実験を行うことにかけて，心理学者は実に創造的である。心理学実験では偶然は存在しない。あらゆるできごと，環境条件，偶然の一致は注意深く計画され，練り上げられる。ジョン・バルグとその同僚がニューヨーク大学で行った有名な実験では，学生に五つの単語一組を与え，そこから四つを選んで文章を組み立てさせた。学生は順不同で並んだ単語を並べ替えて，意味を成す文章をつくる。学生の半分には，***フロリダ，忘れっぽい，はげ，グレー，しわ***といった一般に高齢者を連想させる単語の組を，残りの半分にはそうした単語を含まない単語の組を与えた。この実験は，学生が文章をどれだけ速く完成させるかを見るものではない。作業を完了した学生は，廊下を歩いて別の部屋へ行き，別の作業をするよう求められた。実は廊下を歩かせることが実験の目的だったのである。学生が歩く際，研究者は学生が部屋から部屋に移る速さを測った。バルグは，高齢者を連想させる単語を見せられた学生の廊下を歩く速さが，「プライミング効果」[*1]によって影響を受けるかどうかを確かめたかったのだ。影響はおおいにあった。

デシの実験では，各セッションの途中でも操作が行われた。被験者が二つのパズルに挑んだ後で，実験を観察していた研究者は口実（次の二つのパズルを手に入れるため，コンピューターにデータを入力しなければならない）を設けて，自分は別の部屋に行く必要があると被験者に告げた。研究者が（きっかり8分間）部屋を空けた間，被験者は部屋に一人で取り残された。パズルのピースは，いくつかの設問と雑誌とともに机に載ったままだ。デシが調べていたのは，研究者がいない間にどの程度の被験者がパズルを続けるかということだった。デシが注目したのは被験者がパズルを完成させる速さではなかった。デシは，一人で残された被験者が何を行い，パズルにどれだけ興味を示すかということを調べたかったのだ。実験チームは，研究者が不在の間に各被験者がパズルに取り組んだ時間を記録し，パズルに対する被験者の内発的動機の指標としたのだ。結果は興味深いものだった。

＊1　先行する行動（プライマー）がのちの行動に影響を与える効果

当然のことながら，パズルを解くたびに報酬をもらう被験者は，2回目のセッションで研究者が不在の間も，ほとんどの時間をパズルに費やした。報酬を得るために，パズルを完成させる機会を増やそうと練習に励んだのだろう。しかし，デシが測っていたのは，そのことだけではなかった。デシは，成果に対して報奨を支払わないと告げられた被験者が，3回目のセッションでパズルを解くためにどれだけ時間を費やすかを知りたかったのである。デシが確かめていたのは意欲だった。より具体的には，それまで作業に報酬を与えられていた被験者が意欲を失うかどうかを確かめていたのである。

研究者が席を外している際にパズルを解く時間は，意欲の指標だった。パズルに取り組む時間が長いほど，課題への関心が高いことになる。被験者は，部屋に一人残されたことを知りながらもパズルを解いた。報奨，賃金，社会的地位のためではない。被験者がパズルを解く動機は純粋に内発的なものだ。デシが知りたかったのは，外発的な報奨，つまりパズルを解くごとに与えられる少額の金銭が，パズルに対する内発的な興味を変えるかどうかだった。

本当に重要だったのは3番目のセッションだ。パズルを解いても報奨が得られないと知った被験者が，報奨をもらっていたときと同じようにパズルに興味をもてるだろうか？　答えはノーだった。パズルを解いても報奨は出ないと言われたのち，被験者はパズルへの興味を失った。3回目のセッションで部屋に一人にされた際，被験者は，（報酬はなく，もらえるとも聞いていなかった）1回目のセッションよりもパズルを解く時間を減らしたのだ。一方，もともと報酬を与えられなかった被験者は，一人にされた際，最初より多くの時間をパズルを解くために費やした。

デシが発見したのは，内発的動機と外発的動機は別のものであるばかりか，一方を導入すればもう一方が損なわれるということだった。いったんパズルを解くことに報奨が与えられると，被験者はパズルへの興味を失った。金銭が絡んだことで，なぜか，ものごとが変わったのである。パズルは楽しくも面白くもなくなった。パズルを完成させることは報奨を得るための達成目標になってしまった。報奨がなくなると，パズルを解く動機も消え失せたのである。

数年後，同様の実験がスタンフォード大学の心理学教授マーク・R・レッパーとデイビッド・グリーンによって行われた。二人はスタンフォード大学

のキャンパス内にある保育園で実験を始めた。お絵描きの時間を設けたのである。二人は実験を始める前に，どの子どもがお遊戯の時間に絵を描くのを好んでいるかを観察した。そして，お遊戯の時間にお絵描きをさせないようにした。ただし，絵の好きな子どもには，教室から離れた別の部屋でお絵描きをする機会が与えられた。そこでは自分たちで好きなように絵を描くことができた。

二人はその部屋で子どもをいくつかのグループに分け，次の３通りのシナリオのいずれかを行った。1)お絵描きをしたら金色のシールと赤いリボンのついた「よくできました賞」をあげると言う。2)賞を与えることは事前に告げず，絵を描いた後で賞を与える。3) 子どもに何の賞も与えず，勝手にお絵描きをさせる。

子どもたちと３通りの報奨シナリオを実行した２週間後，二人は再びお遊戯の時間にお絵描きができるようにした。そこでは次のことが観察された。別室のお絵描きで報奨を与えられなかった子どもは，すぐにお絵描きを始めた。しかし，別室のお絵描きで報奨を与えられた子どもは，もはやお絵描きにほとんど興味を示さなかった。二人の心理学者が発見したのは，報奨を導入することで，お絵描きをしたいという子どもの内発的動機が損なわれたということだった。遊びは仕事になったのである。

別の実験では，出勤に対する報奨制度を導入した洗濯工場で何が起きるかを研究者が観察した。工場の経営陣は，一部の従業員がほかの従業員より頻繁に遅刻や無断欠勤を繰り返していることに気がついた。そうしただらしない出勤態度は工場の生産性を損なっていた。

経営陣はこの問題を解決するために出勤奨励制度を導入した。従業員全員に権利が与えられた。従業員が１カ月皆勤（特別な事情がない限り無遅刻無欠勤）であれば会社が認定し，そのうちの一人を無作為に選んで75ドルのギフト券を与えることにしたのだ。このプログラムは10カ月続いた。

それはよいアイデアのように思われた。報奨プログラムは無害であり，問題のある従業員は，ギフト券を獲得するために出勤態度を改善するよう励まされるはずだった。プログラムの導入に管理職の時間を使ったほかは，たいした費用もかからず，費用と呼べるのは月75ドルというわずかな金額にすぎなかった。結果は研究者の予想したとおりだった。それまで時間にルーズ

で，経営陣が生産性に悪影響を及ぼしていると感じていた従業員の出勤率が実際に改善した。無断欠勤が減り，遅刻も減った。そうした意味ではこのプログラムはうまくいった。遅刻していた従業員は，プログラムの報奨に応えて出勤態度を改善したのだ。

しかし，ほかの従業員に意外なことが起きた。いつも時間どおりに来て，無断欠勤もしていなかった従業員の行動が，予想もしない方向に変わったのだ。それまで出勤率のよかった従業員が，月に一度でも遅刻して報奨の権利を失うと，遅刻回数が増えることが観察された。実際，従業員が一度でも遅刻すると，報奨システムが存在していなかったときに比べて，その月に二度目の遅刻をする頻度が5.5倍も増えたのである。そこで起きたのは，ソーマのパズルや保育園のお絵描きの実験と同じことだった。洗濯工場の経営陣は行動に対する外発的な報奨を設けたことで，時間どおりに出勤し無断欠勤もしていなかった従業員の内発的動機を損なったのである。報奨制度における外発的動機と報奨が，時間どおりに出勤していた人々の内発的動機と実質上完全に入れ替わった。内発的動機が損なわれた従業員は，いったん報奨の対象外になると，定刻に出勤する意欲を失ったのである。

この研究ではさらに，経営陣がまったく予期していなかった（ただし心理学者は予測していた）興味深いことが起きた。実験前に優秀な出勤率を誇り，めったに遅刻していなかった従業員が，出勤率以外の仕事の部分でも業績を落としたのだ。研究者は実験中，遅刻と欠勤だけでなく，洗濯物の仕分けやユニフォームのプレスなど工場のさまざまな仕事の生産性も測っていた。普段，時間どおり来ていた従業員の場合，報奨制度によって生産性が実に９％も下がったのである。何が起きたのだろうか？

その一因は，仕事のほかの部分で内発的動機づけがなされていた従業員が，出勤奨励制度を自分たちの行動を過小評価するものとみなしたことにある。仕分け，アイロンがけ，洗濯といったほかの仕事で自分の業績が報われないのに，出勤率だけが報われるのは不公平ではないか？　さらに，定刻どおりに出社する目的が賞を取ることであれば，定刻に出社することにほかにどんな理由があるというのか？　報奨対象から外れたのなら，時間を守る理由はなくなる。この実験でわかったのは，行動に対する外発的報奨が，特定の仕事に対する内発的動機を損なうばかりか，仕事に関わる活動の多くで意欲を

削ぐことだった。

つまり，外発的な報奨や評価指標がまったく新しいレベルのリスクをもたらすことになる。外発的な報奨は，報奨を受ける側の特定の行動を損なうだけでなく，網目のようにつながった活動や行動全体に波及効果を与える可能性があるのだ。その影響はどこまで及ぶのだろうか？

自分が仕事以外にやっていることで，楽しくはあるが，努力や技能が必要な活動を思い浮かべてほしい。パズル，絵画，マラソン，登山，あるいは木工など……。さて，そうした活動で「作業」が完了するたびに，少額（10ドル程度）を払うと言われたら，どんな気持ちがするだろうか？　パズルを解くたびに，絵を描き上げるたびに，マラソンを完走するたびに山に登るたびに，イスをつくるたびに，10ドルもらうのだ。さて，自問してみてほしい。それまでと同じように，そうした活動を楽しむことができるだろうか？

理屈のうえでは，楽しさはたいして変わらないか，むしろ少し増えるという答えになるだろう。好きな活動ができるうえに，活動からいくらかの収入が得られるのだ。いいことずくめではないか？　しかし，そうでないことは誰もが知っている。山に登るたびに10ドル支払われたら，その体験の何かが変質する。その活動や活動の動機がある意味汚されてしまう。その活動を，楽しむためではなく10ドル稼ぐためにやっているように思うのだ。第一，10ドルを稼ぐなら登山以外にもっと楽な方法がいくらでもある。スタンフォードの保育園の子どもの実験やソーマパズルの実験のように，報奨が絡むとなぜか活動の楽しみが汚されてしまうのだ。

そうした実験によって，余暇活動だけでなく仕事生活のうえでも生じる葛藤――内発的動機と外発的動機の違い――が浮き彫りになった。それらの実験（およびそうした研究の発表以降に行われた膨大な実験）を通じて，心理学者や経済学者は，私たちの動機がどのように機能するのかをより深く理解するようになった。内発的動機は，それを引き起こす原因を理解することも測ることも難しい。しかし，これまで議論した研究から示されることがある。内発的動機は，報奨や外発的動機で損なわれる可能性があるということ

だ。人を動機づける方法は二つあるが，その二つを両立させることはできない。ある活動に対して介在できるのは，どちらか一方だけだ。研究者は一つ目のデシのパズルの研究で，金銭的報奨が仕事に対する内発的動機を損なう可能性があることを学んだ。これは動機のクラウディングアウトと呼ばれる。二つ目のレッパーとグリーンの保育園の研究では，意欲を損なう報奨が社会的なものである可能性が見いだされた。三つ目の洗濯工場の研究では，外発的な報酬が，報奨対象の仕事だけでなく報奨とは無関係の仕事に対する意欲も削いだ。目標の達成や仕事の完了に対して報奨を設ければ人々の意欲が高まるという世間一般の通念に反して，報奨が逆方向に作用し，人々の意欲を失わせる状況があることをそれらの研究は示したのである。

人はなぜ山に登るのか？　登山に対する外発的な報奨は（ほとんどの登山者には）ない。登山に対価は支払われない。登山家に感服する人もいるかもしれないが，ほとんどの登山家は他人に認められるために山に登るのではない。登山自体は特に楽しい体験でもない。脚は痛み，頻繁に息切れする（私だけだろうか）。悪天候に見舞われることもある。それなのに人は山に登る。なぜか？　達成感が得られるからだ。人は，創造性を発揮する，義務を全うする，変化を起こす一翼を担う，目的意識をもつ，知的な刺激を受ける，課題を達成するといったさまざまな理由で内発的に動機づけられる。しかし評価指標はその性質上，外発的な動機のみを扱う場合が多い。内発的な目標を達成するために評価指標を使用するとしても，指標は単なる手段であって，目的ではない。

この現象は特に公共部門で顕著である。公共部門で働く人は，環境保護，貧困層の支援，犯罪との戦い，病人の世話，若者の教育といった自分の仕事に情熱と理想を抱いていることが多い。ところが，公共部門の業績改善を図るコンサルタント，政府関係者や公共部門の職員は往々にして，説明責任や業績連動報酬といった評価指標に大きく依存するツールの導入を提案する。しかし，そうした提案が見落としているのは，公共部門の職員が仕事を成し遂げるための高水準な内発的動機を求めている点だ。公共部門の職員が取り組んでいることの多くは簡単に測定できないため，認識できないのである。

そのような戦術を導入することで，経営陣は従業員の意欲を損ない，仕事の目的を情熱から数字のゲームに変えてしまうリスクを負う。

エリック・カントンが指摘するように，多くの仕事には観察できる職務とできない職務がある。上司は四六時中部下を見ているわけにはいかず，職場にカメラでもない限り，仕事中に行われていることの大部分は記録されない。組立ラインの作業員なら行動を監視するのは簡単だが，大規模で複雑なマルチタスクの環境では，従業員の貢献度を測るのは非常に難しい。それは第3章で見た，代理人問題によく似ている。雇用主は，従業員がいつも何をしているのか，そのすべてを知ることはできないが，従業員の利益を会社の利益と合致させたいと願う。雇用主はそこで難題に直面する。

雇用主の多くは，従業員の努力を会社の利益に一致させるには，観察可能な行動に注目して測ればよいと勘違いする。しかし，従業員が内発的動機に駆られて達成しようとする職務は観察できない。職務における協調性，品質管理，カスタマーサービス，忠誠心，公的信頼の確保，公共財の提供，環境保護，市民のリスクの軽減といった側面を観察するのは難しいので，雇用主はそうした行動がとられているものと信用するしかない。そうした状況で，雇用主が観察可能な行動を測定して報奨を与え始めると，従業員の関心が測定と報奨に移るリスクを冒すことになり，簡単に観察できないことに取り組む意欲を失わせることになる。

教育や看護を例にとろう。どちらもそれほど給料がよくなく，どちらも大きなストレスを伴う。きわめて忙しい救急処置室で，多発外傷，反抗的な患者，気難しい管理者，次々と襲う予測不能の環境から生じるストレスに対処する仕事を選ぶような人なら，そのために必要な意欲をもともと持ち合わせているだろう。しかし，そうした人に業績を測定すると告げると，焦点がずれてしまう。患者に対する気配り，仕事に前向きに取り組む姿勢，仕事への細心の注意がたちまち失われ，測られているものに関心が移る。仕事のなかの，観察と測定ができる側面に与えられる報奨や代償が大きいほど，観察も測定もできない仕事の側面が軽視されてしまうのだ。

仕事に対して人々が内発的動機を抱いているのは公共部門に限らない。民間部門で働く人々も，金銭的報奨だけに動機づけられているわけではない。民間部門の人も，創造的な才能を発揮し，世の中を変え，困難な職務に取り組む達成感を味わい，あるいはひたすら顧客に満足してもらうために，仕事に取り組むだろう。賃金のためだけにその仕事をしたいと思うわけではない。

報道関係のように仕事量に見合わない賃金の職業でも，きわめて優秀で意欲の高い人を引きつける。しかし公共部門と同様，そうした組織が観察可能な行動だけを測定して報奨を与えると，人々の意欲を損なう可能性がある。

内発的動機に基づく崇高な目的意識に支えられている人が，自分の価値観が単なる業績評価指標におとしめられる状況に置かれると，抵抗を覚える。自分の意欲が裏切られ，貢献が軽視され，的外れな努力をしたように感じるのだ。そして，何より重要なのは，内発的動機を損なう金銭的な報奨がいったん導入されると，意欲を取り戻すことはほとんど不可能な点だ。報奨を取り除いても，元の正常な状態には戻らない。二度と戻らない。バリー・シュワルツが言うように，「報奨に頼ると美徳が損なわれる。そして，必要なのは正しいことを志す人だと気づいたとき，そんな人はいなくなっている」のである。

業績指標は，人の意欲を引き出すあらゆるものを損なう可能性がある。教師に対して，最終試験で生徒が好成績を上げるための指導だけに報奨を与え，学校におけるほかの貢献を評価しなければ，教師であることの意義を損なうことになる。その結果，試験の点数だけを気にし，その職業を志した理由を見失った教師が現れる。私たちの人生の大切な部分を数値化しようとすることで，本当に大事なものが失われる可能性があるのだ。

2002年，ダン・アリエリー，ウリ・ニーズィー，ジョージ・ルーベンスタイン，ニナ・メイザーはインドの農村で興味深い実験を行った。現地の研究助手として近くの大学で数名が雇われ，村に派遣された。研究助手は村民に，ゲームをしてくれたら賞金を出すと告げた。

ゲームは6種類あり，どのゲームも難易度には幅があるが比較的単純なもので，うまくいく場合もいかない場合も，まずまずの結果となる場合もあった。あるゲームは，さまざまな色のランプが点灯する順番を見て記憶し，再現するというものだった。別のゲームは，特殊な形に切られた金属片を木枠にはめるもので，すべての金属片を収めるには決まった順番ではめる必要があった。つまり，ある種の創造的思考が必要となる。ほかに，有り合わせの

ダーツ盤にボールを投げるゲームや，２本の棒を押すか離すかしてボールを上のほうに転がすという単純なゲームもあった。

村民は６種類のゲームにそれぞれ１回ずつ取り組む。ゲームが非常にうまくいった（ランプのゲームであれば点灯順を８回分思い出せた）場合は賞金の全額を，まずまずだった（６回分思い出せた）場合には賞金の半額を受け取った。うまくいかなければ何ももらえない。村民は賞金額の異なる三つのグループにランダムに割り当てられた。各ゲームを非常にうまくこなした場合，ゲームごとに，高額グループは400ルピー，中間グループは40ルピー，低額グループは４ルピーもらえる。高額グループでゲームに取り組む村民もいれば，低額グループで取り組む村民もいる。高額グループの400ルピーは相当な金額だ。インドの田舎の平均的な生活費１カ月分に相当する。高額グループの場合，６種類のゲームすべてで非常によい成績を上げれば，半年分の給料を稼げるのだ！

この実験で意外だったのは，高額グループの村民，つまりすべてのゲームで非常によい成績を上げれば半年分の給料を獲得できる村民のグループが，低額グループの村民を上回る結果を示さなかった点だ。事実，高額グループは低額グループより成績が悪かった。金銭的な報奨を提供することでゲームの成績が実際に低下したのである。このゲームは期待理論に従うものではない。高額グループでも低額グループでも，どの村民もすべてのゲームでうまくできたりできなかったりする。皆ゲームをする能力をもっており，八つのランプの順番を覚えることは達成不可能な目標ではない。モチベーション・クラウディングが要因でもない。ゲームは村民の生活のあらゆる面から完全に独立したものだった。ゲーム以外のことに対する意欲が，ゲームで高得点を上げたいという意欲に影響を与えることはない。完全に独立したゲームだったのだ。うまくやれば賞金が，それも大金が手に入る可能性がある。それなのに，最高額の賞金を受け取る可能性のあるグループの成績が，なぜそれほど低かったのだろうか？

研究者は，最高賞金額のゲームで村民がプレッシャーで委縮していたのだと推定した。そうした高額賞金の場合，村民は緊張して，変に意識しなければうまくこなせるプロセスを壊してしまったのだ（ゴルフクラブを振るとか，バスケットボールのシュートでボールを意識的に投じる状況を想像して

みればよい。それほどうまくできないはずだ）。あるいは，村民は半年分の給料に相当する賞金を受け取るという考えで頭がいっぱいになって，目の前の作業がおろそかになったのかもしれない。ほかの研究者も同じことを見いだしている。報奨，特に大きな報奨を比較的単純な作業と組み合わせると，成績に悪影響をもたらす場合がある。意欲が高すぎると平静でいられなくなるのだ。

大雪が降ったのち，誰かに家の前の歩道の雪かきを手伝ってほしいと頼まれた場面を想像してほしい。さて，どうしよう？　相手が知らない人だったら，まず手伝わないだろう（雪が降らないところに住んでいる人ならほとんど手伝わないと思う）。でも，100ドル払おうと言われたら？　おそらく手伝うだろう。1000ドルならますます手伝いたくなる。100万ドルだったら断る人はいない。支払う金額が多いほど，雪かきをする可能性が高くなるのは明らかだ。

今度は，親友か家族に私道の雪かきを手伝ってほしいと頼まれた場面を想像してほしい。手伝うだろうか？　普通の人ならたぶん手伝うだろう。さてそこで，雪かきに5ドル払うと言われた場合を考えよう。先の例に従えば，金額が多いほど雪かきをしたくなるはずだ。たとえ5ドルでも余分にお金がもらえるなら，もっと手伝いたくなるはずだ。だがこの場合はそうならない。金銭が絡んだ瞬間に，ほとんどの人は雪かきをしたくなくなる。なぜだろうか？

これこそが，行動経済学者ダン・アリエリーが言うところの社会規範と市場規範である。友人として雪かきを手伝ってほしいと頼まれた場合は社会規範となる。手伝うかどうかは，相手との関係性，相手をどれだけ近しく感じているか，自分たちの関係にどれだけ価値を置くかに基づいて決まる。金銭の話を持ち出されたら市場規範となる。金銭が自分の時間と労力に見合ってさえいれば，雪かきを手伝うだろう。社会規範と市場規範で注意すべき重要な点は，内発的動機と外発的動機と同様，それらが両立しないという点だ。社会規範にいったん金銭を持ち込むと，それは社会規範ではなく市場規範に

なってしまう。それが，友人や親せきに雪かきで5ドル払おうと言われた場面で起きたことだ。雪かきを手伝ううえでの5ドルは，忠誠心，利他主義，友情と同列に扱える理由にはならなかった。それはまったく別物だったのである。

アリエリーはほかにも社会規範と市場規範が対立する例をいくつか指摘している。その一つは，貧しい高齢者に法律扶助を提供する機会を与えられた弁護士の例である。当初，弁護士にはそうした支援に対して30ドルが支払われることになっていたが，ほとんどの弁護士は難色を示し，仕事を引き受けることを拒否した。そこで無償で支援を頼んだところ，今度はほとんどが同意した。社会的な取引の一部を市場取引に置き換えたとたん，社会的な取引全体が市場取引に置き換わったのだ。病気の子どもを学校に迎えに行くために早退を願い出た従業員に，その時間を別の日に埋め合わせるよう告げた管理職は，会社にとって従業員は単なる取引相手だという合図を送ったことになる。働いた時間の分だけ賃金を払うというわけだ。しかし，その管理職はそうすることで，従業員が会社にもたらしていたあらゆる社会的な取引を損なうことになる。病気の子どもを家に連れて帰るために時間の埋め合わせを求められた従業員は，残業代なしにはわずかでも残業することはないだろう。将来，会社のために力を貸してほしいと頼まれても，報奨が与えられない限り，従業員が期待に応えることはありそうもない。

量的規範と質的規範にも，社会規範と市場規範のような差があり，それらが両立することはない。友人のためにディナーを催す二人のホストを思い浮かべてみよう。前菜数品，豪華なメイン，おいしいデザートを用意する。ディナーが終わると，来客と流行りの面白いボードゲームを楽しむ。

誰もがすばらしいときを過ごし，幸せな気分で満足して家に帰る。ところがパーティーの1週間後，ホストがゲストにeメールを送って，パーティーのさまざまな面を1点から10点で評価してフィードバックしてほしいと依頼したとする。とても奇異に感じられるはずだ。

ホストがフィードバックを求めること自体，顰蹙《ひんしゅく》を買う行為だが，そもそも質に関わる問題を定量化しようとする試みにもかなり違和感が残る。友人とサッカーをした後に，どれほど楽しかったかを6点とか8点とかで評価してほしいと頼んだら不自然だろう。評価指標もまた，組織の社会的活力と質

的な側面を損なう可能性があるのだ。組織が従業員を定量的な基準で評価すると，従業員が組織で果たしている定量的ではない側面のすべてを損なうかもしれない。教師に，生徒の試験成績をどれほど向上させたかで評価すると告げれば，教師が果たす質的な役割——生徒の好奇心を刺激し，他人との衝突を抑え，他人と協力する方法を学ぶことを助け，生涯学習に関心をもつ気持ちを植えつけ，自らよい見本を示すこと——をことごとく損なうおそれがあるのだ。

このことは，洗濯工場の出勤奨励制度の例で明らかだ。従業員が出勤について定量的に評価され，出勤に対する報奨を与えられ始めると，それまで定刻に出勤して欠勤も少なかった従業員がまもなく行動を変えた。遅刻が増えたのだ（月に一度でも遅刻すると，二度遅刻する頻度が5.5倍になったことを思い出してほしい）。そして生産性も下がった。内発的な理由で取り組んでいた仕事の側面が，評価システムによって突然損なわれたのだ。

洗濯工場の例のように，会社に定量的なシステムを導入する実験を行うことは興味深い。しかし今度は，報奨や評価システムが指標と連動することはない。自分たちの業績に対してより多く支払われることも，自分たちの業績が認められることもない。業績はただ記録され，報告されるだけだ。しかし思うに，定量的な報告システムを導入すること自体が意欲を削ぐのではないだろうか？　定量化が質を損なうのではないだろうか？

フレデリック・ウィンスロー・テイラーは22歳のとき，ペンシルベニア州のミッドベール製鉄所で事務員として働き始めた。しかし，すぐに現場に異動し，旋盤工，職長，技師を経て，最終的には工場の技師長となった。会社におけるテイラーの目覚ましい昇進は，テイラーが見つけたものに基づいていた。テイラーは至るところで非効率性を見いだしたのだ。

テイラーは工場で行われているあらゆる作業——貨車から鉱石をシャベルですくう作業，銑鉄を持ち上げる作業，ボールベアリングの検査作業——を分析し，それをどのように改善できるかを研究した。テイラーにとって，効率を改善できない工程は存在しなかった。それまで肉体労働に頼って

いた作業が器具や機械に置き換えられた。作業員は（肉体的にも精神的にも）疲労をとるために休憩を与えられた。テイラーがミッドベール製鉄所に持ち込んだ仕組みは大成功だった。工場の効率は飛躍的に向上した（ただし衝突はあった――作業員はテイラーの効率改善で余剰となり，仕事を失って不幸だった）。テイラーが確立した仕組みはあらゆる産業，あらゆる工程に広まることになる。数十年にわたってテイラーの理論に変形や追加が行われ，経営の実践に使われた。この手法はテイラーリズム，のちに科学的管理法として知られるようになる。

テイラーリズム，すなわち科学的管理法の背後にある概念は単純である。すべての工程を分解し，それぞれの工程をより効率的にする方法を徹底的に研究し，結果を測定するというものだ。その作業をひたすら繰り返す。テイラーリズムの基本は今日でも有効である。ほとんどの組織，部門，役割，工程，作業が構成要素に分解され，性能標準が与えられ，管理職と従業員はそうした標準に基づいて測定され，報奨を与えられる。

業績評価の中心に評価指標（だけとは限らないが）を置いていない経営や組織は稀である。職場や大組織の評価指標の改善を説くことで，無数のコンサルタント，顧問，アドバイザーが生計を立てている。何でも測定できる，何でも測定すべきだという考え方は，現代の経営現場に浸透している。『*How to Measure Anything*（何でも測る方法）』の1行目には「あらゆるものは測定できる」と書かれている。大胆な主張だ。また，「世の中には非常に重要であっても測定できないものがあるという考え方は，経済全体に水を差す」とも述べている。

『*Transforming Performance Measurement*（業績測定の変革）』の著者ディーン・スピッツァーは「測定は組織内のあらゆる仕組みの基礎である」と述べている。評価指標は有用だとか，ほとんどのものに適用できるとか，不完全だが改善できると述べているわけではない。どんなものでも測定できると主張しているのだ。あらゆる活動，あらゆる品質，あらゆる工程は，数字に落とし込むことができる。会社の業績が悪いのは適切な評価指標がないからだ。従業員の生産性が低い？　評価指標が間違っている。自社製品が新規性で競合他社に後れをとっている？　評価指標が間違っている……。評価指標は組織が使う道具であり，組織自体も評価指標となる。特にビジネスの

世界では，評価指標は王である。王の権威にあえて挑む者は稀だ。

業績評価指標に対する信仰とそれに関わる報奨で問題なのは，それらが有効に機能するのが，仕事が比較的単純で，アウトプットが簡単に観察でき，品質が問題とならない場合に限られる点だ。フロントガラスの取りつけは，業績評価指標が機能する仕事の例だ。仕事が単純でわかりやすければ，評価指標は業績を測定して従業員の意欲を高めるよい方法かもしれない。しかし現実にはどの仕事も複雑だ。どの仕事にも複数の要素があり，異なる目的がある。フロントガラスの取りつけでさえ，他人と協力し，管理者の指示に応え，安全な作業環境を保つ必要がある。フロントガラスを取りつけている作業員が，職場の同僚より生産性が50％高くても，同僚を疎外してストレスを与え，上長の権威に盾突き，職場で人を見下したような態度をとったとしたら，それでも貴重な従業員だといえるだろうか？　自分の仕事を説明する場合に，それを一つの作業に絞り込めるだろうか？　仕事に関わるあらゆるものを単一の業績評価指標で測定できるだろうか？

フロントガラスを取りつけたり，二つの金属片をリベットで留めたりする作業（こうしたことにも技能が必要だが）よりも複雑な作業の場合，業績評価指標は実際には生産性を損なう可能性がある。創造性，社会意識，協調性，その他複雑な性質を含む仕事の側面は，評価指標や外発的動機にはなじまず，管理職は行き詰まる。報奨制度が使えない場合，上司は従業員の意欲をどうやって引き出せばよいのだろうか？　どうすれば測れないものを管理できるだろう？

組織心理学のある理論では，リーダーシップについて二つの型を区別している。交換型と変革型だ。交換型リーダーシップは，単に資源を交換することに注力する。従業員は作業に対する労力，努力，工夫を提供し，測定可能な目標の達成度に応じて報奨を受け取る。まさにテイラーリズムだ。一方，その対極にあるのが変革型リーダーシップである。変革型リーダーシップは，従業員に模範を示し，信念を表明し，相手の感情に訴えることで従業員を刺激するリーダーによって定義される。変革型のリーダーは従業員に魅力的で刺激的なビジョンを示し，楽観的な見通しを伝え，仕事に意義を与える。従業員を知的に刺激し，自らの常識に挑み，リスクを冒し，従業員にアイデアを求める。変革的リーダーは従業員の要求に応え，師として行動する。

変革型リーダーシップについて気づくことは，リーダーシップの特徴や，その管理プロセスでさえ，ほとんど測定になじまないということだ。どうやってカリスマ性を測るのか？　インスピレーションは？　もちろん，従業員にアンケートを配って，どの程度意欲が高まったかを調査することはできるだろう。しかしその調査には，たとえば従業員が何時間働いたかとか，１日に製品を何個つくったかを測るのと同程度の客観性も信頼性もない。マーガレット・ウィートリーとマイロン・ケルナー＝ロジャースが指摘するように，責任をもつ，集中する，協調する，学習するといった行動やその質は，測定ではつかめない。そうした特質は，人々が仕事に誇りをもち，同僚と一体感をもっている場合に現れる。

交換型リーダーシップは評価指標の世界に生きている。業績と報奨の交換は，業績目標，賞与額，販売目標，労働時間といった数字の世界で行われる。変革型リーダーシップは，まったく別の世界に生きている。成績目標は定めないか，少なくとも組織の重要目標にはしない。目的と意義に向けて突き進む。挑戦と成長を求める。すべてを評価指標や単純な交換条件に還元できないことを認識している。仕事であれ個人的なものであれ，私たちが行うことの多くが，単なる数字よりずっと大きなものに基づいていることを認識している。私たちの人生には，評価指標より大切なものがあるのだ。

従業員を動機づける道具としての，仕事の定量化と評価指標の利用は，ほとんどの仕事が肉体労働だった時代に開発された。作業員は同じ単純作業を延々と繰り返す。ボールベアリングの検査員の仕事はボールベアリングの検査だ。溶接工は毎日同じ溶接をする。テイラーが科学的管理法を開発したのは，マーケティング会社や研究部門ではなく，製鉄所だった。そうした昔の状況なら，測定はうまく機能しただろう。それなら簡単だ。

しかし，経済が変わったのに私たちの評価指標は変わっていない。私たちは依然として，従業員の仕事への貢献度は簡単に定量化でき，組織内のすべてのプロセスは分解したうえで測定を通じて最適化でき，人々の意欲を高めるためには適切な方法で測定して適切な報奨を与えさえすればよい，と主張しているのだ。適切な評価指標さえあれば成功は間違いない，というよりも，失敗のしようがないと考える。

知識経済と組立ラインの生産では，生産と価値の体系が根本的に異なる。

作業員の意欲を高める仕組みは，もはや，適切なものを測って適切な報奨を与えるという単純なものではなくなった。現代の職場で生産的，創造的で意欲にあふれた従業員を育てるには，直感に逆らうようだが，経営陣が評価指標や報奨から離れ，代わりにインスピレーション，知的刺激，挑戦，目的といった曖昧な側面を重視する必要があるだろう。

意欲，創造性，目的意識，協調性といった仕事の無形の要素を測るのは難しい。仕事の大事な部分を捉えきれない場合がある。さらには，測るという行為自体が，育てようとしている価値や行動を損なう可能性があるのだ。大事なものすべてが数字で表せるわけではないのである。

> 俺たちは情報の重みに押しつぶされている。それなのに賢くなったと勘違いしているんだ。多けりゃいい，もうけりゃ幸せだってね……。それじゃあ，まるでサルじゃないか，金があって銃を持っている……。
>
> ——トム・ウェイツ

本書では，私たちの暮らしのほぼすべての側面における評価指標を見てきた。学校の試験成績，医療行為の指標，法執行における犯罪と取締りの統計，事業の生産性指標，エネルギー効率の指標，公衆衛生の指標，学界の指標，そして戦争の指標だ。しかし，この世の中で最も複雑で影響の大きい評価指標にはまだ触れていない。それは経済と幸せの指標だ。いったい，どのように測ればよいのだろうか？

経済の測定には長い歴史がある。国家が税金を徴収し始めた時点で，経済規模をおおざっぱにでも測定する必要が生じた。時代が下り，社会がより複雑になり，データの収集と共有の方法が改善されるにつれ，そうした指標もより詳細になり，徐々に整備されていった。16世紀か17世紀までには，イギリスとフランスの徴税人が，徴税を改善する目的で，国の総収入を推定する方法を考え始めた。時が経つにつれ，政府は自国の経済規模をある程度正確な全体像にまとめるようになった。

しかし正確さを期するうえで，そうした指標は依然としてもの足りないも

ので，収集している情報も網羅性，正確性，信頼性に欠けるものだった。データ収集方法がさらに改善され，近代的な統計学と組み合わされ，広く使われる経済指標がつくられたのは，ようやく20世紀に入ってからだった。その指標は，政府の政策や多国籍企業の意思決定を形づくり，地球上のすべての人々の日常生活に影響を及ぼす――それが国内総生産（GDP）である。

GDPは，簡単にいえば，ある国で1年間に行われたすべての経済活動の合計である。生産されたすべての製品，提供されたすべてのサービス，達成されたすべての改善，支払われたすべての収入をまとめたものだ。GDPの値は，さまざまな推定と，各国の国家会計システムで管理されているデータに基づいている。データは国勢調査に加え，小売業の売上，住宅着工件数，製造業出荷量などに関するさまざまな調査を通して集められる。そうして得られた推定値は，利用できるデータが増えるにつれて継続的に改訂される。要するに，GDPは私たちが国全体の富と市民の豊かさを測るための最善の試みなのだ。

GDPは経済的な生産性を測るうえで最も広く使われており，議論の余地はあるものの，今日の世界で最も注目され，研究され，使われている指標である。1934年にアメリカの国立経済統計局が開発したGDP（当時はGNP）は，1946年のブレトンウッズ会議が終わったのち，経済生産性の指標として瞬く間に世界に広まった。二度と戦争を望んでいなかった連合国は，ヨーロッパの経済的な繁栄が悲惨な紛争を食い止めると考えていた。そして当時，その繁栄を測る最善の方法は，ありのままの経済的生産性を使うことだった。GDPは必要条件を完全に満たしていた。

今日，世界中の政府が国家予算編成のために，FRBが金融政策決定のために，ウォール街やほかの金融センターが経済活動の指標とするために，さまざまな企業が投資，生産，雇用の計画を策定するために，GDPを使っている。各国政府，世界銀行，IMF，その他さまざまな機関が，年ごと，四半期ごと，月ごとにGDPの推定値を算出し，報告する。GDPの編集，分析，報告に充てられる膨大なエネルギーは圧倒的である。ほとんどの国でこの評価指標を計算するために専門部署が設けられている。

GDPは広く使われている評価指標だが，経済学と経済学以外の分野（つまり全分野）の学者，文化人，非政府組織，さらには政府自体から広く批判

されている。実際，ブータンは国の豊かさの公式指標をGDPから国内総幸福量（GDH）に切り替えた。

GDPに対する批判は，市場経済の外で行われる活動を無視しているというものから，環境破壊を説明できないとか，本当に大事なものを見逃しているというものまで多岐にわたる。GDPは広く普及しているが，本書で論じたほぼすべての批判を免れない。そのいくつかを見ていこう。

第一に，多くの評論家が，GDPは基本的にアウトプットの指標だと指摘している。すでに述べたように，GDPは国内での生産量を測定する（その国の企業が国外で生産するものは数えない）。GDPは事実上，国内で生産されたすべての「財」の価値の合計である。「財」にはすべての商品とサービスが含まれる。弁護士の請求費用，玩具代，散髪代，コーヒー代，自動車の購入，スマホアプリの購入……その国で1年間に生み出された，考え得るすべての財の価値だ。経済のすべてのアウトプットを――少なくとも理論的に――説明するものである。GDPはそうした活動を，国勢調査のデータや，メーカーや小売業者の調査などを基に測定する。

本書の最初のほうで論じたように，アウトプットの指標はアウトカムについて語らないので役に立たない。GDPも例外ではない。経済活動そのものを測定しても，収益性，有効性，あるいは経済活動全体で何が達成されたかについては何も語らない。そのことはGDPが，アウトプットに限らず経済のさまざまな側面をどのように測るかに表れる。たとえば医療行為のGDPは，医師の給料，医療機器代，入院費といったインプットで測られる。GDPによれば医療行為は，住民の健康状態ではなく，医療システムに投じられた資源の量で構成されている。

GDPが見逃しているもう一つの領域は，経済の隠れた部分である。GDPは，政府が記録（報告）している金融取引には含まれないもの，つまり市場が関わっていない活動は説明しない。そういうと，闇市場など何か犯罪に関わるような理由で表に現れない活動を思い浮かべるかもしれない。しかし市場に関わらない活動の大部分は，実は平凡なものである。

その一例が家事だ。家族が掃除，洗濯，料理をする場合，そこで提供されるサービスを市場では考慮しない。金銭が払われないので，GDPによればそうした活動は存在しないのだ。しかしそうしたサービスが，たとえば清掃

業者によって市場で提供されると，それまでなかったものが突然存在することになる。仮に家族一人の全収入を家事に支払うとしよう。提供されるサービスは同じなのに，どこからともなく一人分の価値があるサービスが生じたように見える。

少し空想的だが，わかりやすい例を示そう。二人の人がお互いの家を掃除してそのサービスに対してきっかり同じ金額をお互いに払う取り決めをしたと思ってほしい。二人ともその所得と支出を確定申告する。取り決める前は，どちらの活動も市場の一部とはみなされていなかった。しかし，二人が家の掃除に対してお互いに金銭を払うことに決め，さらに決定的なことに，確定申告をすることで二人とも所得が増えた。何一つ変わっていないのに……。どちらの場合も，二人の家は掃除されており，二人の実質的な所得に対する影響はゼロである（労働所得から税金を払うので，実は減ってしまう）。

もう一つの例は，ボランティア活動や余暇だ。通常，国立公園で過ごす時間に金銭の処理は発生しないが，利用者に楽しみをもたらす。ここで，国立公園の訪問のために政府が国内に住む全員の税金を控除し，一方で，その訪問に対して控除額と同額を毎年徴収するとしよう。誰もが控除額に等しい入園パスを購入すると考えればよい。すると，突然多くの経済活動が発生したように見えるわけだが，実際には何も変わっていない。

そうした状況は特に，GDPが所得と消費を測る場合に当てはまる。所得は税金を差し引いて測定されるが，消費はモノとサービスに対する支出で測定される。ところが，政府が提供するサービスはこの方程式に含まれないのである。

ある国で民間部門が提供しているサービスを，別の国では公共部門が提供する場合がある。医療や教育がその典型だ。仮定の話として，医療行為が，ある国（A）では雇用主が負担する健康保険を通じて市場で提供され，別の国（B）では政府がその医療費を所得税から支払っている場合を考えてみよう。どちらの国に住んでいても，受けられる医療行為の質は同じだとする。A国の人が支払う税金は，B国の人より5000ドル少ないが，健康保険に毎年6000ドルを費やしている。B国の人は，税金をA国の人より5000ドル余分に払うが，健康保険料は政府が補填するのでまったく支払う必要がない。所得と消費に関する伝統的な指標によれば，A国の人はB国の人より（消費

と所得の観点で）5000ドル「裕福」だということになるが，実際には，自分で有効に使える所得はB国の人のほうがA国の人より1000ドル多い。

政府によるサービスの提供は，あらゆる分野で上記のような指標を歪めている。政府は安全保障のような包括的なサービスと，教育や医療のような個別のサービスの双方を提供する。そうしたサービスのほとんどはインプット（警察官，教師，医師の人数と賃金）としてのみ測られ，アウトカム（犯罪レベル，安心感，国民の健康状態，教育成果）として測られることは稀だ。GDPが見逃しているのは，市場で提供されないサービスにとどまらない。経済活動に起因するすべての環境コストも無視している。GDPは生態系の健全性，生物多様性，汚染レベル，土壌劣化，森林破壊，土壌侵食，生息地の消滅といったものを測らない。地球の資源の枯渇も測らない。不思議なことに，鉱物資源とエネルギー資源はどこからともなく現れる。そこにかかるコストは採掘費用だけだ。経済学者はそうしたものを「帰属計算」と呼んでいる。これは市場で提供されず，測定と定量化が非常に難しいが，きわめて重要なものである。ところで，GDPが見逃しているのはそうした測りにくい活動だけではない。もう一つ，私たちの意図に反する形で数えられているものがある。

私たちはずいぶん前から，個人の優秀さや共同体の価値を単なるモノの量で測るようになってしまった……GNP[*2]は大気汚染を，たばこの広告を，悲惨な交通事故現場に向かう救急車を計上する。防犯用の特殊な鍵と，その鍵を壊す者を収容する刑務所を計上する……しかしGNPは，子どもたちの健康や教育の質，子どもたちの遊びの喜びを考慮しない……GNPは私たちの機知や勇気，知恵や学び，思いやりや国への献身を測らない。つまり人生に意義を与えてくれるものを何一つ測らないのだ。
——ロバート・F・ケネディが1968年3月18日にカンザス大学で行ったスピーチ

＊2　かつてはGNPが使われており，日本では1993年以降GDPが使われている。

GDPのもう一つの問題は，大きく質の異なるものを一緒に数えることだ。ロバート・ケネディはその点を雄弁に訴えた。銃や家庭の防犯システムに対する出費は，動物園へ行くとかよい本を買うといったことと同じように数えられているが，その2種類の行為の目的は大きく異なっている。そう思わないのなら自問してみるといい。銃や防犯システムを買う必要がなく，その代わりに動物園へ行き，本が読める国に住んでみたくないかと……。

この問題は二つの理由から生じる。一つは，サービスを（前述のとおり）アウトカムではなくインプットで測っているためだ。そうすると，効率の向上，つまり少ないインプットで同じアウトカムを生むことが，生産性の低下だとみなされてしまう。誰かが半分のコストで同じ効果をもたらす医療技術を発明すると，それは経済的な損失として記録される。コストを旧型の数分の一にした新型食洗器を発明することは，経済的なバランスシートのうえではマイナスに計上されるのである。

GDPが質の異なるものを同じものとして扱う二つ目の例は，防御的支出と呼ばれるものをほかの支出と同じように扱う点だ。

防御的支出の例としては，通勤とセキュリティの二つが挙げられる。人々が通勤するのは別の目的，つまり仕事をするという目的が果たせるようにするためだ。通勤はそれ自体が経済的な目的ではない。別の何かを達成するために行われる。通勤でガソリン，自動車，保険などに他人より多くを費やす人が，自分の人生の質を高めているわけではない。実際のところ正反対だ。徒歩通勤する人と遠距離通勤者の出費が同額だとして，徒歩通勤者は靴に多少費用をかけるとしても，残りのお金をより楽しいことに使っているにもかかわらず，その生活の質は遠距離通勤者と同じだとみなされるのである。

セキュリティでも同じことがいえる。高価な家庭用防犯システムを購入したり，自宅で護身用の銃を買ったりすることは，それ自体が楽しい出費ではない。人々は安全や安心といった感覚を得ようとして，それを実現するものに多くの費用をかけるが，それで安全になるとは限らないのだ。

そうした価値の歪みや誤りによって，GDPは意図に反した評価指標となる。ロバート・ケネディが指摘したように，人生に意義を与えるもの以外のあらゆるものを測る。GDPによれば，死ぬまで働かされ，稼いだ所得を護身用の銃や防犯装置，我が子の世話をするベビーシッター，汚染の浄化，病

気に対する医療に費やす国のほうが，金額は少ないながらも，本，友人とのディナー，庭の植物，映画のチケット，ハイキングの装備に所得を費やし，友人や愛する人と新しいことを学び，他人を助けることに時間を費やす国より，よい国だということになる。

GDPのような指標は，あらゆる価値をどれだけ金額換算できるかということに矮小化してしまう。GDPや同様の評価指標では，金銭を支払えないものは計上されない。逆に，それまで市場の外で行われていたことが突然金額換算できるようになると，GDPはそれを，新しいことが起きたかのように扱う。いや，誤解しないでほしい。経済的な富や物質的な豊かさは悪いものではない。貧困は有害であり，人々の幸せに多大な悪影響を及ぼす。真水や手ごろな医療が手に入らず，劣悪な住居や危険な地域で暮らすのは，望ましい状態ではない。財産と所得が増えれば幸せによい影響を及ぼす。ただし，そこには限度がある。

1974年，経済学者のリチャード・イースターリンは，生活の質に対する人々の自己評価が，収入とそれほど強く相関していないことを実証した研究を発表した。別の研究では，同じ国に住む人々の生活の質に対する評価は，高所得者のほうが低所得者より高いが，その傾向は所得差のある国家間には当てはまらないことが示されている。豊かな人々のほうが貧しい人々より生活の質を高く報告する傾向があるが，豊かな国が貧しい国より幸せであるようには見えない。それ以上富が増えても，もはや人々の幸せが向上しない限界点があるように思われる。住まい，安全，健康，栄養，家庭必需品といった基本的なニーズを満たしてしまえば，それより多くをもっていても，より幸せになるわけではない。しかし経済の豊かさの一番重要な指標は，まさにそうした富に基づいているのだ。

もちろん，GDPに代わる指標は提案されている。一部の指標は，GDPが見逃している要素を取り入れるか，防御的支出のように誤って含まれている要素を除外することを試みている。「真の進歩指標（GPI）」や「グリーンGDP」はそうした指標の例である。何を生産したかより，使った資源について説明する「エコロジカル・フットプリント」という有名な指標もある。GDPの方法論を完全に放棄して，主観的な幸せ調査のような方法で幸せを直接測ろうとする指標もある。同様に，生活の質をよい方向に導くと思われ

るものを間接的に測ることで幸せを測ろうとする「人間開発指数（HDI）」のような指標もある。これは教育，平均寿命，所得を組み合わせた指標だ。ここに挙げたのはごく一部で，ほかにも多くの指標が存在する。

幸せの直接的な測定は——人々にアンケートをするのが基本で——主観的すぎるように思われるかもしれないが，私たちが手に入れられる幸せの評価指標としては最善のものである。客観的な基準を欠いた指標は曖昧で意味を成さず，そうした指標から得るものは少ないという批判もある。どんな指標も客観的であるべきだと主張する人は多いだろう。しかし，こと幸せに関する限り，客観性を求めることは不可能である。

幸せは本質的に主観的な現象である。自分にとってはやりがいのある，重要で意味をもつことでも，他人にとってはそうでない場合もある。幸せを客観的に測ろうとしても，測定するためにはどうしても主観的な選択をせざるを得ない。所得の測定は客観的だとしても，所得を測定対象として選択すること自体が主観的なのである。

幸せと楽しさの測定については，第2章を振り返ろう。幸せの指標のほとんどは，私たちに幸せをもたらすと考えられる原因を測定している。収入，学業成績，識字能力，犯罪率などだ。しかしそれらはインプットにすぎない。真のアウトカム——満足感，楽しさ，充実感——は測定が難しく，ほとんど測られていない。そうしたものをうまく測るか，とりあえず測り始めたほうがよいのは確かである。しかし，測定方法をどれだけ改善したところで，そうしたものは本質的にうまく測ることができないのだ。

GDPはそうした批判を浴び，さまざまな代替指標もあるのに，依然として広く使われている。GPIがこの四半期で上がったとか下がったとかいう話は聞いたことがない。インドのエコロジカル・フットプリントの変化についても耳にしない。なぜだろうか？　その答えを，GDPを最も痛烈に批判する人物が示している。そして実に驚くべきことに，その人物こそがGDP（当時はGNP）を開発したのである。

サイモン・クズネッツは1901年，当時ロシアの一部だったベラルーシの都市ピンスクに生まれた。1917年にウクライナのハルキウ大学で，次いで1918年からハルキウ商科大学で経済学を学んだ。クズネッツは1920年までそこで研究を続けた。内戦の余波がくすぶり，ソビエトの高等教育が再編

されるなか，クズネッツは労働組合評議会労働局に移った。幸いなことに，クズネッツがソビエトに長くとどまることはなかった。1922年，クズネッツは家族とともにアメリカに移住した。

クズネッツはコロンビア大学で研究を続け，1926年に博士号を取得し，1927年にニューヨークの国立経済研究所に移った。クズネッツはそこで，経済学の先人の業績のうえに理論を構築し，国家のあらゆる経済生産性を説明する指標を洗練させた。クズネッツは細心の注意を払って厳密な定義を考え，最終的にGDPとなる指標のための尺度を定めた。

1934年，自分が考えた指標を議会で説明するよう求められたクズネッツは，苦労して開発した指標に不足している点を明らかにする機会を得た。クズネッツは上院で警告した——その指標には「主婦や家族によるサービス」，「慈善と救済」，「耐久消費財に対するアフターサービス」，「雑用による収入」，「違法行為による収入」などは含まれない。そうしたものを含められないのは——のちに多くの人が指摘することになるが——GDPに欠けている点があるからだと，クズネッツは認識していたのである。

クズネッツはまた，GDPにはそれまでも，それからも，欠点があることを知っていた。GDPは本質的に生産性の指標であって生活の質の指標ではないと説明し，GDPを幸せの指標にするつもりは毛頭なかった。クズネッツは当時でさえ，経済生産性の指標としての限界を認識していたのである。

議会における発言のなかで，クズネッツはさらに意味深いことを述べた。私たちが扱うすべての指標に関わることに言及している。忘れてはならない教訓だ。

人間には，複雑な状況を整理して一言で言い表す，すばらしい能力がある。だが，厳密に定められた判断基準に従わないと，その能力はかえって危険なものとなる。特に，定量的な指標は誤解を招きやすい。結果が断定的なだけに，測定対象の全体像を明確かつ精密に表しているように見えるからだ。

ほぼ100年前，私たちの社会で，きわめて厳密かつ入念に計算された評価指標を生み出した造物主が，自ら提案したことを正確に実行することはで

きない —— 複雑な現象を一つの数字に簡単に置き換えることはできない —— と告げていたのである。これは，その緻密さにおいて伝説となった人物が残した言葉である。

簡潔で精密な評価指標をつくることができて，それでどれほど詳細に測ったところで，現象が簡潔で精密になるわけではない。教育を標準化された多肢選択試験の点数に置き換えても，教育は試験の点数のように簡潔にも精密にもならない。公衆衛生は,病気の件数や住民の平均寿命ほど単純ではない。クズネッツはそのことを認識していた。GDPが有用な評価指標となるであろうことを理解しており（多くの批判はあるが筆者は同意する），注意深く，謙虚に取り扱うべきであることを知っていた。クズネッツはGDPのことだけを語っているのではない。もっと大切なことに言及している。あらゆる定量的な測定について語っているのだ。学習を試験の点数に置き換えるたびに，安全を警察官の人数で数えるたびに，1日の仕事を時間で数えるたびに，真実が歪んでしまう。私たちは，指標がより精密で定量的になるほど，真実に近づいていると考える。しかし，それほど的外れな考えはない。

それでは，批判や限界があるのに，なぜGDPを使い続けるのだろうか？それは，GDPが具体的な数字だからである。GDPは明確だ。GDPは，本質的に曖昧で移ろいやすく解釈が入るものに，信頼と権威を与える。具体的な数字は扱いやすい。具体的な数字を扱うことは，曖昧で主観的で移ろいゆく私たちの生活，価値観，人間関係を扱うよりずっと簡単なのだ。

クズネッツは警告した。定量化することで自信過剰になるのを警告した。測定値を過度に信用しないよう警告した。クズネッツは，私たちがものごとをいったん数字に置き換えると，データの背後に本当に数字が存在すると信じ始めることを知っていたのだ。しかし,私たちはその警告を聞かなかった。私たちは20世紀に突入し，熱に浮かされたように情報を追い求めた。思いつくものを何もかも測り始めた —— 消費習慣，人口構成，病床数，価値観や信念の変化，交通事故，軍事費，子どもの試験結果，経済生産性，為替レート，建設費，犯罪率 —— 定量化できそうにないものも含めて，あらゆるものを測り始めた。地べたに這いつくばり，触覚を前後に振って道をたどるアリのように……。

膨大な量のデータを収集，分析，報告する新たな能力を身につけたことで，

私たちは情報に対して自信過剰になった。定量化できれば簡単に理解できると思うようになった。複雑な現象を，単純な指標どころか一つの単純な数字に落とし込めるはずだと信じ始めた。私たちはガリレオの言葉――「測れるものは測り，測れないものは測れるようにせよ」――を受け入れた。

私たちは前進し，出会ったものをすべて定量化した。あらゆる活動に「具体的な数字」を求めた。数字が何を意味するのかわからなくても，定量化自体が立派な目標となった。経営者，教師，代理人，監督，管理者，政府，企業……誰も彼も自分の活動について定量的な指標をつくるよう求められた。評価指標に対する強迫観念に駆られて，「測られていないものを簡単に再現，管理，評価することはできない」と主張する者も現れた。もはや評価指標は，世界を理解するための単なるツールではなくなった。評価指標がなければ，世界を理解することも評価することもできないのだ。本書で示した例，そしてほかの無数の例が，評価指標に対する誤解がどれほど広まっているかを示している。トム・ウェイツが言うように，「俺たちは情報の重みに押しつぶされている。それなのに賢くなったと勘違いしている」状況なのだ。同時に，ニュアンス，複雑さ，矛盾した目的を尊重することは，どっちつかずで不正確でいいかげんだとみなされるようになった。定量化できないか，されなかった場合，それは無視され冷笑された。数字がついていないものは，おとしめられ破棄された。私たちは，測定できなければ管理できないと本気で信じるようになったのだ。

世界を次々と定量化し続ける行進のなかで，簡単に定量化できないものはことごとく失われる。経済で収益化できないものは無価値なものとして目に映る。職場の活動で簡単に測定や記録ができないものは無視される。試験の好成績に結びつかない教育の要素は排除される。人々を幸せにしても物質的な富が少ない生き方は，疑いか，軽蔑か，その両方の目で見られる。

ここで言いたいのは，何も測るなということではない。評価指標に対する敗北宣言でもない。その逆だ。もっとよい測定が必要なのだ。本書で示した教訓から，そのことが伝わっていればうれしいのだが……。目標，価値，願望に対する進捗を評価するために，測定し，理解することは，きわめて重要だ。しかし私たちの測定の考え方のほとんどは，数学，化学，物理学，生物学や一部の経済学といった自然科学に基づいている。そうした分野では，常

に測定精度の向上を目指している。反応の最適な温度を「かなり熱い」と表現する化学者や，ロケットを「速く」飛ばす必要があると言うような物理学者が職にとどまることはできない。定量化は，自然科学のすべてを推進するものであり，そうあるべきものだ。

自然科学では，測定は比較的単純な問題である。落下物の速度，溶液の沸点，体内のタンパク質濃度を測定することは，測定器の問題であって，測定することが適切かどうかを問う根源的な問題ではない。ボールの重さを知りたい場合に気になるのは，どれだけ正確にその重さを測れるのかということだけだ。

しかし，自然科学から離れて，心理学，経済学，政治学，社会学といった曖昧な世界に近づくほど，私たちが誰で，何をすべきで，何に価値を置くのかといった問いが大きくなり，評価指標は単純ではなくなる。人間，社会，環境の現象を測定する際の本質的な問題は，適切な評価指標とは何かに対する単純明解な答えがないことである。自然科学では，測定は計測の問題だった。社会科学では，測定は価値の問題である。教育，医療，仕事，経済，スポーツ，人間関係，幸福度といった複雑な世界の評価指標は，計測ほど単純ではないのに，そうできるかのように扱われている。私たちはGDPをより正確に測る方法を模索しているが，そもそもGDPは適切な指標なのか，さらには適切な指標は存在するのかということすら，見極める努力はほとんどされていない。

評価指標を設計し導入する際に，通常私たちが尋ねるのは，「どれだけ正確に測れるのか」，「どうやってデータを集めるのか」，「何を測定できるのか」といった自然科学分野の問いと同じものだ。しかしこうした質問は間違っている。最初に尋ねるべき最も大事な問いは「何が重要なのか」である。測定方法は，考えるとしてもその後だ。

それがGDPの背景にある本質的な問題である。国家のすべての経済活動を把握していないのも，インプットばかりを測っているのも，環境劣化や人々の健康に目を向けていないのも，GDPのせいではない。間違っているのはGDPではなく私たちだ。GDPは，幸せを測ることをまったく意図していないのに，私たちはそのように扱ってきた。GDPは具体的な数値を示すので権威があるように見える。メンタルヘルス，公衆衛生，人権，民主主義の価

値といったその他の問題は，簡単に測ることができず後回しにされた。私たちは，国の生産量を測ることが単なる生産以上のことを意味するのだと，自分に思い込ませたのである。

GDPが測るものは，人生に意義を与えるものとかけ離れている。それなのに，ほかに具体的な値を与えるものが何もないので，私たちはGDPを使うのだ。

GDPは，評価指標が私たちの生活のなかで変質してしまったことを示す典型例である。私たちは指標が，GDP同様，測定しているもの以上のものを意味すると信じるようになった。何でも測定でき，測定すべきだということ，仕事，社会，生活のあらゆる側面を数字と方程式に集約できる可能性があること，数字を大きくしさえすれば成功できることを，私たちは信じ始めた。自分たちの生活は，測定とは相容れない，詩のように主観的な解釈を施されるものではなく，ポイントを獲得してレベルアップし，経験値を上げさえすればよいビデオゲームのようになったと思い始めた。私たちは，客観的で明確な指標で表わされないものすべてを疑った。何よりも重要なのは数字だと確信した――定量化さえすればそれが真実になる。数の王国の外に世界は存在しない。測れないものは理解できず，楽しめず，価値がないと自分で思い込んだ。自分は現実に目覚めたのだと思い始めたのである。

第９章　評価指標と選択

本書を通じて，評価指標がどのように誤用され，悪用され，誤解されているかを見てきた。一方で，評価指標を改善する方法，落とし穴や欠点を避ける方法や，他人の過ちから何を学べるかも見てきた。

私たちは評価指標への執着を断たなければならない。ピーター・ドラッカーの有名な言葉「測れなければ，管理できない」に異議を唱え，考え直すべきだ。何を，なぜ測るのかについて，より思慮深い態度をとる必要がある。評価指標は役に立つ場合もあるが，仕組みを曖昧にし，混乱させ，歪めるおそれもある。

業績指標の開発と導入の専門家として20年以上の経験をもつデイビッド・パーメンターは，評価指標の乱用が目に余るようになってきたのを見て，「業績指標は廃止すべきか？」と問いかける記事を書いた。グッドハートの法則について本書で指摘したように，パーメンターは評価指標が操作される可能性に気づいたのだ。評価指標は，組織の戦略的方向に反する業務の遂行を社員に促すおそれがある。担当者と管理職の貴重な時間を使い果たす可能性がある。そして，コンサルタントが思いつく評価指標は，ほとんど「無用の」報告書しか生み出さない場合が多い。

本書の冒頭では，評価指標の背景にある要因を紹介した。評価指標が真実に対する理解をどのように与え，理解しようとしていることに確信を与えるかを論じた。評価指標はまた，複雑な仕組みをわかりやすいモデルにまとめて理解しやすくすることで，単純明快さを提供する。評価指標は信頼が欠如している状況で，検証を行う道具として機能する。そして，さまざまな視点や価値観によって主観に基づく判断が曇らされる場面で，評価指標は客観性を与えてくれる。

本書を通じて，評価指標のそうした目的がいずれも測定の有用性を高めるどころか，測定の意図を損ない，意に反する結果をもたらすおそれがあることを見てきた。それらを振り返ってみよう。

複雑性

複雑性に関していえば，評価指標は多面的な仕組みから簡潔なモデルを抽

出するのに役立つ。その結果，意思決定がしやすくなり，その仕組みのさまざまな側面の関係が理解できるようになる。複雑性で問題が起きるのは，仕組みに対して評価指標が単純化されすぎた場合だ。複雑性を減らしすぎると多くの重要なことが失われてしまう。デイビッド・マンハイムが述べたように，「本の推薦文を読むと，理解の邪魔になる」のだ。

会社の役員に報いるための簡略化された仕組みをつくりたいという要望を例にとろう。取締役会や株主は，会社の収益を介して役員の業績と報酬を連動させることで，役員の複雑な行動目的を単一の目標，すなわち利益の最大化に集約できる。役員が会社の利益のために下した意思決定を一つひとつ把握し，そうした行動が利益や株主価値にどう影響したかを完全に理解するのはあまりに煩雑なので，投資家は成果を評価する簡単な道具に頼るのだ。しかし，そうすることで報奨制度が仕組みを過度に単純化してしまう。短期収益が最適化され，長期収益性は犠牲になる。マーケティングや研究開発といった競争優位を生み出す会社の側面は，無視されるか軽視される。

複雑な仕組みを単純化することの悪影響は，食料の持続可能性を示すためにフードマイルズを使う場合の問題点にも見られた。何を食べるかという意思決定は，ケニアの農場から，中国の集荷場，地元の食料品店，そして晩の食卓に至るまで，世界中に影響を及ぼす。食料の持続可能性を評価するうえで，食料供給システムのように複雑に絡み合い錯綜したネットワークに直面して，多くの人が一つの評価指標に注目することを選んだ──食品が皿に到達するまでの距離だ。そうした過度の単純化により，食料システムのほかの側面が見落とされるばかりか，プロセス全体の二酸化炭素排出量のわずか1/20にすぎない要素が強調される。過度の単純化は意図に反する結果をアウトカムにもたらす。温室で育った地元の食品を食べる人は，地球にとってよいことをしているつもりで，実は逆のことをしているのだ。

仕組みの単純化は公教育制度でも顕著だった。子どもは学校で多くを学ぶ。学問的知識だけではなく，生活技能も学ぶのだ。学校は，数学や国語や科学だけでなく，協力，集中，社会との関わり方，意欲，創造性，好奇心，自主性，そして学びを愛することを教える。ところが学校を評価する段になると，複雑な学びの仕組みは算数と文法を知っていることに集約されてしまう。

アメリカ数学会の事務局長を15年以上にわたって務めたジョン・ユーイ

ングは，次のように指摘している。「教育の最終目標は，生徒に適切な量の問題を正しく答えさせることではなく，生活に応用できる好奇心をもった創造的な生徒を育てることだ」

単純さへの願望には二つの問題点がある。一つ目の問題点は，単純化が行きすぎると仕組みに対する総合的な理解が失われることだ。仕組みの各要素がどのように機能し，そうした要素が互いにどのように関係しているかを知ることは，仕組み全体の理解を深めることにつながる。しかし，仕組みを要素に分解してしまうと全体の複雑さに対する理解が失われる。

二つ目の問題点は，仕組みの一つの側面だけに注目することで，残りの側面が軽視されることだ。これは次元の喪失といわれるものである。学者を，論文を頻繁に発表する能力と，頻繁に引用される論文を発表する能力だけで評価すると，教育など学者が貢献するほかの側面が軽視される。経済生産性のような，経済と社会のなかで定量化できる側面だけを測ると，安全や自由といった幸せに関わるほかの重要な側面を見落とす。デイビッド・マンハイムが指摘したように，「仕組みの一部だけを強化すると，残りの部分は補強しない限り破壊される」のだ。

客観性

評価指標を使う理由の一つは，それが客観性を与えるからだ。評価指標は，ものごとを評価するうえで欠かせない中立性，公平性，独立性という価値を与えてくれる。数字が正確であれば，評価指標の価値を論じる必要はない。数字は数字だというのが大方の認識だ。自分は同僚より生産的であることを証明したい？　ならば生産性を測ろう。数字は嘘をつかない。数字には偏見がない。

主観的な判断を避けるために評価指標を使う場合も多い。意思決定が客観的で，偏見がなく，私情をはさんでいないように見せるために，客観的に見える指標を評価に使う。何らかの評価方法を提唱する人はたいてい，「数字は自ら語る」とか「私が決めたのではなく，測ったものを報告しているだけだ」と言って予防線を張るのだ。しかし，現実の世界で客観性を追求すると悲惨な結果を招く場合がある。

アメリカ軍の司令官は，ベトナムでアメリカ史上最も複雑な軍事衝突に直

面した。北ベトナム軍と南ベトナムの反乱軍の両方に立ち向かいつつ，北ベトナムだけでなく南ベトナムや母国アメリカの人々の政治的思惑にも対処するなかで，司令官たちは戦争を定量化する試みに頼ろうとした。確かに，十分なデータを集めることができていれば，戦争の進行状況は客観的に判断できただろう。しかし，主観的な懸念材料——南ベトナムの反乱軍とアメリカ本国の反対を引き起こしているさまざまな政治的，文化的，社会的な動機——に対する理解は，アメリカがそうしたものによって敗北するまで，ほとんど無視された。

客観性に対する同様の願望は，基礎研究の目的を損なう。政府関係者，補助金申請の審査員，学部長，財団理事長，そして学術的研究の資金提供に関わる人々は，測定には本質的になじまないものを評価する課題に取り組む必要がある。たとえば，あるバクテリアのタンパク質に関する研究は医学に突破口をもたらすだろうか？　極限状況に置かれた人々を調べることで，幸福感を増すような人間の行動に対する洞察が得られるだろうか？　それは簡単な問いではなく，万人が納得する答えもない。一方，最新の学術論文の引用件数には議論の余地がない。誰に聞いても数字は変わらない。そこで，科学研究はほとんどの場合，研究成果が生み出した論文数と引用された件数という単純な評価指標に集約されてしまう。結局，それが科学を傷つけることになる。

主観性に対する反感は，別の方法で幸せを測る必要性ももたらした。*The Economist*が世界統計年鑑を出版する場合や，政府が自国の経済の強さを報じる場合，そこで伝えるのは生活の質の主観的な調査結果ではなくGDPである。中央銀行や政府の労働部局が，市民の幸せに関する自己申告調査の点数がどれほど高かったかを報告したら奇異に感じられるだろう。ナイジェリア人が日本人と同じ基準で生活の質を評価していると言う人などいるだろうか？　貧困線より下で生活する人が感じる豊かさは，所得の上位1％の人が感じる豊かさと同じものだろうか？　生活の質は考え方の問題であり，視点の問題である。自分と他人では生活で大切に思っていることが違う。そうしたものを測りたい，まして報告したいと思う人などいるだろうか？　視点に左右されないのは，たとえば2017年のフランスのGDPであり，国家はそれに頼る（もちろんGDPには議論の余地があるが，それは別問題であり，

少なくとも一応の客観性はある）。

しかし，直近の四半期に自国の経済がどれだけの財を生み出したのか，あるいは同水準の国にGDPの成長率で後れを取っていないか，ということを人々が本気で気にしているわけではない。人々が気にしているのは，地域社会が安全に感じられるか，健康面で安心していられるか，家族に必需品を与えられるかといったことだ。誰しも迫害や無差別暴力については，仲間内からのものであれ国家からのものであれ，そこから逃れたいと思う。生活の目的意識や帰属意識を実感したいと願う。しかしそうしたものを経済生産性と同じように測ることはできない。そこで，人々はGDPに繰り返し頼らざるを得ないのである。

客観性はアトランタ公立学区をむしばむ一因ともなった。教師は教えている生徒に対して，創造性や好奇心を刺激することから生徒の手本として行動することまで，数々の恩恵をもたらす。生徒がお互いに協力し，自分たちと異なる人とも交流し，望みをかなえるためには妥協も必要だと理解することを助ける。しかし，そうしたことはどれも客観的に測るのが難しい。そのほとんどが父親のいない生徒たちにとって，ダマニー・ルイスが示した前向きな男性の手本はどれほど重要だっただろう？　その答えは尋ねる相手によって異なる。一方，生徒が目標基準準拠試験（CRCT）でどれだけ良好な成績を上げたかは誰に聞いても変わらない。そうした数字は偏見や視点の影響を受けない。数字は数字である。パークス中学校の試験監督だったアルフレッド・キールに言わせれば，試験から得られるデータは「真実を告げる。それは私が何を思い，何を感じ，どうあるべきかと考え，どう認識するかではなく，ありのままのもの」であるがゆえに重要だったのだ。

客観的な指標を使うことを主張するうえで最初に問題となるのは，その指標が本質的に主観的なものをすべて無視する結果になる点だ。それがベトナムで，学界で，経済の測定で，教師の評価で，評価指標を重視したことによる影響だった。そうしたすべての分野で客観的な指標を追求したため，客観的に測定しにくいものが無視されることになった。

客観性のもう一つの問題は，客観性自体の見た目の問題である。指標は指標であり，数字は数字だ。各個人の視点，偏った判断，個人的な意見は排除され，客観的な数字だけが残る。だが，客観性は幻想である。多くの人は，

指標を選択する行為自体が主観的な選択だということを認識していない。数学の知識について生徒を試験するという選択と，その試験を生徒の成績にどの程度反映させるかという選択は，主観的な意思決定だ。試験の個々の設問やその表現の選択も，子どもたちが何を学び，どのように評価されるべきか，ということに対する主観的な選択となる。同じことはすべての評価に当てはまる。従業員の毎日の勤務時間や記述したプログラムの行数のような，純粋に「客観的」な指標を選択したとしても，そうした指標を選択すること自体が主観的なのである。

主観から逃れることはできない。ここでいう主観とは，「あらゆるものは主観的であらゆる視点に意義がある」と一部のポストモダン主義者が主張するときの主観ではなく，現実的な意味での主観である——評価方法を選択する（あるいは選択しない）行為は結局，私たちが何に価値を置くかを選択する行為なのだ。データが定量的で統計的に妥当であり，中立的な方法で収集されていれば，測定そのものは客観的に見えるかもしれないが，評価指標の選択はどうしても主観的になる。たとえば従業員の生産性を働いた時間で測定すると決めることは，「働いた時間が重要だ」と主張する主観的な決定である。同様に，交通関係のプロジェクトで，移動中の自動車の遅延時間のみを測定することは，自動車の移動時間は大事だが，たとえば歩行者の安全は重要でないという選択をしていることになる。

何かを測ってそれが客観的だと主張し，測定の「客観性」を盾に反対意見を退けることは決してできない。測定の選択は主観的な意思決定だからだ。私たちは，選択する評価指標について真剣に考え，その指標を使う理由を説明する必要がある。単に「数字が語っている」というだけでは不十分なのだ。しかし，そうした例の，いかに多いことだろう。私たちは，その数字を選んだそもそもの理由を明確にする必要がある。評価指標の信奉者は，何かを測る必要がある理由として客観性を引き合いに出すことが多い。計画の進捗であれ，売上高であれ，手術の成功率であれ，ありのままの経済生産性であれ，状況に対する客観的な見方を与えるという点が，多くの場合そうした指標を用いる論拠となっている。評価指標に対する批判は，「客観的な指標が必要だ。さもなければ単なる意見になる」と切り返されることが多い。そうした反応は，指標の選択自体が意見の問題だということや，客観的に見える指標

の裏に自身の視点や価値観が隠されていることを認識できていないために生じる。客観性とは現実逃避であり，重要なものは何で，それにどのような価値を与えるかという，困難で面倒になりがちな議論を避ける方法なのだ。

確実性

前もってより詳しく知りたい，そして世の中の確実な知識に基づいて行動したいという確実性への願望は，測定に対する私たちの欲求を駆り立てる。何の知識もなしに，あるいはそもそも知識を得ずに意思決定しようとする人などいるはずもない。自分の行動や意思決定を確実にしたいと思う私たちにとって，そうするための唯一の方法は，それを裏づける数字をつかむことだ。

近代の文化では，確実性とは定量化を意味する場合が多い。何かが真実であることを知るだけでは不十分で，それがどれほど真実に近いかを知る必要がある。マーガレット・ウィートリーとマイロン・ケルナー＝ロジャーズが指摘するように，数字は現実だという信仰がある。何かに数字を与えることができれば，それを現実のものにできる。いったん現実にできれば，それを自由に管理，支配できる。あるいはピーター・ドラッカーの有名な言葉のように「測れなければ，管理できない」のである。

確実性の探求は役に立つかもしれない。それまであまりよく知らなかったことが，よくわかるようになる可能性がある。状況をより詳しく知れば，知らない場合より的確な意思決定を下せる場合が多い。しかしデイビッド・マンハイムが言うように「何も測ろうとしなければ，おおざっぱにでも測るのに比べてはるかに大きな間違いを起こすおそれがある。しかしいつもそうだとは限らない」。中途半端な知識が害を及ぼす場合もある。

NYPDの録音テープスキャンダルやCompStatシステムの問題の核心には，確実性への要求があった。このシステムは当初，犯罪分析を支援するのに欠かせないデータを提供した。データは，犯罪の多発地域を絞り込むのに必要な情報を警察にもたらし，警察はその情報に基づいて巡査を効果的に配置して，犯罪や無秩序と戦うことができた。しかし数字に対する執着が結果的にNYPDをむしばんだ。犯罪率と取締り件数にとりつかれたNYPDは，そうした数字を最大限強調するために，巡査を倫理にもとる行動に駆り立てただけでなく，定量化できないものをすべて切り捨てた。黒人法執行連合会

長のマルケズ・クラックストンが言ったように，「今日は強盗を7件予防したなどという数字は存在しない」のである。

オーフリクト医師とシャウナ・トーミがクロウフット村家庭医療診療所（CVFP）の収益性を証明しようと奮闘する場面でも，問題の本質はNYPDと同様，数字に対する執着だ。効率を改善して患者の負担を減らしたいという患者中心の医療モデルであるにもかかわらず，そうしたモデルが成立する理由を説明するうえで二人は困難に直面している。CVFPのモデルは患者の長期的な健康を重視し，いっそう安定した医療サービスのパッケージを提供しているにもかかわらず，医師の報酬に結びつく医療行為を減らすことになるのだ。

スポーツの評価指標でも確実性が中心を占める。スポーツの統計分析員，愛好家，監督，マネージャー，ファンは，測定できるものに執着している。数字に表せるものなら何であれ，どこかのスポーツ統計愛好家がそれを数字にする方法を見つけているに違いない。選手は出塁率，フィールドゴール成功率，ボール保持率，そしてコート，フィールド，リンク，ダイヤモンド内で行われるあらゆる行為について順位づけされる。しかし，スポーツの分析で難しいのは，ボールやパックを持っていないときの選手の行動だ。スポーツの分析家は，数字にできるものを重視するあまり，数値化できないものをことごとく見逃すのである。

世界を定量化したいという要求は，教育における試験文化の裏にも存在し，特にアトランタ公立学区のスキャンダルで顕著だった。ビバリー・ホールが抱いた試験の点数への執着と，点数が絶えず上昇している様子を見せたいという願望は一つの文化を生み出した。そこでは，点数を上げるためならどれほど悪知恵に富んだ方法でも認められたが，試験の点数に寄与しないものはすべて軽視された。教師や校長は理不尽な要求に耐え，不正行為を容認しつつも，教育で重要だと感じていることに集中できるよう最善を尽くした。しかし職にとどまるうえでそうした価値観は無力だった。試験にとりつかれたホールの管理下で，アトランタの校長の90％近くが解雇されるか辞任した。その多くが，試験目標を達成するために価値観を犠牲にするのを拒んだためだったのは間違いない。その結果，教育を価値あるものにするすべてのものが，徐々に浸食された。ジョージア州教育者職業組合の広報担当であるティ

ム・キャラハンは次のように指摘した。「教師の最良の資質，つまりユーモアの感覚，教科への愛情，情熱，そして生徒を独立した個人として扱う態度は，そうした資質が測定できないために，尊重も評価もされなかった」

確実性はベトナム戦争にも影響を与えた。アメリカは消耗戦略を採用したことで，想定以上のベトナム人戦闘員を殺害する必要があった――想定した人数に達すれば，北ベトナム指導部はさっさと降伏するはずだと信じていたのだ。統計と正確さに対する執着がボディカウントの確認を要求し，衝撃的なアウトカムをもたらした。死体の数を数えても意味がないのに，軍司令官はその確認のために兵士を現場に送り，死に追いやった。マクナマラ国防長官やウィリアム・ウェストモーランド将軍のような指導者はそうした統計を信頼し，戦争におけるつかみどころのない曖昧な指標を扱うことに対する反感をむき出しにした。

短期主義の中心にも確実性への願望がある。第3章で見たように，異時点間の問題は要するに，現在は将来より確実で，将来のことはわからないという事実によって生じる。確実性が低いと，短期的なコストが発生する場合に長期的な利益をもたらすものが過小評価される。「短期的に損をしても長期的な得をとれ」という考え方は，誰にとっても勇気のいる決断となる。損をするのは確実だが，得になるかどうかは確信をもてないからだ。

確実性に対する願望は，数学，物理学，化学といった自然科学の技法を人間的な世界に適用したいという欲求から生じる場合が多い。統計手法，アルゴリズム，方程式の適用は，純粋な数の世界ではうまく機能し，粒子，分子，物質の世界でもそれなりに機能する。しかし，人間とその感情，関係性，価値観，社会構造，信仰体系といった話になると数字は無力だ。ミーガン・マッカードルが指摘するように，「モノを扱う割合が減り，人間を扱う割合が増すにつれ，生産性の評価指標は役に立たなくなる」。人間の心と肉体を扱う場合，「最終的な成果のどれほどが努力の結果なのかを知るのは難しい」のだ。あらゆるものに数字を付与できるようにしたい，真の知識に基づいて確かめたいという確実性への願望は，いくつかの問題をもたらす。その一つは「具体化」と呼ばれるもので，測っている対象ではなく，指標を現実だと思い始める現象である。安全性は犯罪統計と取締り行為に，健康な生活は通院回数に，選手の価値はプレーの統計に置き換えられてしまう。戦争に勝つこ

とは，死体の数を数える問題になるのだ。

「具体化」には抗しがたい魅力がある。世界を単純化して数字で簡単に集計できるようにし，私たちが属する複雑で曖昧で移ろいやすい社会を，表計算に入力すれば数字が得られるようなものにするのは魅力的だ。しかし世界はそのようには機能していない。人間，価値観，信念の世界は，計算に落とし込めるようなものではないのだ。自由を数字で表すことはできない。目的を方程式で記述することはできない。データを集めることで創造性を育むことはできない。デイビッド・マンハイムは次のように述べている。「測定行為は，煩雑で理解しがたい人間の相互作用を扱う代わりに，数学やプログラミングを楽しむための代替手段，自衛策，言い訳にされることがある」

確実性に対する願望の，もう一つの問題点は，測れないものを無視することだ。測れるものを現実だと信じる一方で，測れないものは重要ではない，さらには存在しないとさえ思い始める。測定による定量化と管理に力を入れるほど,簡単に測定できない質の問題から遠ざかることになる。このことは，職場，特に従業員の貢献を直接観察することが難しい大組織で顕著である。従業員の意欲，協調性，創造性，顧客への配慮，献身を直接観察し，測定するのは難しいため，組織は多くの場合，従業員の評価を働いた時間，生産性，完了した工程の数といった確実な数字に頼る。しかしそうした指標は意図に反する場合がある。従業員がもたらす無形の貢献を考慮しなければ，従業員のほかの貢献も軽視することになり，組織に不利益をもたらす。組織が直接数字にできるものだけを重視すると，高い意欲をもった人々を失うことになるのだ。

信頼

孔子は弟子たちに，政治に必要なものが三つあると言った。武力と食料と信頼である。為政者がこれら三つすべてを提供できなければ，まず武力を，次いで食料をあきらめるべきだ。信頼は最後まで守らなければならない。

ところで，従業員，同僚，政府，子どもを教えてくれる教師，健康を守ってくれる医師を信頼できない場合，そうした人たちが大切なサービスや製品やアウトカムを提供してくれることを，どうしたら保証できるだろうか？多くの人は，信頼ができず，何かを直接観察することもできない場合には検

証を試みる。そして大規模な組織や仕組みにおける検証とは，測定を意味することが多い。

人を扱う場合に用いるほぼすべての指標の根底には，信頼，もしくは信頼の欠如がある。事実上すべての業績基準，生産性報告，行動要件，作業評価は，基本的だが明示されていないことの多い考え方に基づいている。私たちはお互いを信頼していないのだ。確実性に対する欲求は信頼の欠如から生じる。信頼する人やモノから得たものを検証する必要はない。客観性に対する願望も，自分の視点が他人に共有されることはないと私たちが信じている事実から生じるのである。

要するに，私たちが測定行為を行うかどうかは信頼の有無にかかっている。多くの組織で業績の測定が必要となるのは，信頼が欠如しているからだ。多くの会社では，従業員が会社の利益を最大化するために行動するなどと信じていないので，従業員を測定するのである。

第2章では，信頼が欠如しているために多くの会社が従業員を働いた時間に基づいて評価せざるを得ない様子を見た。会社は，従業員に時間の管理を任せても効率的に使うはずがないと考え，従業員を測定する。カリ・レスラーとジョディ・トンプソンがベストバイで従業員を調査して，職場環境を改善する方法を尋ねた際に最も多かった答えが「自分の時間の使い方は自分に任せてほしい」だったのは当然だ。

同様の信頼の欠如は，医師が行う「請求可能な医療行為」の件数を数えることを医療機関に強いる。医師が患者に対して適切な診療を施していると信じるだけでは不十分だ。請求件数が少ない場合，診療したのに請求しないということはないだろうが，診療をさぼっている可能性がある。信じる代わりに医師を測定しなければならない。医師が「生産的」であることを確認する必要がある。一方，患者は医師に，そのうち症状は改善するから様子を見ようと言われるより，処方箋や検査指示書を書いてもらうことを望む。同様な信頼の欠如のせいで，患者は不必要な検査や処方箋を出すよう医師に求めるのである。

測定と検証に対する願望の多くを駆り立てるのは，信頼（むしろ信頼の欠如）だが，信頼自体は測定できない。信頼は，失って初めてその存在に気づく。信頼を測ろうとするのは，切れるまでわからない電球の寿命を測るようなも

のだ。「信頼を築くには何年もかかるが，損ねるのは一瞬で，決して修復できない」ということわざもある。一度失った信頼を取り戻すことは難しい。

ニューヨーク市警察における犯罪統計と取締りの評価指標に対する執着は，警察に対するニューヨーク市民の信頼の低下をもたらした。各分署が報告する犯罪率は年々下がっていたにもかかわらず，警察活動が地域の信頼を徐々に損ねていった。ベッドフォード＝スタイベサントのアル・バン市会議員は，ケリー警察委員長に宛てた書簡のなかで，「自分たちを保護し，奉仕してくれるという点に関し，住民はもはや警察を信頼できないと考えている」と述べ，住民が警察に対して「自分たちの街を軍事占領地のように扱っている」と感じていることを指摘した。

警察に対する信頼は，単なる好感度の問題ではない。信頼は警察活動をより効果的にする。警察は市民の協力に頼っている。犯罪を見つけて通報し，巡査に情報提供する市民を必要とするのだ。一方市民は，警察が身を守ってくれると信頼できなければ，犯罪の目撃者の役割を果たせない。地域社会で警察への信頼が失われると，犯罪は通報されず，加害者の特定と証拠の提供に対する協力が減り,恐怖が増す。信頼は警察の最も重要な財産なのである。

理解されていないことが多いのは，業績の評価指標を導入すると信頼が損なわれる可能性があるという点だ。従業員や公務員が経営者，管理者，指導者に対して抱く信頼だけでなく，地域社会が公務員に，従業員が会社の上司に，市民が政府に抱く信頼が損なわれる。オナラ・オニールが指摘するように，そうした信頼の欠如は，多くの評価指標の根底にあるだけでなく，身を守るために「文書に残す」文化をもたらした。医師は自分の活動を記録するために多くの時間をとられ，患者のために割く時間を減らす。警察は活動の記録や公判の準備に多くの時間をとられ，裁判にかける犯罪者を絞らざるを得ない。子どもたちは試験の準備に時間をとられ，学びの時間が減る。そうしたことによって説明責任がいっそう強調され，その結果「防御的医療，防御的教育，防御的取締り」が生まれた。それらに加えて，まだそうなっていないとしても, 世の中が防御的作業, 防御的管理, 防御的統治の方向に向かっていることもつけ加えておこう。

評価指標を誤って使うと信頼を損なうおそれがある。従業員の業績を測る行為を正当化する理由として信頼の欠如を持ち出すと，従業員が組織に抱い

ていた信頼を気づかないうちに損なうことになる。従業員はもはや，測定できない貢献を経営者が評価するとは思わない。信頼は双方向性なのだ。結局のところ，評価指標が組織，社会，生活における信頼に取って代わることはできない。オニールが言うように「人々が約束を守り，信頼を裏切らないようにするために入念に設けられた指標も，最終的には信頼によって支えられる必要がある。どこかで信頼しなければならない」のである。

本書を通じて，評価指標がどのように誤用され，どのように本来の目的を歪め，混乱させ，損なうおそれがあるかを見てきた。評価指標がいかに人々の目から本当に大事なことを隠し，生産性を低めるか，むしろ意図に反する方向に人々の関心を向けさせるかを見た。一方で，私たちの仕組み，組織，生活の見通しをよくするうえで，評価指標がどのように役立つかも見た。評価指標は強力なツールであり，不適切に使うと取り返しのつかない害悪をもたらすおそれがある。ここで，本書で学んだ評価指標に関する教訓を振り返っておくのが賢明だろう。

[その1]

評価指標を何らかの称賛や非難と結びつけて使うことには慎重であること。評価指標に結びつけられる称賛や非難が多いほど，結果に基づく報奨や処罰が与えられる機会が増し，評価指標は操作されやすくなる。人々が評価指標を操作する理由の一つは，自力で指標を改善する手段がないからだ。本書でも，結果とアウトカムが個人の手に負えなくなる例をいくつか見た。パトロール巡査はもとより分署の司令官も，分署の犯罪率を制御することはできない。販売員は製品を販売するうえで必要な要素の一つにすぎない。教師の指導は学習で子どもを成功に導く要素の一つにすぎない。そうした状況で称賛や非難が結びつけられると，欲求不満か，悪くすれば不正操作を生むだけになる。評価指標を向上させるような業績改善ができない場合，人は求められている水準を達成するために別の方法を見つけ出す。

ここに述べるのはグッドハートの法則に対する防御策である。グッドハー

トの法則によれば，どんな指標でも評価の道具にされると適切な指標ではなくなる。人々がその仕組みを操る方法を学ぶからだ。また，評価指標の目標を達成した場合の報奨が大きいほど，成果を出す圧力が高まり，人々は目標を達成するためにいっそう努力し，そのために倫理から逸脱する人が増える。それに対処する方法の一つは，評価指標の基準を満たすことに対する圧力を減らすことである。業績評価で基準ぎりぎりの教師は不正をするかもしれないが，試験の点数が改善の必要な学習分野の特定だけに使われるなら，不正などしないだろう。評価指標は，それにかかる重圧が少ないほど，個人業績を評価するために使われる割合が減り，操作される可能性も小さくなる。

本書ではグッドハートの法則について数々の事例を確認した。教師は基準を満たすために試験の点数を改竄する方法を身につける。巡査はノルマを達成するために軽微な非行を記録する。CEOは株価を高めるために収益を操作する。作業員は自分たちを対象とする業績測定のあらゆる仕組みを操る方法を見つける。しかし最も危険なのは，データを操作することでも，評価指標を最大化する方法を見つけることでもない。評価指標の本当の危険性は，私たちの関心を本当に大切なものから逸らす点にある。教育における大きな問題は，教師が生徒の試験で不正を働くことではなく，教師が教育方法を変更し，生徒が必要とする複雑な技能を教えるのを怠ることだ。CompStatのような統計重視の分析を採用した警察の本当の問題は，巡査が犯罪を微罪化して統計をごまかすことではなく，警察の本来の任務を放棄することだ。学界と研究の危機は，研究者のh指数を上げるためだけの雑誌が存在することでも，学者がお互いの論文を意味もなくむやみに引用し続けることでもなく，論文の発表や引用の重視が，基礎研究，探求，創造性，新たな考え方の追求に対する嫌悪をもたらすことである。グッドハートの法則は真の問題から目を逸らさせる――評価指標が行動を根本的に変えるのだ。評価指標の達成に重きを置くほど，測定対象にとって本当に大切なことから外れた努力をする人が増えるのである。

評価指標はむしろ，従業員が上司と協力して仕事をうまく進められるよう，改善の余地のある分野を特定するために使われるべきだ。たとえば，測定は評価のためではなくフィードバックのために用いるべきだというのが一つの考え方である。フィードバックが評価と異なるのは，どのような情報でも利

用でき，仕組みはそれ自体の意味を生み出す責任を負い，新たな発想が奨励され，適応性と成長を重視する点である。一方，評価という行為は押しつけられるもので，すべてに画一的で，その意味はあらかじめ規定されており，安定性と規律を重視する。

［その2］

第2章で詳しく述べたように，評価指標を用いる場合には，測っているものがインプット，アウトプット，アウトカムのどれなのかを認識する必要がある。多くの場合，指標はアウトカム，つまり自分が変えたいと思っているものを対象にすべきである。インプットやアウトプットを重視しすぎると，効率が下がるか，悪ければ逆効果を助長するだけになる。ただし，これは絶対に守るべき原則ではない。インプットやアウトプットを測るほうが役に立つ場合もある。たとえば学術研究では，研究を始めた時点でアウトカムを予測することはできない。発見は偶然の産物で予測不能な場合が多いが，画期的なものになる可能性もある。アウトカムを測ろうとすることは，自分が交通事故に遭うかどうかを予測するようなものだ。わき見運転の車にはねられるとか，凍結路面でスリップするとかいったことは予測できないが，道路状況に応じて安全に運転する方法を学ぶことはできる。事故に巻き込まれた注意深いドライバーを責めてはならないのと同様，科学者を結果であるアウトプットで測るべきではない。科学者はその代わりに，創造的に考え，新しい知識領域を探求する能力，探求と創意工夫を育む環境をつくり出す能力，変化に対する適応性で測られるべきである。

［その3］

使っている評価指標が長期より短期を重視しているのか，あるいはその逆なのかを認識すること。第3章では，企業の収益や学界の論文発表の指標が，最終的に短期的成果のために長期的利益を損なう様子を議論した。長期的な目標を損ないかねない指標はほかにもある。都市がインフラの長期的な保守費用を考慮せずに経費を算定すれば，将来を甘く見ることになる。政府が減税のために教育費や医療費を削減すれば，現在のために将来を犠牲にすることになる。

［その4］

何かを測る場合には，指標を定義している数式を理解すること。比率を用いる場合など分母の使い方を誤ると，測ろうとしていることの目的を歪めたり目的に反したりする場合がある。測っているのは測ろうとしているものだろうか？

［その5］

改善したい仕組みの一部だけを測っているのか，全体を測っているのかを認識すること。複雑すぎて完全に理解するのは難しいと思われる仕組みは，単純化したくなるものだ。しかし単純化が行きすぎると，最大化しようとしている評価指標がほかの重要な要素を損なうおそれがある。

［その6］

質が異なるものを区別して測っていることを確認すること。あらゆる複雑さや様相をすべて把握できる指標は存在しないので，測定の分類や質を単純化することには正当な理由がある。しかし単純化が行きすぎる場合がある。すべての死因を同じものとして数えると，それぞれの死の性質の大きな違いを無視することになり，間違ったことに労力を集中してしまう。同じことは，質が大きく異なる可能性がある場合のすべての指標についていえる。完了した「作業」数で従業員を評価する場合，作業に求められる質が非常に高いものから低いものまでさまざまであれば，指標を考え直したほうがよいだろう。

［その7］

簡単に測れる対象に夢中にならないよう注意すること。戦略を数字ゲームにしてはならない。どの組織にも，あらゆるものを測ろうとする「評価指標による管理」手法に頼りたがる人が必ず存在する。数字だけを重視する管理職や指導者は，結局，数字に表す方法がわかっている行動だけを奨励することになる。そこから得られるのは数字ゲームのやり方がわかっている人だ。数字に表せるものすべてが大事なわけではない。ダン・アリエリーは「測ったものが手に入る。それに尽きる」と言った。

[その8]

簡単に測れないからといって，無価値だということにはならないことに留意すること。このことは，私生活や社会全体といった世の中の「無形」の領域だけでなく，ビジネスや科学の一見定量的な領域にも当てはまる。意欲，協調性，閃き，創造性，目的意識といった特性は，測定から生まれるものではない。大事なものすべてが数字で表せるわけではないのである。

[その9]

測ることで，高めたいと思っている意欲そのものを傷つけるおそれがあることを認識すること。第8章で見たように，評価指標や報奨はこちらが考えているように人々を動機づけるとは限らず,むしろ意欲を下げる場合がある。あることを測って報奨を与える場合，それがほかのものごとの価値にどう影響するかを考えなければならない。あるものを築くことで，別の何かを壊していないだろうか？　あるものに脚光を浴びせることで，別のものを暗闇に追いやっていないだろうか？

[その10]

すべてに答えられる単一の評価指標は存在しないことを理解すること。複数のものごとを測ること。本書では不適切な指標の数々を見てきたが，よい指標の例もいくつかあった。真実全体を包含する評価指標や，すべての問題を解決する評価指標は存在しない。しかし，複数のものごとを測ることで理解が深まり，個々の評価指標の問題点を補えるかもしれない。複数のものごとを測るだけでなく，使っている評価指標が役に立つ有意義なものかどうかを常に問うべきだ。さらに，測ることができるのに測っていないもので，何か役に立つ有意義なものがないかどうかを問う必要がある。

[その11]

指標に溺れないこと。役に立つ指標は一部で，ほとんどの指標は役に立たない。測定のための測定という罠に陥ってはならない。これはロバート・マクナマラがベトナム戦争の初期に犯した過ちである。データ量が余りに膨大だったために,データには何の意味もなくなった。企業もそうした罠に陥る。

各企業には，ウェブサイトの閲覧履歴を追跡できる評価指標が100以上あるが，そのすべてが役に立つのだろうか？

［その12］

信頼の欠如を補うために評価指標を使わないこと。従業員が生産的になり，教師が子どもたちを適切に教育し，医療専門家が私たちの健康を気にかけ，警察が私たちを守り安全を保つのが信頼に基づくものかどうかはさておき，評価指標は信頼の代わりにはならない。信頼は，共有する価値観の継続的な形成と強化，およびお互いに対する義務感と説明責任を通じて形成される。信頼を評価指標で代用しても，説明責任が数字そのものに移るにすぎない。

［その13］

業績を測ることよりも，行動に注目すること。多くの役割，特にさまざまなグループの人々が関与する複雑な業務では，個人が仕事のアウトカムに責任をもつことはできない。個人の行動以外にアウトカムに影響を及ぼす可能性のある要素が多すぎるのだ。従業員が完全に正しい行動をとったとしても望む結果が得られるとは限らない。そうした状況で，評価指標は報奨と処分の恣意的な分配装置となり，欲求不満，幻滅，時に絶望を生む。組織はその代わりに，教え，励まし，報いる行動に焦点を当てるべきだ。従業員が，自分ではどうしようもない要因で成果を達成できなかったとしても，献身，協調，工夫，問題解決といった面で適切な行動を示したのであれば，そうした行動を評価すべきである。

［その14］

最後に，評価指標に批判的な態度を身につけること。本書の要点は，誰もが遭遇する可能性のある測定の，すべての問題を解決することではない。むしろ，評価指標の欠点および欠点に気づく方法についての基本的な理解を提供するものである。職場で，文献のなかで，日常生活のなかで測定行為を見かけたら，それが何を意味しているのか，それが測っているというものを本当に測っているかどうかを問いかけてほしい。

本書には多くのヒーローと，同じぐらい多くの悪役が登場した。ヒーロー

は，評価指標の欠点を認識し，何か手を打とうと決意した人々だ。エイドリアン・スクールクラフトはNYPDの巨悪と隠蔽を暴いた。マーガレット・オーフリクト医師は，一次診療のあまりの非効率さを見て，患者の健康に焦点を当てた革新的な仕組みをつくるために労を惜しまず取り組んだ。シャウナ・トーミは一次診療をより適切に運営し測定する方法を提唱し続けている。ヘザー・フォーゲルとジョン・ペリーはアトランタ公立学区の不正スキャンダルを暴露し，試験の点数に対する執着が何百人もの教師，校長，教育委員を生徒の試験における不正行為に導いた様子を明らかにした。ランディ・シェクマンは計量書誌学の歪みと論文引用件数の偏重を目にして，オープンソースの学術誌を創刊した。エドワード・ランスデールとバーナード・フォールはベトナム戦争の狂気と，自分たちが戦っている敵国の人々を理解する代わりに死体を数える愚かさを目撃した。サイモン・クズネッツは世界を支配するようになった自分の経済指標の欠点を認識していた。

しかし，それらの物語における真の主役については，ほとんど触れてこなかった――それは大衆である。本書で取り上げたほぼすべての欠陥指標の裏には，数字さえわかればよいという人々がいる。企業の基盤となる競争力をじっくり調べる代わりに，収益だけで株価を理解する株主。巡査の問題行動に目をつぶりつつ，地域社会の安全を示すものとして犯罪率の上下だけに注目する一般市民。その治療によって健康になるかどうかを考えもせず，自分が求める治療を施すよう医療専門家に一生懸命働くことを求める患者たち。学校が子どもたちに教えるさまざまな価値や技能のことを考えずに，子どもが学校の試験でよい点を取っていることだけを知りたがる親たち。

本書に登場する悪役の多くは本当の悪役ではない。たまたま望ましい数字を生み出すことを求める仕組みのなかで働いていただけである。ニューヨークの81分署で働いていた巡査の多くは,地域に尽くしたいと願う誠実な人々だったはずだ。しかし，何よりもノルマを重視する仕組みに組み込まれることで，多くの人がするのと同じような行動をとった。パークス中学校を始めとするジョージア州全体の学校の教師のほとんどは，生徒の生活に変化をもたらすことを願う熱心な人々だった。しかし，試験の点数さえよければどんな手段に訴えてもよいという文化に置かれると，生徒を教え続けるために行わざるを得ないことを行った。熱心な人々が悪い仕組みに組み込まれると，

人々は変わってしまう。人々を非難するよりも，仕組みを変えたほうがよいだろう。

評価指標は至るところを支配している。評価指標は職場を規定し，賃金と給付金を決定する。評価指標は学校，医療システム，経済を評価するために使われ，方針，事業戦略，政府の事業を計画するために使われる。評価指標はかつてないほど私たちの生活に浸透している。しかし，そうさせているのは私たちだ。

評価指標がもつ大きな力は，結局，選択に関する力である。評価指標とは何を測るかの選択だといっても差し支えないだろう。自分自身を評価する指標として，稼いだ金額を選んでもよいし，選ばなくてもよい。仲間を幸せにするためにどれだけ貢献できたかで，自分の生活を測るという選択肢もある。あるいは走るのが速いとか，力が強いとか，豊かだとか，要するに他人より恵まれていると自慢する人がいるとして，そうした発言が気になるのは，自分が相手を意識することを選択したからである。私たちは結局，自分にとって役立ち，重要で，価値があるとみなしたものを選択しているのだ。それが，最終章に入る前の最後の教訓である。

第10章　終わりではなく始まり

マリアは試験に取り組んでいる。第1章で触れたような試験だ。科目も同じである。この試験で使う必要のある公式，概念，道具は，ほとんどの生徒が必要とするものだ。しかし似ているのはそこまでである。

マリアはほかの数百名の生徒とともに体育館にいるわけではない。時間制限もない。マリアが答えている設問はひっかけ問題ではなく，解答に時間がかかっても不利になることはないが，だからといって簡単なわけではない。多肢選択式の設問もあるが，記憶力を試すようにつくられている設問はほとんどない。

マリアは教室のコンピューターに向かって一人で座り，自分のペースで試験を受けている。じっくり考える必要がある場合は，そのための時間が与えられる。設問の意味がわからなければ，設問を理解するために時間をかけることができる。試験に不合格となっても成績に悪影響は及ばない。この試験は大学の入学の可否に，少なくとも直接的には影響しない。マリアやほかの生徒の試験の成績が悪くても，学校が助成金の削減に苦しむことはない。試験結果が悪ければ，マリアは試験を受け直すことができる。明日でも，1週間後でも，1カ月後でも，好きなときに受けられる。必要なら10回以上受けても構わない。

そんな試験があるだろうか？　時間制限のない試験？　何度も受け直せる試験？　準備ができたら都合のよいときに解答する試験？　そうした試験の仕組みは水準を引き下げ，平凡であることに甘んじる雰囲気を生むに違いない。生徒に対してそれほど寛大な試験から何が得られるというのだろう？答えは簡単だ。そうした試験をほかの試験と隔てている点が一つある。マリアは試験に合格する必要はない。だが，満点を取る必要があるのだ。

サルマン・カーンはいかなる意味でも優れている。ルイジアナ州でバングラデシュ人の父とインド人の母の間に生まれたサルマンは，ハーバード・ビジネススクールでMBAを取得しただけでなく，MITでも三つの学位を取得

した。大学を終えるとすぐにヘッジファンドで働き始めた。2004年，サルマンはニュージャージー州で結婚式を挙げた。

金融業界で人生を送っていたサルマンは，2004年の結婚式がなければ，その道を順調に歩み続けていただろう。その結婚式でサルマンは偶然，自分の人生をすっかり変えることになる人物に出会った――従妹のナディアだ。

ナディアと会話を交わしたサルマンは，彼女が最近数学のクラス分け試験でひどい点数を取ったことを知った。彼女はいつも好成績を上げていたので，サルマンは不思議に思った。ナディアはその試験結果に自信を失った。ナディアにとってその結果は，おそらく自分が数学に向いていないという証だった。だがサルマンには信じられなかった。ナディアは何度も逆の結果を示してきたからだ。そこでサルマンは家庭教師になることを申し出た。そのようにして，教師一人，生徒一人のカーン・アカデミーが誕生した。

サルマンはボストン，ナディアはニューオーリンズに住んでいたので，家庭教師は遠隔授業で行われた。サルマンはタブレット端末とオンラインのメモ帳を使って，ナディアの数学の指導を始めた。サルマンが気づいたのは，ナディアは複雑な数学の問題は解くことができるが，単位変換（インチからフィート，フィートからマイルなど）の基本概念にてこずっているということだった。サルマンがそうした概念についてナディアに質問すると，ナディアは思考が停止して問題を解けなくなった。大事な試験でうまく答えられない生徒のように，その質問に答える重圧がナディアを麻痺させたのである。

頭が悪いと思われたくないナディアは，「わかりません」と言えなかった。何とか答えをひねり出さなければと思ったナディアは，当てずっぽうで答えた。答えが間違っていることがわかると，自分は数学に向いていないからと，あきらめようとした。正しい答えが出せないのは，数学に向いていないからに違いない。ナディアには，理解できないのはまったく正常なことだという考えは思い浮かばなかった。そのことに気づいたサルマンは，ナディアに，習っていることがわからない場合はわからないと言うように勧めた。行き詰まったときにはそれを口に出すことで，二人で別の方向から問題に取り組むか，サルマンがその概念について別の説明を試みるようにした。サルマンは，ナディアに期待されているのはすべての概念を知っていることではなく，それを学びたいと思う気持ちだということを伝えたかったのだ。

サルマンがナディアに対して始めた個人指導は，まもなくほかの家族や友人を助けるためにも使われるようになった。需要が高まったので，サルマンは授業の動画をYouTubeで配信し始め，生徒が好きなときに視聴できるようにした。サルマンの授業を視聴した人は，それが便利なだけでなく，わからないことがあれば動画に戻り，もう一度授業を受け直せる点が役に立つと感じた。授業を受けていたのは近親者や友人にとどまらなかった。すぐに数十，数百，数千の人々がYouTubeのサルマンの動画を視聴し，誰もが同じ利点を見いだした。サルマンの授業の動画は，好きなときに，好きな場所で，好きなように視聴できるので，自分のペースで学び，難しいと思った概念に集中して取り組めるのだ。サルマンは「これだ！」と思った。2009年，サルマンは仕事を辞め，カーン・アカデミーに専念することにした。

生徒は理解していない概念の理解を端折ってはならないという考えから，サルマンは指導方法を変えることにした。習熟学習を導入したのである。習熟学習は，ある根本的な点で通常の教育方法と異なっている。従来の学校では，各生徒がある項目を学ぶ時間は一律に定められている。筆算の割算に2週間，指数に2週間，価電子に3日といった具合だ。習熟学習では，決まっているのは生徒が到達することを期待されている学習水準だ。サルマンが言うように，「学校では（生徒の）習熟度を，習熟水準の目標ではなく累積時間で測る。特定の項目に割り当てられた時間数が過ぎると，試験を行って次に進む」

そうしたやり方は，それぞれの概念がお互いに独立していればたいして問題にならないが，実際には各項目に含まれる概念は関連している。カーンが言うように，「概念はお互いのうえに構築される。代数は計算を必要とする。三角法は幾何学から派生した。微積分と物理学はそれらすべてを必要とする。最初にいいかげんな理解をすると，後で完全に混乱することになる」。従来の学習方法や試験方法のような仕組みがもたらすのは，サルマンが言うところの「スイスチーズ的学習」である。生徒の理解が穴だらけになるのだ。ある項目から別の項目へと学習を急ぐと，生徒の理解は中途半端になる。中途半端に理解された各項目が構築する基礎は脆弱だ。多くの生徒は数学などの教科を本質的に苦手にしているわけではなく，ナディアのように，脆弱な基礎のうえで何かを学ぼうとしているのだと，サルマンは考えていた。パーク

ス中学校の教師もそのことをよく理解していた。ダマニー・ルイスはこう言った。「百分率を教えるのに所定の2週間をかけても生徒が理解できないので，3週目にも百分率を教えていたら，生徒は『先生の教え方が悪い』と言う」。第1章で学んだように，従来の学校では試験は生徒を振り分け，順位をつけるようにつくられている。一部の生徒のできがよく，ほかの生徒のできが悪くなるように設計されているのだ。それが，各項目に一定の時間しか割り当てられない理由である。もし各生徒に与える時間を変えられるなら，どの生徒も試験で同じようによい成績を上げる可能性がある。そうなると，サマンサがトムより優秀かどうかを評価する方法はなくなる。

この論法に従えば，全員がよい点を取る試験は不適切な試験だということになる。生徒に優劣をつける方法がほかにあるだろうか？　誰もが満点を取る試験に意味はあるのだろうか？　学校のカリキュラムと試験は，一部の生徒がついていけないように学習のペースを速め，そうした生徒が試験でよい点が取れないように設計されている。従来のやり方は，一部の生徒を落とすように試験を構成し，授業を設計しているのだ。そうすることで子どもをふるい落とす。しかしサルマン・カーンは逆に問いかけた。すべての生徒が各項目を完全に理解するように教えない教育に意味があるのだろうか？　一部の生徒を置き去りにする教育の仕組み，そのように設計されている教育の仕組みのどこがよいというのか？　教育の目的は，できるだけ多くの生徒を教えることではないのか？

それが，本章の冒頭でマリアが受けていたような試験方法をサルマンが自分なりに開発した理由だった。サルマンは，生徒が先に進む前に，項目を知っているだけでなく完全に習得するようにしたかった。すべての生徒がすべての項目を完全に習得するよう願った。本人が習得できたと思ったら，いつでも試験を受けさせた。生徒は試験を，時間を使いたいだけ使い，好きなだけ何度でも受けられる。ただし，その項目を完全に習得していないと合格できない。サルマンは試験の合格基準を次のように定めた。生徒はどの概念についても，50の設問のうち，どこかで10問連続して正答する必要があるというものだ。10という数字に特別の意味があるわけではない。連続した10問が，理解したかどうかの閾値を上回っていることを示す数式があるわけでもない。習得度を測るうえで10が妥当な値だと，サルマン・カーンが思った

だけだ。この考え方はのちに高度な技術を使って洗練されることになるが，その基本は変わっていない。生徒は次の概念に進む前に，現在取り組んでいる概念を完全に習得する必要があるのだ。

サルマンにとって試験の目的は，生徒に順位をつけることでも，生徒にその教科には向いていないと告げることでもなかった。目的は，生徒が特定の概念を理解しているかどうか，理解するためにもっと時間と復習が必要かどうかを知らせることだった。カーン・アカデミーの試験は，能力の判断基準ではなく，新たな学びへの出発点なのである。

2007年，サルマンは地元の教師の助けを借りて，サンフランシスコ・ベイエリアのペニンシュラブリッジと呼ばれる夏期教育プログラムで習熟学習の概念を試すことにした。ペニンシュラブリッジでは，その地域の学校のうち，資金や人材が不足している学校から集まった意欲的な生徒に補習を施す。余裕のある学校が場所を提供し，子どもたちには夏の間，無料で勉強する機会が与えられる。サルマンのプログラムは6週間続き，生徒のほとんどは6年生から8年生だった。

ペニンシュラブリッジの取り組みは，数名の教師が5年生の数学カリキュラムを用いる代わりに，サルマンが提案したように基本の基本に戻ることを選んだことで，興味深いものになった。サルマンは期せずして比較対照実験を行っていたのである。

あるクラスは，生徒の学年水準より1，2年下のカリキュラムで授業を始めたが，別のクラスは基本の基本に戻った。1＋1＝2の復習まで戻った6年生，7年生，8年生もいた。

教師は興味深いことを見いだした。ほとんどの生徒は低学年用のカリキュラムをさっさと終わらせたが，何人かの生徒は二桁の引算や分数のような初歩的な概念で行き詰まった。しかし，いったんその壁を乗り越えると，そうした生徒の学習曲線は急上昇したのだ。それはまるで，生徒の学習を進めるエンジンの部品が壊れていて，それを直した途端にエンジンが全開になったようなものだった。一方で，5年生のカリキュラムから始めた生徒のなかには，そこに含まれる概念につまずいて，通常のペースで理解して習得することに苦しむ者がいた。

サルマンを驚かせたのは，基本の基本に戻って1＋1＝2から始めたクラ

スの生徒が，カリキュラムで「上級クラス」に追いつくどころか追い越したことだった。レースを始める前には，エンジンの悪いところをすべて直しに戻る必要があるということだ。それが顕著に表れたのは，サルマンがマルセラと呼んでいた7年生だった。マルセラは，プログラムが始まったときにクラスで最も遅れていた一人で，平均的な生徒の半分のペースで学習していた。マルセラは障害にぶつかった。負の数の足し算と引き算にとほうもなく苦労していたのだ。しかしプログラムでは，マルセラにその概念と格闘させ，理解するまで先に進むことを許さなかった。そしてある日，マルセラは理解した。すべてが腑に落ちた。マルセラは突然，猛スピードでカリキュラムを進み始め，クラスのビリから2位に躍り出た。それというのも，中途半端な理解で終わらせることが許されなかったおかげである。

カーン・アカデミーの試験の利用方法から学べることが一つある。試験はもはや教育の役に立っていないが，教育は試験の役に立っているということだ。サルマン・カーンはそのことを理解し，それを変えることにした。

試験の焦点が生徒の順位づけから本来の学習に移ると，試験に関わるすべてが変わった。生徒の順位づけに関心がなければ，試験を一度しか受けられないという考え方はばかげているように思える。従来の試験では，生徒の点数が悪いと「パトリックはヘレンほど優秀ではないので，試験の結果も悪かったのだ」といったふうに思われてしまう。しかし，試験が生徒の順位づけに焦点を当てていなければ，その反応は次のように変わる。「パトリックは指数を理解していないので，指数に戻って彼が完全に理解するまで勉強を手伝う必要がある」。生徒の順位づけを止めれば，生徒を教えることに集中できるのだ。

一次診療のクリニックの焦点が，医師の仕事量の評価から患者の健康状態の評価に変わると，患者の健康が改善される。仕事の量ではなく仕事の生産性を測れば会社はよくなる。交通費と住宅費の合計額を測れば，どこに住み，どのように通勤・通学するかについてより的確に判断できる。病気の測定対象を，症状を訴える人の数から病気が生活の満足度や平均余命に及ぼす総合

的な影響に変えると，人々の生活を改善する適切な意思決定ができる。経済の仕組みの測定を，生産するものの量からそれらが生活に与える影響度に変えることで，私たちはより幸せになる。測るものが手に入るものなのだ。

測定は手段であって目的ではない。学校制度の目的は，試験の点数を上げることではなく子どもを教育することだ。教育で大切なのは，子どもに本来の学習を提供し，理解を促し，自ら考えさせ，考えに疑問を抱かせ，それを改善させ，批判的に考えさせ，学び方を学ばせ，社会が直面する課題を解決できるように準備させることである。学校制度は，誰がどの教科で優秀なのかを評価することではなく，すべての生徒を教えるための最善な方法に焦点を当てるべきだ。

医療制度は，健康な住民を増やすべきものであって，医師を忙しくさせておくものではない。経済活動は，本物の豊かさを生み出し，市民をより幸せにすべきものであって，できるだけ多くのものをできるだけ速く生産することではない。測定はそうした願望を反映すべきで，測定できるものに合わせて願望を変えてはならない。決して測定が目的であってはならない。目的にすべきなのは，より健康な住民，よりよく教育された生徒，より効率的な交通手段，よりよい生活の質といったものである。評価指標が目的になると，本当に大切なことを見失ってしまう。

カーン・アカデミーの事例は，人生における評価指標の役割を見直すことができることを教えてくれる。私たちは，評価指標の奴隷となる代わりに，達成したい目的のために評価指標を役立てることができる。サルマン・カーンは，教育の目的が，学んでいるすべての項目を生徒が完全に習得するように教えることであり，生徒は各項目を完全に習得してから次の段階に進む必要があることを理解していた。生徒を評価する最善の方法を見つけたり，評価のために自分の教育を合わせたりしようとはしなかった。子どもたちを教える最善の方法を見つけたいと思い，その目的を果たすために独自の試験を設計した。マーガレット・ウィートリーとマイロン・ケルナー＝ロジャースが指摘したように，サルマン・カーンは目的から測定方法を定義したのであって，その逆ではなかった。サルマン・カーンが求めていたのは，子どもを適切に試験する方法ではなく，子どもを適切に教える方法だった。私たちは測定対象の奴隷ではない。測定対象が私たちに奉仕するのだ。私たちはア

りではない。

仕事の生産性や新しいフィットネス運動の効果を測りたいと思ったときには，「何が測れるか」ではなく「自分は何をしたいのか」を自問してほしい。その単純な問いが，ものごとに対する取り組み方と，最終的に達成するものを変えるかもしれない。それは，私たちが発することができる最も重要な問いの一つだ。

きつい仕事に疲れ果て，治安の悪い地域で家族を守るセキュリティシステムに金をかけ，仕事と生活様式のせいで健康がむしばまれて医療費に多くを費やし，家族で過ごす時間をほとんどとれない人がいるとする。一方で，収入は低いものの，安全な地域に住み，意義のある仕事に就いて比較的短時間働き，余暇活動に多くの時間を充て，健康で長生きする人がいるとする。ここで前者のほうがよいと評価されるとしたら，何かが間違っている。内容を理解していない生徒のほうが，ばかげた多肢選択式の設問には自信をもって解答できないものの，より深く考えている生徒より試験成績がよいとしたら，何かが間違っている。会社に早く来て遅く帰るだけでたいした仕事をしない人が，あまり時間をかけずに仕事を手際よく効率的に済ませる人より評価されるとしたら，何かが間違っている。医師が患者の健康の向上に心を注ぐ代わりに，不必要な仕事に時間をかけるとしたら，何かが間違っている。

学校の試験の点数では本来の学習を測ることができない。多くの経営者は，仕事に対する従業員の真の貢献を測ることができない。多くの従業員は仕事から得る喜び，仕事の意義深さ，仕事から離れて友人や家族と過ごす時間よりも，仕事で稼いだ金額で成功を測る。私たちは自分の社会的関係を，友情の厚さや信頼できる人の有無やお互いのつき合いの深さではなく，Facebookの友人，Twitterのフォロワー，Instagramの「いいね」の数で評価する。測ることのできるものが，私たちを支配する。

私たちの人生は収入，持ち物，学位やソーシャルメディアのフォロワー数の合計ではない。家や車の価値，旅行した国の数，つくった友人の数，ゲームに勝った回数で幸せを測ることはできない。そうしたことはすべて，人生で得られる価値や意義を高めるのに役立つかもしれないが，価値や意義そのものではない。他人と交わす親愛の情の価値，山頂から眺める景色の美しさ，子どもが歩くことを覚えるのを見る喜び，困っている人を助ける充実感を測

ることはできない。人生は物語であって，方程式ではないのだ。

私たちは自分の人生をもっと適切な方法で測る必要がある。筆者は本書がそのことを示していることを願う。ただし，測定のための測定をしてはならない。何を，なぜ測るのかを考えずに測定してはならない。私たちは，何をどのように測るかが自分の行動の目的と手段に影響することを理解する必要がある。インプット，アウトプット，アウトカムのどれをなぜ測っているのかを理解する必要がある。短期的な目標を測っているのか，長期的な目標を測っているのかに留意する必要がある。捉えようとしている現象を反映した適切な分母を選択する必要がある。仕組みを構成する重要な要素を省くことで測定値の解釈を誤ってはならない。測っているものの質の違いを理解し，それを説明しなければならない。人生を数字のゲームにしてはならず，数字にはできなくても本当に大事なものがあることを忘れてはならない。

そうした測定で，精度を確実性と，データを理解と，測定の欠如を重要性の欠如と取り違えてはならない。評価指標が正確な数値を用いているからといって,それが真実だとは限らない。何かを評価指標で表せるからといって，それを理解したことにはならない。何かを測れないからといって，重要性が低いことにはならない。完璧な評価指標は存在せず，実際，そのほとんどには大きな問題がある。私たちはあらゆる測定値──仕事で目にしたり使ったりする，あるいは自分自身の評価方法を考える場面で遭遇する測定値──に対してもっと批判的になるべきだ。測っている対象と測定がもつ意味，それが私たちの行動にどのように影響するかについて，もっとよく考えるべきだ。しかしそれよりも重要なのは，すべてを評価しようと考えず，数字に表せないものを楽しむことを折に触れて思い出すことである。

「すべてが測定できるわけではない」ということを本書が伝えられていればと思う。価値があるものすべてを測る必要はない。愛する人の笑顔，我が子が成長して学ぶ姿，新しい技能の習得，困難の克服，夕暮れどきの楽しみ，感謝の気持ち，有意義な仕事，挑戦，ものごとの深い理解，受け入れられているという感覚，仲間たちとの心の触れ合い，他人に奉仕する価値，気づきと感動に満ちた記憶に残る有意義な人生をつくり出すこと──そうしたものは数字にすることはできない。しかし，何よりも大切なものなのだ。

謝辞

本は一人で書くものではない。本書も例外ではない。本書を執筆するうえで，本当に多くの方々のお世話になった。本書に費やした膨大な時間のなかで，感想や洞察の提供，行き詰まったときの方向修正，研究分野の新しい話題の紹介，あるいは心のこもった支援をいただいた。何よりもまず家族へ——母のエルマと父のトニー，兄弟のマイケルとデイビッド，義理の姉妹のアンドリアとクリスタに感謝を捧げたい。過去数年間にわたって信じられないほど協力的だった。毎週日曜日の夕食の会話が，本書に多くのアイデアを与えてくれた。そのすべてに，そして騒々しい会話に我慢してくれた母，アンドリア，クリスタに特に感謝したい。シュライバー家の男性は「大声であることが正しいわけではない」ことを学ぶ必要がある。甥のアイザック，アラリック，ザビエル，ソロモンにも感謝したい。皆の冗談，笑顔，おどけた仕草は，いつも私の楽しみだった。

多くの友人，同僚，同級生にも，本書を執筆するなかで助けてくれたことに感謝したい。本書を最初に読むことを引き受けてくれたカロル・チータムは執筆作業のごく初期の段階にすばらしい意見をくれた。そしてすばらしい友人でもあった。今度はこちらがおごる番だ。ジョシュ・ブルダージュには組織心理学の世界を紹介してもらい，それに関するすべての論文を送ってもらった。マイケル・ボウェルマンとは本書について議論を交わし，論理モデルと障害調整生存年(DALY)を紹介してもらった。マイケル・ゲストウィックにはエネルギー利用に関する論文を使わせてもらった。すばらしい論文だった。ブランドン・ホルターマンとサラ・ケニーには，本書を完成させるためにブリティッシュ・コロンビアの美しい小屋を使わせてもらった。あのリスが戻ってこないことを願う。ホリー・マリスコは執筆中に暖かく支えてくれた。特にクッキーはおいしかった。親友のライアンとキャンデス・ビョルンセンの助けなくして本書を書くことはできなかっただろう。すべての会話，登山，フライドチキン・パーティー，ゲームの夕べ，そして美しい三人のお嬢さんに「ピートおじさん」として相手をさせてもらったことに感謝したい。

クロウフット村家庭医療診療所のマーガレット・オーフリクトとシャウナ・トーミに感謝しなければならない。医療に対する二人の献身と情熱から大きな刺激を受けた。ヘザー・ホワイトは地域サービスへの情熱を教えてくれた。本書を書き始める前に貴重な助言をもらったクリス・ターナーには特に感謝する。これは短距離走ではなくマラソンだと教えてくれたのだ。そのとおりマラソンだった。しかしクリスの助言のおかげで心の準備ができた。ダン・クリスマンとカティ・ハミルトンには本書の初期の原稿で編集上の助言をもらった。

代理人のジェフ・シュレブには，執筆と出版のすべての工程を教えてもらったうえ，本書をおおいに支持してくれたことに心から感謝したい。執筆作業は初めての者にとって困難の尽きないものだが，あらゆることを隅々まで教えてもらった。スティーブン・L・ミッチェルとプロメテウス・ブックスのチーム，カレン・アッカーマンとロウマン＆リトルフィールドのチームには，本書の編集，マーケティング，出版に尽力してもらったことと，何より私を信じてくれたことに感謝を捧げたい。ケイティ・シャープは，本書を校閲し，本書全体で千個の余分なコンマを削除して，簡潔で明瞭な文章にしてくれたことに感謝する。作家になる機会をつかむのは簡単ではない。その機会を与えてくれたプロメテウス・ブックスとロウマン＆リトルフィールドの人々には重ねて謝意を表したい。

最後に，再び母に。私の今があるのは母のおかげだ。本書を母に捧げる。

▍著者

ピーター・シュライバー／ Peter Schryvers

カナダ・カルガリー市都市計画官，および同市のベルトライン地区を活性化するBUMPプロジェクトの提唱者。環境デザイン修士号をもつ公認都市計画家，カナダ都市計画家協会会員。評価指標に起因する誤りを見いだすことに力を注ぎ，さまざまな測定行為とそこから得られる教訓の間に，より有意義な関係性を築こうとしている。

▍監訳者

土屋隆裕／つちや・たかひろ

横浜市立大学データサイエンス学部教授。博士（教育学）。1969年，東京都生まれ。東京大学教育学部卒業後，同大学大学院教育学研究科修士課程修了。統計数理研究所助手，准教授，教授を経て，2018年より現職。専門は統計調査法。日本教育心理学会城戸奨励賞，日本行動計量学会優秀賞。文部科学省統計分析アドバイザー，OECD PIAAC National Sampling Managerなども務める。

▍訳者

佐藤 聡／さとう・あきら

翻訳家。1983年，慶應義塾大学工学研究科修士課程修了。1989 ～ 1991年，スタンフォード大学客員研究員。化学メーカー勤務を経て翻訳業に従事。訳書に『１日１ページ　数学の教養365』『人工知能　グラフィックヒストリー』『化学が好きになる数の物語100話』（以上，ニュートンプレス）などがある。

統計データの落とし穴

～その数字は真実を語るのか？～

2021年8月10日発行

著者　ピーター・シュライバー
監訳者　土屋隆裕
訳者　佐藤 聡
翻訳，編集協力　合資会社 アンフィニジャパン・プロジェクト
編集　道地恵介，目黒真弥子
表紙デザイン　岩本陽一
発行者　高森康雄
発行所　株式会社 ニュートンプレス
〒112-0012　東京都文京区大塚 3-11-6
https://www.newtonpress.co.jp

ISBN 978-4-315-52429-1
